经济学学术前沿书系

探索黔西南
高质量发展之路

骆雪娇◎著

经济日报出版社

北　京

图书在版编目（CIP）数据

探索黔西南高质量发展之路 / 骆雪娇著. -- 北京 ：
经济日报出版社, 2025. 3. -- ISBN 978-7-5196-1560-4

Ⅰ. F127.732

中国国家版本馆CIP数据核字第20244FU372号

探索黔西南高质量发展之路

TANSUO QIANXINAN GAOZHILIANG FAZHAN ZHILU

骆雪娇 著

出版发行：经济日报 出版社

地　　址：北京市西城区白纸坊东街 2 号院 6 号楼

邮　　编：100054

经　　销：全国各地新华书店

印　　刷：文畅阁印刷有限公司

开　　本：710mm×1000mm　1/16

印　　张：14. 5

字　　数：208 千字

版　　次：2025 年 3 月第 1 版

印　　次：2025 年 3 月第 1 次

定　　价：68. 00 元

序 言

在时代的浪潮中，每个地区都面临着发展的机遇与挑战，被誉为"西南屏障"和"滇黔锁钥"的黔西南布依族苗族自治州，正以其独特的地理优势、丰富的资源禀赋和深厚的文化底蕴，踏上高质量发展的新征程。《探索黔西南高质量发展之路》一书从学术研究的角度，对黔西南经济社会发展进行了深入思考与研究，通过总结其过往经验，展望未来发展，力求从多个维度对其进行全面梳理、分析，为黔西南乃至全国同类地区的高质量发展提供有益的经验和启示。该书凝聚了笔者多年来理论研究的成果和实践探索的经验，具有积极的理论意义和实践意义。

高质量发展不是简单的经济增长，实现高质量发展要更加注重创新、协调、绿色、开放、共享的新发展理念，探索满足人民日益增长的美好生活需要的新发展路径。在前行的道路上，黔西南人民以坚韧不拔的意志、勇于创新的精神，不断突破自我，克服重重困难，走出了一条符合自身实际的发展道路。本书通过翔实的数据、生动的案例、深入的分析，展现了黔西南在高质量发展道路上的探索与实践。

"多少事，从来急；天地转，光阴迫。一万年太久，只争朝夕。"黔西南就像一只展翅欲飞的雄鹰，正在积蓄爆发的能量，在中国式现代化的道路上不断探索、不断创新。

引　言

高质量发展不仅是贵州的首要任务，也是全面建设社会主义现代化国家的关键所在。坚持高质量发展，贵州将在新时代西部大开发上闯出新路，推动经济社会的全面进步。

"四新"和"四化"是贵州高质量发展的主战略。"四新"指的是在新时代西部大开发上闯新路、在乡村振兴上开新局、在实施数字经济战略上抢新机、在生态文明建设上出新绩。这四个"新"字，既是对贵州发展新阶段的精准定位，也是对贵州发展新目标的明确指引。它们共同构成了贵州发展的新理念、新战略，为贵州的高质量发展提供了根本遵循和行动指南。而"四化"即新型工业化、新型城镇化、农业现代化、旅游产业化。这"四化"是实现高质量发展的具体路径和抓手。通过围绕"四新"主攻"四化"，贵州将不断推动经济社会的高质量发展，实现人民对美好生活的向往。

黔西南布依族苗族自治州位于贵州省西南部，云贵高原东南端，是贵州省9个地级行政区之一，首府驻兴义市。黔西南州地处珠江上游，山川秀丽，气候宜人，文化底蕴深厚，其发展历程可以说是一部翻天覆地的历史。党的十八大以来，黔西南州委、州政府紧紧围绕全面建设社会主义现代化国家这个战略布局，深入贯彻落实新发展理念，积极推进供给侧结构性改革，全面深化改革开放，加快推动经济社会高质量发展。这片古老而充满生机的土地，正以其独特的魅力迈出坚定的步伐，在中国式现代化的伟大征程中探索高质量发展之路。黔西南的发展，既是对中国式现代化理念的生动实践，也是对高质量发展要求的深刻诠释。

中国式现代化，是立足中国国情、体现中国特色、符合中国实际的现代化。中国式现代化强调以人民为中心的发展思想，坚持创新、协调、绿色、开放、共享的新发展理念，致力于实现经济持续健康发展和社会全面进步。黔西南作为中国西南地区的重要一员，其高质量发展之路正是中国式现代化的一个缩影。

黔西南拥有得天独厚的自然资源和丰富的文化底蕴，但同时也面临基础设施薄弱、产业结构单一等挑战。然而，正是这些挑战激发了黔西南人民奋发图强的精神，推动他们在中国式现代化的道路上不断探索、不断创新。

在这条探索之路上，黔西南坚持以高质量发展统揽全局，围绕"四新"主攻"四化"；坚持绿色发展理念，注重生态保护与经济发展相协调；坚持创新驱动发展，加快传统产业转型升级和新兴产业培育壮大；坚持深化改革开放，不断优化营商环境，激发市场活力和社会创造力；坚持民生优先，不断提高人民群众的生活水平和幸福感。

黔西南经济实力持续增强，社会事业全面进步，人民生活水平不断提高。这些成就的取得，不仅为黔西南自身的发展奠定了坚实基础，也为中国式现代化的推进提供了有益经验和探索。

未来，黔西南将继续在中国式现代化的道路上阔步前行，以更加开放的姿态拥抱世界，以更加坚定的步伐迈向高质量发展，为中国式现代化贡献更多的智慧和力量。

目　录

第一章　围绕"四新"主攻"四化"
推动高质量发展

贵州围绕"四新"主攻"四化"的提出，是基于对新时代发展要求的深刻理解和把握，也是贵州在推动高质量发展中作出的重大战略决策。黔西南州围绕"四新"主攻"四化"的战略部署是贵州高质量发展主战略的重要组成部分。通过围绕"四新"主攻"四化"，黔西南州将能够在新时代的大背景下，实现经济社会的高质量发展，推动全州经济持续健康增长，为人民群众创造更加美好的生活。

第一节　谋划"十四五"宏伟蓝图

近年来，黔西南州坚决贯彻落实习近平总书记对贵州工作重要指示精神和视察贵州重要讲话精神，统筹推进"五位一体"总体布局，协调推进"四个全面"战略布局，立足新发展阶段、贯彻新发展理念、融入新发展格局，坚持稳中求进工作总基调，坚持在新时代西部大开发上闯新路、在乡村振兴上开新局、在实施数字经济战略上抢新机、在生态文明建设上出新绩，坚持百姓富与生态美有机统一，统筹发展和安全工作，围绕省委"一二三四"工作思路，落实州委"两大一高"主基调、"五个主战略""十条主路径"，巩固拓展脱贫攻坚成果，为全面建设社会主义现代化开好局、起好步，奋力开创高质量发展新局面。

一、"十四五"期间黔西南州围绕"四新""四化"的战略规划

"十四五"时期是我国全面建成小康社会、实现第一个百年奋斗目标之后，乘势而上开启全面建设社会主义现代化国家新征程、向第二个百年奋斗目标进军的关键时期，也是黔西南州决战脱贫攻坚、决胜同步小康目标实现后，推动高质量发展、乘势而上开启现代化建设新征程的关键时期。站在新的历史方位上，全州上下要深刻把握当今世界百年未有之大变局，深入分析发展环境和条件的根本变化，准确研判发展大势，切实把握州情实际，积极培育发展动能，集中力量抓好战略重点，在危机中育先机、于变局中开新局，为与全国、全省同步基本实现社会主义现代化奠定坚实基础。①

"十四五"期间，黔西南州将坚持以高质量发展统揽全局，把在新时代西部大开发上闯新路、在乡村振兴上开新局、在实施数字经济战略上抢新机、在生态文明建设上出新绩作为主目标，把新型工业化、新型城镇化、农业现代化、旅游产业化作为主抓手，全力以赴围绕"四新"抓"四化"，致力于实现"六个新提升"即经济发展质量实现新提升、生态文明成果实现新提升、人民生活水平实现新提升、改革开放成效实现新提升、社会文明程度实现新提升、基层治理能力实现新提升。坚持统筹联动、龙头带动、示范先行、各有侧重、梯次推进，力争将兴义市建设成为黔滇桂三省（区）结合部超百万人口区域性中心城市、大电强产中心、商贸物流中心、文化旅游中心；将义龙新区建设成为新型载能产业集聚区；将兴仁市建设成为新型工业化示范区；将安龙县建设成为农业现代化先行区；将贞丰县建设成为文化旅游创新区；将普安县、晴隆县、册亨县、望谟县建设成为巩固拓展脱贫攻坚成果同乡村振兴有效衔接样板区。

---

① 2021年3月31日黔西南州八届人大七次会议通过的《黔西南州第八届人民代表大会第七次会议关于黔西南州布依族苗族自治州国民经济和社会发展第十四个五年规划及二〇三五年远景目标纲要的决议》。

二、"十四五"期间黔西南州围绕"四新""四化"的目标任务

"十四五"期间，黔西南州重点围绕"四新"主攻"四化"，使全州综合经济实力大幅提升，经济总量和居民收入迈上大台阶，基本实现工业化、城镇化、信息化、农业现代化和旅游产业化，建成现代化产业体系，生态文明建设达到更高水平，国民素质和社会文明程度达到新高度，文化软实力显著增强，文化艺术持续大繁荣大发展，基本公共服务、基础设施通达程度达到东部地区平均水平，基本实现治理体系和治理能力现代化。到 2035 年，全州经济总量力争突破 5000 亿元，人均生产总值等主要经济社会发展指标全面赶上全国平均水平，全州各族人民共同富裕取得重大实质性进展，与全国全省一道基本实现社会主义现代化。

注：本文首发于《贵州围绕"四新"主攻"四化"年度报告（2021）》（中央民族大学出版社 2022 年 9 月版）。

第二节　黔西南州推进"四化"的成效及做法

近年来，黔西南州深入贯彻习近平总书记视察贵州重要讲话精神和新国发〔2022〕2 号文件精神，聚焦省委"一二三四"工作思路和围绕"四新"主攻"四化"主战略，落实"四区一高地"主定位，紧扣高质量发展主题和"六个再上新台阶"奋斗目标，充分发挥比较优势，整合资源、强力攻坚，大力促进"煤电网产"深度融合，抓好"强中心城区"和"黔边城市带"建设，做大农业特色品牌，打造全域旅游示范区和山地旅游目的地，奋力推进工业大突破、城镇大提升、农业大发展、旅游大提质。[①] 如，2022 年，黔西南州充分发挥地区资源优势，抓住用好

---

① 陈昌旭. 把握主战略主定位 奋进新目标新征程 全力推动高质量发展创造高品质生活 [J]. 当代贵州，2022（19）.

新国发 2 号文件、巩固拓展脱贫攻坚成果五年过渡期和省委、省政府支持民族地区高质量发展等关键机遇，以高质量发展统揽全局，紧紧围绕"四新""四化"目标任务和主战略，持续推进新型工业化、新型城镇化、农业现代化、旅游产业化，全力提升综合经济实力，进一步完善现代化产业体系，进一步发展生态文明建设，进一步提高国民素质和社会文明程度，文化软实力得到显著增强，努力实现"六个新提升"。2022 年，黔西南州地区生产总值完成 1508.69 亿元，在全省排名第五，其中一、二、三产增加值分别为 279.18 亿元、501.24 亿元、728.26 亿元（详情见表 1-1、图 1-1）。盘兴铁路、金州大桥和纳雍至晴隆、六枝至安龙高速公路等重点项目有序推进，全州 640 个重大项目累计完成投资 1330 亿元，其中，"四化"项目完成投资 1166 亿元。着力推进新型工业化，按照全省"一核两区"布局，一批重大项目有序推进，产值可观。如，义龙振华新材料年产值突破 100 亿元，金州电力和兴仁登高新材料年产值均超过 50 亿元。着力推进新型城镇化，科学划定"三区三线"，完成全州国土空间总体规划审批，为高质量发展拓展了空间；实现省级"四好农村路"示范县全覆盖。着力推进农业现代化，实施粮油生产、储备、加工能力提升三大行动；持续推进十大农业特色产业提质增效；加快推进全州 7 个县级现代农业产业园区建设，安龙县国家农村产业融合发展示范园得到成功创建，兴仁薏仁米荣获"2022 年中国农产品百强标志性品牌"，贞丰县入选国家农业绿色发展先行区。着力推进旅游产业化，引进优强企业 13 家，60 个文旅重点建设项目有序推进；新增 4A 级旅游景区 1 个、3A 级旅游景区 5 个、省级旅游度假区 1 个；发放消费券激发消费潜力，促进服务业恢复发展。

表 1-1 2022 年全州生产总值

指标名称	绝对数（亿元）	比上年增长（%）	占地区生产总值比重（%）
地区生产总值	1508.69	-1.6	100.0
第一产业	279.18	3.9	18.5
第二产业	501.24	-5.8	33.2
第三产业	728.26	-0.6	48.3

注：上表数据来源于黔西南州统计局。

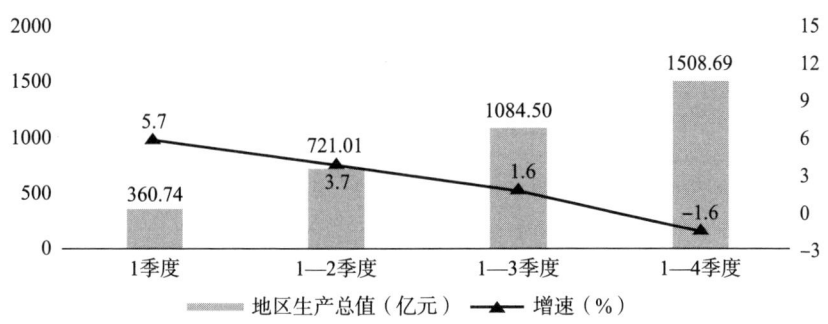

图 1-1 2022 年地区生产总值及其增速（%）

注：上图来源于黔西南州统计局。

一、全力推进新型工业化

近年来，黔西南州在推进新型工业化进程中展现出了强劲的势头，积极响应国家及省级战略部署，围绕"四新"主攻"四化"，全力推进以人为核心的新型工业化，取得了显著成绩，以 2021 年、2022 年的推进情况为例。

（一）2021 年新型工业化推进情况

2021 年，黔西南州深入实施"工业强州"战略，聚焦"六大突破""六个抓手"决策部署，深入实施工业倍增行动，完成新入规工业企业 46 户，培育"专精特新"中小企业 13 户，加快了全州新型工业化进程。2021 年全州工业总产值突破 1000 亿元，规模以上工业增加值完成 295 亿元，同比增长 12.5%，排全省第 3 位，在赶超进位上实现新突破。

1. 全力夯实能源基础，推进煤电融合发展。一是全力推进煤矿产业发展。着力推进煤矿机械化、智能化改造，加快 12 个主体煤矿建设，全州主体煤矿增至 86 个，煤矿产能提升到 4350 万吨/年，形成以大中型煤矿为主的产能结构，2021 年，全州实现煤炭过站量 1550 万吨，同比增长 27%，供应电煤 969.98 万吨，同比增长 54.13%，电煤供应量近 5 年来首次突破 800 万吨。二是全力推进地方电力发展。用好国家发改委批准黔西南州建设一批地方自备电厂的政策机遇，在清水河地方自备电厂建成发展的基础上，加快推进一批自备电厂建设，贞丰自备电厂、义龙元豪自备电厂建成发电，安龙自备电厂加快建设，全州地方电力装机突破了400万千瓦，全州5家火电企业10台发电机组均具备满负荷发电能力，有效地夯实了电力基础。三是全力推进电网设施建设。2021年重点推进册亨县的冗偏线、望谟县的岜饶线、晴隆县的高箐线等10千伏配网共1282个项目开展升级改造，全州完成电网投资19亿元，完成农村与城市电网升级改造投资10.8亿元。四是全力推进清洁电力发展。着力优化电力结构，在确保电力保障安排的前提下，大力发展光伏、风电、垃圾发电等新型清洁能源产业，2021年有序推进19个光伏项目和5个风电项目建设，全年新增新能源装机达130万千瓦，目前全州新能源装机355万千瓦，占全州电力总装机1500万千瓦的23.66%，2021年新能源发电量29.44亿千瓦时，同比增长65.16%，电力结构不断优化，促进了基础能源的健康发展，为工业发展注入了强大动力。

2. 全力调整产业结构，推进工业体系构建。一是科学选准主导产业。立足黔西南州工业资源、工业基础、发展优势，结合"十四五"规划编制，将现代能源、基础材料、化工及装备制造三大产业作为全州工业主导产业，构建现代工业体系。二是着力延长产业链条。聚焦六大工业产业，加大项目编制和产业大招商，推进产业建链、补链、强链。2021年全州共编制工业产业招商项目235个，引进东旭集团、东岛新能源、兴仁市60万吨预焙阳极、兴仁市天然石墨和石墨烯精深加工产业链项目等一批重点工业产业项目，累计到位资金155.12亿元。三是切实抓好项目建设。2021年全州完成工业投资473.18亿元（其中技改投资完成205.43亿元、千企改造投资完成178.69亿元），超目标任务43.18亿元，加快了现代工业体系的构建。

3. 全力培育龙头企业，推进产业集群发展。从培育龙头企业着手，按照一个重点产业、一个领军企业、一条产业链条、一个产业园区的"四个一"思路，着力推进产业集群发展。一是做强龙头企业。围绕六大重点产业，每个产业着力培育一个以上龙头企业，现代能源重点培育金州电力，基础材料重点培育义龙振华，装备制造重点培育龙凯科技，新型建材重点培育安龙木纹石，特色轻工重点培育鹏昇纸业，大数据电子信息重点培育义龙华为，推动生成了一批骨干龙头企业，2021年全州累计亿元以上工业企业127家，占规上企业27.55%，较上年提高7.95个百分点，其中20亿元以上企业10家，较上年增加2家，龙头作用逐步显现。二是做优园区平台。按照所有省级工业园区核心区均实现"七通一平"的标准，不断完善园区基础设施。2021年全州所有工业园区均已建成污水处理设施，安装在线监测设施并联网运行，兴义、兴仁、贞丰、安龙、义龙等重点工业园区已实现220千伏地方电网"双回路、双电源"电网覆盖，全州工业园区基本实现"七通一平"，园区承载能力不断增强。三是推进企业聚集。以园区为工业发展主平台，以龙头企业为引领，着力推进关联企业向园区集聚，初步形成兴义生态载能、兴仁电解铝、安龙石材、义龙新材料、义龙大数据等一批产业集群。2021年全州开发区实现规模以上工业总产值876.39亿元，同比增长33.1%，占全州工业总产值的87.6%。

4. 全力保障生产要素，推进产能充分释放。一是强化资金保障。州级财政预算资金1亿元用于支持新型工业化发展，2021年，获得地方政府专项债6亿元用于园区基础设施建设，获得省工业和信息化发展专项资金、省新型工业化发展基金4.68亿元用于支持重点项目和重点企业发展。二是强化供电保障。积极推动南方电网和地方电网深度融合发展，全州电力装机容量突破1500万千瓦，各等级输电线路409条6251千米，220千伏地方电网已覆盖州内主要工业园区，实现"双回路、双电源"用电保障，全年工业用电量达97.96亿千瓦时，其中，南方电网兴义供电局共组织148家企业参与电力市场交易电量55.9亿千瓦时，地方电网为大工业直供电量41.23亿千瓦时，全面落实地方电网优惠电价，累计为企业节约用电成本10.5亿元。三是强化生态保障。推进企业绿色化改造，推动资源节约与综合利用，提升工业绿色发展水平。组织开展工业节能诊断服务工作，帮助企业挖掘节能降耗潜力，切实抓好重点用能企业、重点用能设备工业节能监察。全年共为23家企业开展节能诊断服务，对32家化工、建材、铁合金等企业实施了节能监察。四是强化安全保障。严格落实行业安全生产管理责任，切实开展安全生产专项检查，压实企业安全生产主体责任，扎实推进安全问题隐患整治"清零"，排查整治问题隐患 253 个，实现安全生产隐患闭环管理，有效保障了工业安全生产，促进了企业产能释放。

5. 全力开展数字建设，推进深度融合发展。一是推动大数据与信息化建设。2021 年，全州出口带宽达 2410G，光缆线路总长达 14.54 万千米，累计开通光纤到户端口 231.56 万户，累计开通固定宽带用户 108.76 万户。累计建成 5G 基站 1917 个，累计完成行政村光纤改造和网络提速 1249 个。义龙大数据中心一期工程投入使用，建筑面积 20180 平方米，可承载服务器 5 万个，使用机房 26 个，安装机柜 1784 个，服务器 4600 台，为州内 24 个部门，50 余个业务系统提供云服务支撑。二是全面开展政务数字治理。推进"一云一网一平台"建设，完成 34 个州级政府信息化项目建设，完善智慧金州平台，打通全州 31 个部门数据互联互通，形成数据交换、共享利用机制，解决了"数据孤岛"问题。三是大数据企业培育成效明显。培育规上企业 10 家，发展大数据企业 30 余家，形成振华新材料、指趣网、久网同城、万峰旅游等一批支柱性优强企业。四是持续开展"万企融合"行动，纳入建设融合标杆项目 10 个、示范项目 100 个，带动 208 家实体经济企业与大数据深度融合发展。

（二）2022 年新型工业化推进情况

2022 年，黔西南州紧紧围绕"工业大突破"，深入实施工业倍增行动，建立州领导和州直部门包保联系指导县（市、新区）工作机制，建立了中小工业企业生产运营问题调度台账，推广"贵商易"平台，提升政策兑现服务水平，加快了全州新型工业化进程，2022 年二产实现增加值 501.24 亿元（黔西南州近 3 年第二产业数据详情见图 1-2），在疫情冲击、经济下行压力持续加剧的大环境下，保持平稳增长，为稳住经济发展基本盘发挥了巨大作用。

1. 现代能源产业加快发展。充分发挥能矿资源优势，加大煤矿两化改造，提高煤炭供给能力，推动风能、光伏等新能源有序开发利用，探索发展抽水蓄能,推动现代能源产业持续发展,为工业高质量发展提供基础保障。深入推进煤矿产能提升、"两化"建设和瓦斯规模化抽采利用,启动大型煤炭储配基地建设,推动煤矿安全绿色智能化发展,晴隆三宝、全伦煤矿等 4 个煤矿建成投产新开工建设能源项目 15 个,有序推进清水河、兴仁、郑屯煤炭储备项目建设,全年新增煤矿产能 315 万吨,完成煤炭过站量 1078 万吨。大力发展清洁能源,义龙元豪自备电厂、安龙自备电厂加快建设,巩固提升电力优势;深化"两网融合",册亨高洛、望谟坝算 220千伏输变电工程建设投用,实施 220 千伏电网县域全覆盖工程,加快册亨高洛、望谟坝算输变电工程建设。扎实推进天然气"县县通"工程,黔西南州天然气支线管网二期工程复工建设。

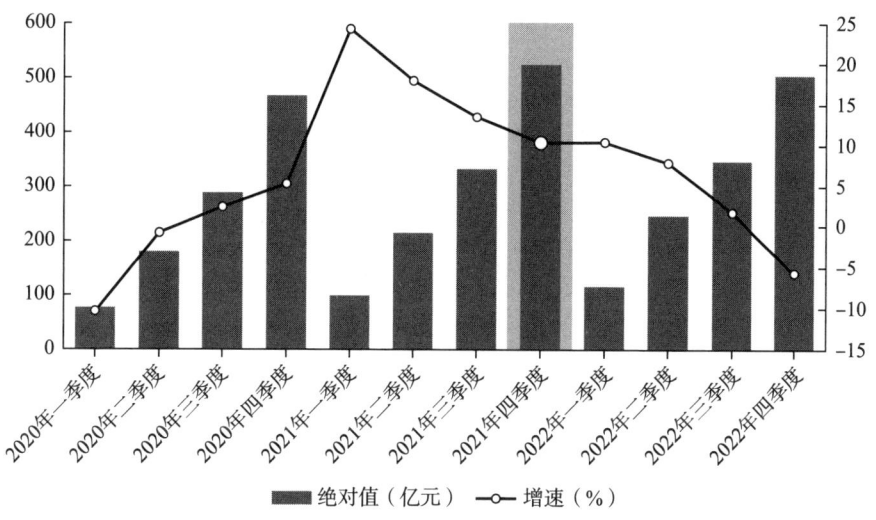

图 1-2 2020—2022 年黔西南州第二产业产值

注:上图来源于 http://www.qxn.gov.cn.

2. 工业集群加速推进。着力推动各县（市）开发区和产业园区发展,推进重大产业项目向开发区集聚。以兴仁工业园区为主平台,以登高铝业为龙头,推进基础能源、铝液生产、铝材加工、装备制造等铝产业全产业链向园区集聚,登高"煤电铝"一体化项目建成了年产 25 万吨铝液生产线及 50 万吨配套工程,产能指标达到 35.28 万吨,2022 年生产电解铝液突破了 30 万吨，实现产值突破了 50 亿元，成为贵州省第一大电解铝生产企业。以义龙新区新材料产业园为载体，以振华新材料为龙头，加快推进上下游产业集聚发展，全力打造新能源电池新材料产业链，羚光一期、古德孚一期等项目建成投产，贵州东岛新能源年产 15 万吨高端动力电池材料一期项目第一条生产线、黑翼新能源材料有限公司年产 1.5 万吨锂电池负极材料等项目已点火，新增负极材料产业 11 万吨/年，2022 年振华新材料产值突破百万吨大关，成为黔西南州首家产值超 100 亿元级的企业。

3. 传统产业加快转型。深入实施"千企改造"，推动义龙羚光新材料二期、兴仁年产 1.5 万吨石墨烯精深加工等一批重点项目加快建设，铝及铝深加工行业增加值增长 20%以上，提高电解铝就地深加工比重。深入推进特色食品、中药材等特色轻工业发展，持续培育公共饮用水品牌，推进饮用水（矿泉水）产业加快发展。支持义龙红星产业园、安龙石材产业做大规模，加快特色中医药产业、特色建材产业发展，促进工业加快转型。贞丰县北盘江酱香型白酒实验基地建设项目、贵州醇酒业有限公司 1.25 万吨/年提质扩能技改工程（老厂区）项目、贵州鹏昇（集团）纸业有限责任公司年产 60 万吨包装纸项目配套 5 万吨纱管纸生产线工程等特色轻工项目建成投产。

4. 新兴产业加快培育。坚持"一个园区、一个主导产业、一个领军企业、一项科技创新"，建设一批主导产业突出、创新能力强、服务功能完善、承载能力强的产业园区，促进同类企业向园区集聚。支持高等院校、龙头企业、高新企业等市场主体，创建一批众创空间、大学科技园和科技企业等创新创业孵化平台。探索建设众创、众包、众扶、众筹"四众"平台，发展创客空间、创新工厂、创业新媒体等新兴孵化器，使之成为支撑新兴企业发展的重要平台。2022 年全州培育创新创业孵化载体 2 家、新增高新技术企业 13 家，获国家科技型中小企业评价入库认定企业 44 家，完成技术合同认定登记交易额 22.4 亿元。

5. 工业信息化再提速。抢抓新国发 2 号文件政策机遇，积极融入全省数字经济创新区建设，推进大数据与实体经济融合发展，加快了全州工业信息化进程。加快推动信息基础设施建设，5G（逻辑）基站建成 1829 个，出口带宽达到 3010Gbps；光缆总长度累计达到 14.1 万千米。深入推进"万企融合"，建设融合标杆项目 6 个，融合示范项目 60 个，带动 123 户实体经济与大数据深度融合。不断完善"一云一网一平台"建设，全州通过贵州政务服务网、部门自建业务系统共计办理 476 万项业务（州级 199 万项）。推进政务服务"掌上办"，梳理的"掌上办"事项共计 1079 个，实现相关事项云上贵州多彩宝 App 办理，加快推进企业上云，提升了全州工业经济数字化整体水平。

二、全力推进新型城镇化

（一）2021 年新型城镇化推进情况

2021 年，黔西南州加快推进以人为核心的新型城镇化部署，立足新发展阶段，贯彻新发展理念，融入新发展格局，以城镇"三改"为抓手，大力实施城市更新行动，补齐城镇基础设施短板，推动全州新型城镇化高质量发展。

1. 优化城镇布局，提升城镇居住品质。围绕城市更新，坚持规划先行，深入实施城市带动战略，大力推进以人为核心的新型城镇化，实现城镇承载能力、城镇经济、城镇品质、城镇治理、城乡融合发展"五个大提升"。一是加快实施"三改"。以"三改"为重心，深入实施棚户区、老旧小区、背街小巷改造，有力有序实施城市更新行动，优化老城功能布局。2021 年完成棚改任务 8380 户，排名全省前三位。2021 年城镇老旧小区改造户数累计完成率排名全省第一，完成 65 个小区 2936 户。2021 年完成背街小巷改造 95 条。二是强化城市带动能级。不断优化生产、生活、生态空间布局，推进构建高质量的城乡区域一体化发展新格局。三是推进农业转移人口市民化。深化户籍制度改革，健全农业转移人口市民化机制，强化基本公共服务保障，加快推进人口市民化进程。着力打造兴义市超百万人口中心城市，建立健全农业转移人口市民化机制。

2. 优化城镇功能，提升城镇质量品质。坚持合理规划、科学布局，全力实施城市更新行动和宜居城市建设行动，大力提升城镇基础设施、居住环境、基本公共服务、生态环境品质，不断增强城镇综合承载能力、内需带动力和发展竞争力。一是优化项目建设服务。出台《黔西南州工程建设项目审批事项清单及流程图示范文本（2.0 版）》，实现审批事项"由繁到简"，申请材料"由多到少"，工程审批服务水平进一步提升。二是推进城镇功能修复。以"山水林田湖是一个生命共同体"理念为核心，开展生态修复、生态廊道建设，挖掘城镇历史文化资源、推进历史文化建筑保护。全州共确定历史建筑 167 处，挂牌 164 处，测绘建档 167 处。三是夯实城市基础设施建设。完成城市建设投资 130.15 亿元。新增城市道路46.72 千米、城市燃气管网 56.95 千米、城市公共停车位 3375 个。开工建设海绵型项目 27 个，无害化处理生活垃圾 60.88 万吨。实现农村生活垃圾收运体系行政村全覆盖，建成乡镇垃圾中转站 90 座，购置并纳入监管垃圾清运车 668 辆、转运车 97 辆、配建村庄垃圾收集点 10006 处。

3. 完善治理体系，提升城镇治理品质。一是强化基层治理。以"绣花"功夫推进城乡精细化管理，坚持新发展理念，以人为本，形成精致、细致、规范的管理模式，加快建设智能化城市综合管理服务平台，推进城市管理"一网统管"、创新物业管理方式，整合工作资源，建立党建引领下的多方协调运行机制，推动小区物业管理提质增效。二是整治提升市容市貌。深入实施城市建设安全整治三年行动，排查安全隐患问题 480 余个，均已全部整改。积极开展建筑垃圾治理、人行道路面净化、户外广告设施整治等专项行动，检查在建工程扬尘治理 1556 次，排查窨井盖 18200 余个、更换 6250 余个，2021 年以来，全州城市道路机械化清扫率保持在85%以上。三是强化综合执法体系建设。常态化推进"强基础、转作风、树形象"行动，加强城市管理综合执法队伍作风纪律建设，推进执法权限法定化、执法责任明确化、执法程序公开化、执法行为规范化，全年未发生不文明执法事件。

4. 做大做强城镇经济，提升村镇建设品质。坚持以城聚产、以产兴城、产城融合，促进园区与城镇融合发展，推动城镇特色产业做大做强，积极构建城镇产业支撑体系，完成小城镇建设投资 58.41 亿元。一是推进园林城市和宜居农房建设。兴义市获评贵州省园林城市，兴义市乌沙镇、兴仁市屯脚镇获评省级园林城镇。推进宜居农房建设，完成第一批 9 个试点建设；分类推进传统村落保护发展，兴义市、兴仁市联合入选为省级 10 个传统村落集中连片保护利用示范集聚区之一。二是推进特色小镇建设。积极打造一批以贞丰县者相镇为代表的旅游名镇，以义龙新区鲁屯镇为代表的文化古镇，以兴义市清水河镇为代表的工业重镇，形成一批和谐宜居、特色鲜明、服务设施便捷的小城镇。三是强化住房保障供给。构建产、城、人、景协调发展的住房体系，加大市场主体培育，将建筑业和房地产业作为服务城乡建设关键支撑抓紧抓实。持续实施建筑业"三年挖潜倍增"专项行动，推动建筑业转型升级，新增建筑资质企业 15 家，其中一级企业两家。完成建筑业产值 150 亿元以上，增速全省前三位。完成房地产投资 120 亿元；完成商品房销售 520 万平方米，增速全省第三位。完成房地产投资 146.95 亿元；完成商品房销售 556.15 万平方米，增速全省第二位。同时，深入推进农村房屋安全隐患排查整治，共排查录入信息系统 50.5 万户。

（二）2022 年新型城镇化推进情况

2022 年，黔西南州认真贯彻落实新型城镇化战略，持续推进以人为核心的新型城镇化，聚焦"康养胜地、人文兴义"城市定位，大力实施"强中心城区"行动，出台《关于支持兴义市率先实现高质量发展的意见》支持兴义市做优做特中心城市，安排州市共建资金 5000 万元，其中，兴义市 2000 万元，义龙新区 3000 万元。全州城市基础设施建设推进有序，2022 年完成城市基础设施建设投资 131.60 亿元，开工建设海绵型项目 21 个，建成 6 个。实施县城补短板强弱项重点项目 80 个、新型城镇化专项补助资金项目 14 个；开工老旧小区改造 187 个 8786 户，完成 2020 年及以前存量棚改 7289 户，开工 2020 年新增棚改 500 户，完成背街小巷改造 46 条（见表 1-2），建设改造地下管网 558.78 千米；新增城市道路 45 千米、城市人防工程面积 13.26 万平方米、城市公共停车位 3497 个；兴仁、普安、晴隆、册亨成功创建省级"四好农村路"示范县,实现省级示范县全覆盖。新型城镇化建设得到明显提升。

表1-2 黔西南州"三改"情况对比表

年度	完成存量棚改	新增棚改	老旧小区改造	背街小巷改造
2021	8380 户	2268 户	65 个 2936 户	95 条
2022	7289 户	500 户	187 个 8786 户	46 条

1. 城镇功能不断完善。强化城镇基础设施建设,出台《黔西南州新型基础设施建设三年行动方案(2022—2024年)》,加大城市基础设施建设,基础设施"六网会战"完成投资171.63亿元。如,兴义市北环线、金州大桥、文化中心路网等一批重大城市基础设施项目正在开工建设。城市道路得到新增,燃气管网新增259.04千米,城市公共停车位新增3497个。如,安龙县大力实施老城区生态停车场项目,建设1400多个标准停车位。认真践行绿色发展理念,森林覆盖率高,环境空气优良天数比例高。全州共有35座大中小型水库,各县(市)均覆盖,中心城市和县级城镇集中式生活饮用水水源地水质均达到或优于Ⅲ类标准限值要求,达标率100%。行政村通光纤和4G网络覆盖率达100%。新(改)建农村户厕1.65万个,30户以上自然村组生活垃圾收运体系覆盖率达90%,乡镇污水处理率达75%。充分利用易地扶贫搬迁机遇,大力推进城镇化安置,将全州易地扶贫搬迁33.85万名群众集中安置到城镇,城镇建设面积进一步扩展。不断推进智慧安防小区建设,城乡社区网格化实现全覆盖,全州社区服务中心(站)覆盖率实现100%。2022年全州常住人口城镇化率为51%,比上年增长3.66%,城镇承载能力不断提升。

2. 城镇品质不断提升。完善公共服务设施,提升居民生活品质,全州累计建成省级城市综合体10个,城市公园40个,人均公园绿地面积达到14.83平方米。优化教育资源,全州投入6.4亿元建设教育项目300余个,创建3所省级示范幼儿园、101所公办强校,兴义民族师范学院实现"一校一址"集中办学,恢复笔山书院,设立加油书院,扎实推进特殊教育普惠发展。改善医疗条件，加快州人民医院扩建、州中医院改扩建、4个县域医疗中心等项目建设，建成8个县（市）危重孕产妇救治中心、3家省级示范中医馆，将义龙新区区域性敬老院作为标准化养老院进行改造提升，分别在兴义市、兴仁市、普安县、贞丰县和册亨县实施护理型床位建设，共建成800张床位，养老条件得到改善。

3. 城镇经济持续做强。持续做强城镇经济，加大招商引资力度，出台《黔西南州培育壮大市场主体行动方案（2022—2025年）》，实施大市场主体行动，开展领导干部入企走访，落实"政策找企业、企业找政策"机制，持续改善营商环境，新增市场主体6.46万户、高新技术企业13家。成功引进深圳能源环保集团、福建旺城置业、安徽海螺新能源等省外优强企业120家，招商引资累计到位资金350亿元。强化产业发展，结合本地气候、地理、生态等各方面资源优势，持续推进产业发展。工业方面：发展能源、制药、化工等产业；农业方面：发展茶叶、水果、蔬菜等特色农业，并出台《黔西南州2022年特色优势产业巩固提升行动方案》，为推动现代山地特色高效农业高质量发展提供坚强保障；旅游业方面：利用黔西南州喀斯特山地资源，结合民族文化、康养和户外运动等发展山地旅游产业。进一步促就业增收入，充分发挥"蜂王行动""龙吟架子工"等劳务品牌作用，新增城镇就业42388人，农村劳动力转移就业60539人，帮助返乡农民工就业创业22898人。2022年城乡居民人均可支配收入分别增长4.5%和6.5%（2021年城镇、农村居民人均可支配收入分别达到38251元、12623元）。

4. 示范小城镇建设典型。注重培育典型，全州共有19个示范小城镇，黔西南州望谟县郊纳镇就是全州小城镇建设的一个缩影。该镇依托紫茶产业及自然人文资源打造山、树、草、花、水交相辉映，集民族、生态、旅游于一体的生态旅游小镇——郊纳·紫茶小镇，2021年11月，郊纳·紫茶小镇景区被确定为国家3A级旅游景区。郊纳镇之所以能成为示范小镇，有其独特的做法，主要体现在以下几方面：一是党建引领聚力量。郊纳镇用事业凝聚干部，用阵地凝聚党员，用感情凝聚群众，村党支部带领合作社、群众广泛参与，党员充分发挥示范带头作用，村民在感党恩的同时，建设家乡的热情十分高涨，迅速凝聚了巨大力量，为新型城镇化建设奠定了深厚基础。近年来，该镇共有108人次被省州县表彰，34人被组织提拔，锤炼了一支懂农业、爱农村、爱农业的"三农"干部队伍。二是基础设施强保障。道路网络全面疏通，扩建35千伏变电站，完成117个自然寨68个变台区建设，供电可靠率达99.83%。完成电信基站建设15座，智能终端和Wi-Fi网络已广泛普及。实施串户路等基础设施建设，实施集镇绿化景观、特色民居等建设，村寨实施建伙房、庭院硬化、污水处理、厕所、路灯安装等建设。三是产业发展助增收。结合郊纳镇得天独厚的气候、水体等资源优势，逐步形成"山上种茶、水里养鱼、林下生金、泉水出山"的产业发展格局。依托"中国紫茶之乡"和国家地理标识及8万多株百年以上古茶树等资源优势，将"八步紫茶"作为"一镇一特"聚力发展，采取"公司+合作社+农户+基地"的产业发展模式，成立了望谟县郊纳八步农业综合投资开发有限公司，整合资金1800万元修建八步紫茶加工总厂，现如今八步紫茶已成为望谟县主导产业之一，2022年收获茶青7.5万斤，生产成品茶1.5万斤，产值约1500万元。借助郊纳镇得天独厚的气候和水体资源优势，大力发展冷水养鱼，养殖特色鱼品种有8个，每年产鱼10万余斤。四是产业带动稳就业。群众将土地流转发展八步紫茶产业，公司每年集中兑现土地流转费450万余元，带动农户2157户9706人。农户在基地从事茶园种植、管护、茶青采摘等工作，按工时领取劳务费，截至2022年12月底，共发放种植费1336.59万元，茶园管护务费1354.03万元，发放涉茶惠农生态补助486.6万元，支付茶青购买费用89.2万元。并且公司每年从收益资金中拿出175万元用于10村1社区聘用公益性岗位，目前已经发放公益性岗位工资645万元。八步紫茶产业直接带动群众增收5143.81万元。五是社会治理强服务。按照"一中心一张网十联户"社会治理框架体系，对现有网格员84人、联户长375人，按照每人一件制式服（红马甲）、一个笔记本、一支工作笔，并结合人员实际变动情况，按照10%的比例留足备用装备。每年用分红收益资金45万元对联户长按照 100 元/月通信补助进行激励补助，切实调动网格员、联户长的积极性，对全镇 93 个网格开展矛盾纠纷调处、疫情防控宣传排查、群防群治等工作，确保工作成效。村级综治中心统筹协调，网格组团联动合作，强化信息沟通，不断加强平战结合治理、全周期治理和智慧治理，形成切实可行的治理服务体系。郊纳镇和全州其他小城镇一样，都具有少数民族特色，也有产业支撑，概括起来就是加强党建引领，提供组织保障；结合民族风情，建强基础设施；找准特色产业，强化经济支持；增强服务意识，强化社会治理；联合各方力量，共同打造特色小镇。

三、全力推进农业现代化

（一）2021 年农业现代化推进情况

2021 年，黔西南州坚持农业农村优先发展，一体推进农业现代化和农村现代化，不断促进农业高质高效、乡村宜居宜业、农民富裕产业富足。全州农林牧渔业总产值完成 444.63 亿元，增长 9.0%；一产增加值 265.29 亿元，增长 7.6%；农村居民人均可支配收入达 12623 元，增长 10.3%。据行业统计，全年完成粮食总播种面积 345.9 万亩，同比增幅 7.3%；水稻超高产示范最高亩产达 1123.87 公斤，再创全省水稻高产新纪录。

1. 大力推进特色产业发展，构建现代农业产业体系。一是抓好农产品深加工企业和单品培育，大力发展茶叶、精品水果、蔬菜、中药材、食用菌、薏仁米等特色优势产业。全州茶产业种植 59.2 万亩、精品水果种植 108.25 万亩、蔬菜种植 182.7 万亩（其中辣椒 22.2 万亩）、中药材种植 147.69 万亩、食用菌种植 12.79 万亩、薏仁米种植 65 万亩。二是抓好特色精品畜牧业的发展，重点加强兴义矮脚鸡、盘江小黄牛、兴义鸭等地方畜禽品种资源的保护和开发利用，并优先发展这些特色精品畜牧业。2021 年，出栏生猪 195.31 万头、牛 20.13 万头、羊 33.4 万只、家禽 1783.32 万羽，禽蛋产量 4.85 万吨，水产品总产量 1.41 万吨，完成林下菌药种植 27.03 万亩。三是科学抓好生产技术，种业得到有效提升，收集地方特色农作物种质资源 369 份、本地野生菌物资源 817 份，建立水稻、玉米、薏苡、蔬菜、中药材、油茶种质资源圃6个，第三次种质资源普查与征集工作在全省排第一位，合格份数占比100.63%。四是抢抓生态旅游先机，打造集生产、加工、市场和农旅融合发展模式。持续推动以普安江西坡茶旅、兴义高卡及晴隆光照渔旅、册亨岩架蕉旅、贞丰北盘江沿岸果旅等为代表的农旅休闲体验观光产业化建设，促进休闲旅游和文化体验融合发展。

2. 大力推进基础设施建设，构建现代农业生产体系。近年来，黔西南州紧紧围绕水利化、机械化、信息化，配套完善水、电、路、讯、网络等基础设施。一是大力推进高标准农田建设，2021年贵州省农业农村厅下达黔西南州高标准农田建设任务30.5万亩，截至2021年12月，已完成31.99万亩，占省下达任务的104.89%，新建项目开工率已达100%。二是强化农机农艺融合，加大农用地"宜机化"改造力度，探索主要农作物生产全程机械化技术规范和技术模式，全州农机总动力达305.9万千瓦、主要农作物耕种收综合机械化率达43.01%。三是抢抓粤黔东西部协作机遇，按照"主导产业突出、现代要素集聚、设施装备先进、生产方式绿色、辐射带动有力"的要求，启动建设7个惠黔东西部协作共建现代农业产业园。

3. 大力培育新型农业经营主体，构建新型农业经营体系。一是大力培育新型农业经营主体，保障资金支持。2021年，普安宏鑫茶业获农业农村部第七批农业产业化国家重点龙头企业公示，截至12月底，累计培育州级以上农业产业化龙头企业476家（其中：国家级3家、省级110家），登记农民合作社4342个（其中：国家示范社14个、省级76个、州级225个），家庭农场3493个（其中：省级示范家庭农场73个、州级65个）。并且黔西南州加大金融支农力度，"兴农险"承保保费1.32亿元，为27.12万户农业经营主体（农户）提供了30.23亿元风险保障。二是聚力提升农产品品牌，新增农业农村部农产品地理标志农产品5个，兴仁薏仁米入选中国欧盟地理标志互认清单，已累计认证绿色食品28个、中绿华夏有机产品4个、国家地理标志登记农产品27个。三是完善农村土地制度。一方面，巩固农村集体产权制度，组建集体经济组织 1225 个，完成股改的村有 1195 个。另一方面，扩面推进农村"三变"改革试点工作，9 个县（市、新区）136 个乡镇 1147 个村开展试点工作，实现涉农行政村全覆盖。同时，还切实加强农村宅基地审批管理，设立农村宅基地申请受理窗口 136 个，审批农村宅基地 4359 宗。

4. 坚决扛起粮食安全责任，构建农业生产安全体系。"绿水青山就是金山银山。"黔西南州坚决守好生态和发展两条底线，既保障了粮食安全，又守好了生态底线。一是持续加强农资产品监管，依法打击违法违规行为，共出动执法人员 7302 人次，检查经营门市 6933 个次，检查企业 443 个次，检查农产品生产基地、农民专业合作社、养殖场 1128 个次，立案查处案件 238 件。二是持续加强农产品质量安全监督抽检、风险评估和专项检测，完成农产品质量安全监督抽查抽样 4423 个，合格率达 99.99%。三是继续实施合格证试点，241 家经营主体开具食用农产品合格证 23,916 张，带证上市农产品 3.29 万吨；加强追溯信息线上监控和线下监管，606 家生产经营主体登录农产品追溯管理平台并使用推广。

5. 大力改善农村人居环境，协调推进农业农村现代化。一是抓紧抓实农村厕所革命。全覆盖开展农村户用卫生厕所摸排，对排查出来的问题厕所立行立改。2021 年，共计摸排 706279 户农村户厕，对发现的问题厕所立行立改，整改率达 100%。二是推动村庄清洁行动常态化开展。采取"弯腰行动""红黑榜制"等多举措推进村庄清洁行动，大力开展清理废弃杂物、清理村内沟渠、清理畜禽养殖粪污等农业生产废弃物；整治乱搭乱建、乱贴乱画、乱接乱拉；提升垃圾治理水平、长效管护水平、庭院美化水平"三清三整三提升"的村庄清洁行动，逐步实现由"清脏"向"治乱"转变、向"美化"转变，由"一时清脏"向"长期清洁"转变。2021 年，全州累计清理农村生活垃圾 3.58 万吨，清理村内水塘 1847 口，清理村内沟渠 4767 千米，清理畜禽养殖粪污等农业生产废弃物 5231 吨，清理乱搭乱建及残垣断壁 3609 处；三是坚持绿色发展，有序推进农业面源污染防治，农作物秸秆综合利用率达 88.89%，农膜回收率达 86.79%，畜禽粪污综合利用率达 86% 以上。

（二）2022 年农业现代化推进情况

2022 年，黔西南州着力推进农业现代化，加快发展乡村产业，全州农林牧渔业总产值 466.96 亿元，增速 4.3%，排全省第 3 位；农村居民人均可支配收入 13423 元，增速 6.3%，总量排第 6 位，增速排第 9 位；行业统计显示，全年粮食播种面积 354.9 万亩（大豆种植面积 11.1 万亩），产量 109.8 万吨；水稻最高亩产达 1154.68 公斤（2021—2022 年度各项指标对比见表 1-3），连续四年创全省水稻单产最高纪录；7 个县级现代农业产业园区建设加快推进，兴仁薏仁米荣获 "2022 年中国农产品百强标志性品牌"，贞丰县入选国家农业绿色发展先行区，安龙县入选国家农业现代化示范区。

表 1-3　2021—2022 年度各项指标对比

年份	农林牧渔业总产值（亿元）	农村居民人均可支配收入（元）	全年粮食播种面积（万亩）	水稻最高亩产达（公斤）
2021 年	444.63	12623	345.9	1123.87
2022 年	466.96	13423	354.9	1154.68

1. 推进特色产业提质增效。强化农业产业发展，推进特色产业提质增效，不断壮大特色农业产业规模，全州茶产业规模达 60.1 万亩，累计种植精品水果 108.7 万亩、蔬菜 181.3 万亩、中药材 154 万亩、食用菌 13.2 万亩，发展薏仁米 56 万亩、油茶 50.25 万亩、花椒 25.82 万亩，完成烟叶收购 67.31 万担（2021—2022 年特色产业规模对比见表 1-4）。进一步打响农产品品牌，新增农产品地理标志登记产品 2 个、绿色食品标识产品 4 个、中绿华夏有机产品认证 1 个；已累计认证农产品地理标志 29 个、绿色食品 29 个、中绿华夏有机产品 4 个；被认定的粤港澳大湾区 "菜篮子" 生产基地有 24 个；晴隆脐橙、晴隆糯薏仁、晴隆鲴鱼、望谟芒果、望谟青柠檬 5 个农产品进入全国名特优新农产品名录，实现零的突破；兴仁薏仁米荣获 "2022 中国农产品百强标志性品牌"。发展壮大农产品加工业，立足黔西南州山地优势，推进一二三产业融合发展，大力发展农产品加工业，农产品

加工转化率全年达 56% 以上。截至 2022 年底,全州共有 27 家企业(基地)获省农业农村厅推介为贵州省特色食品加工示范基地。

表 1-4 2021—2022 年特色产业规模对比

年份 \ 面积	茶产业(万亩)	精品水果种植(万亩)	蔬菜种植(万亩)	中药材种植(万亩)	食用菌(万亩)	薏仁米(万亩)
2021 年	59.2	108.25	182.7	147.69	12.79	65
2022 年	60.1	108.7	181.3	154	13.2	56

2. 农产品保供能力不断增强。提升农产品保供能力,建立"州、县、乡"三级党政主要负责人领办高产示范机制,推进"81688"粮食生产示范点[8 个州级示范点(含 2 个超高产示范点)、16 个县级示范点、88 个乡级示范点],2022 年完成粮食播种面积 354.89 万亩,水稻超高产示范连续四年屡创全省新高,达 1154.68 公斤。强化"粮豆复合"种植示范,实施大豆玉米带状复合种植 2 万亩,完成大豆种植 11.14 万亩、花生种植 9.03 万亩,利用冬闲田土种植油菜 66.54 万亩,提高植物油产能。实施"菜篮子"市长负责制,累计种植蔬菜 181.3 万亩、产量 328.4 万吨,出栏生猪 209 万头、牛 22.5 万头、羊 36.3 万只、家禽 1373 万羽,禽蛋产量 3.2 万吨。生态渔业方面,水产品总产量达 2 万吨,"菜篮子"供应充足。

3. 农业生产能力不断提高。加强基础设施建设,提高农业生产能力,持续加快高标准农田建设,2022 年全面完成上级下达的 19 万亩高标准农田建设任务,建成高标准农田 26.21 万亩,并按照"建管并重""谁使用、谁管护""谁受益、谁负责"等原则,健全高标准农田建后管护机制。实施万亩水稻全程机械化,引进和开发了一批适宜喀斯特高山梯田、坡地以及零碎地块的山地农机,加速推进农业产业现代化,提升粮食综合生产能力。以兴义市、兴仁市、安龙县为重点,推进 1 万亩水稻、1 万亩薏仁米、1 千亩高粱全程机械化示范。如,兴仁市实施薏仁米全程机械化核心示范 2000 亩,辐射带动 1 万亩;安龙县实施高粱全程机械化试验示范 1000 亩。全州主要农作物耕种收综合机械化率为 48.86%,较上年,增幅达 5.85%。

强化农业科技支撑，围绕三级书记抓粮食"81688"示范点和11万亩大豆生产，采用"基础性示范服务"和"揭榜挂帅"等方式，组织农业技术人员深入基层，利用田间课堂、实地操作、示范培训等方式，将先进技术送到田间地头，推动产业提质增效。

4. 农业产业资金保障充足。保障农业产业发展资金，农业现代化领域争取上级资金8亿元（其中，中央资金6.15亿元、省级资金1.85亿元），争取地方政府专项债券资金1.61亿元，争取农业农村现代化发展基金项目3个，获投基金1.65亿元；争取农发行政策性开发性金融项目2个，获批基金0.29亿元。撬动银行及社会资本4.35亿元；贞丰县小屯镇成功申报农业产业强镇项目。推进农产品产地冷藏保鲜设施建设项目，获批4家、补贴资金207万元，拟建设规模4.2万余立方米、储藏量1万余吨。引进农产品精深加工及产业下游延伸企业、产业链优强企业和产业项目94个，产业招商引资到位资金42.69亿元。落实中央政策性农业保险，聚焦粮油作物，优化调整"兴农险"，新增大豆保险及水稻试点收入保险，累计承保农作物、牲畜365.85万亩（头、只、羽），总保费共计1.32亿元，共计赔付约1.25亿元（种植业赔付5254.54万元、养殖业赔付7212.75万元）。推进农业适度规模化经营，实施新型农业经营主体提升行动，3家农产品加工企业获贵州省2022年"专精特新"中小企业认定，累计培育农民合作社4142个（国家示范社12个，省级示范社121个，州级示范社273个），家庭农场3619个（省级示范家庭农场152个，州级示范家庭农场169个）。

四、全力推进旅游产业化

（一）2021年旅游产业化推进情况

2021年，黔西南州贯彻落实省旅游产业化"2+4+1+1"文件要求，聚焦旅游产业化"两大提升""四大行动"，深入实施"文旅兴州"战略，推动旅游大提质，全年共计接待游客7761.84万人次，同比增长58.12%，实现旅游综合总收入815.84亿元，同比增长62.92%，旅游产业化发展成效显著。

1. 深入实施市场主体培育行动，文化旅游服务水平全面提高。一是启动A级以上国有旅游景区和涉旅国有企业改革。对黔西南州国有A级景区及涉旅企业进行摸排，全州A级景区及涉旅国有企业共有60家。2021年重点推动兴义市、兴仁市和贞丰县A级以上国有旅游景区和涉旅国有企业改革。二是培育打造市场龙头，发挥示范带头作用。2021年，兴义市万峰林旅游集团有限公司获评省级服务业龙头企业；兴义市万峰林旅游集团有限公司、贵州富康会议会展服务有限公司位列全省规上涉旅市场主体前20名；贵州金湘食品科技有限公司位列全省限额以上餐饮业100强；黔西南州富康国际酒店经营管理有限公司等9家住宿企业位列全省限上住宿企业100强。三是推动旅游企业入库。按照"四转一上"（个转企、企转规、规转股、股转上、企上网）抓实企业入库，2021年新增住宿业入库15家、文化体育娱乐业3家。四是加大招商引资力度。文化旅游招商引资已签约项目73个，总投资145.73亿元，引进优强旅游企业2家。

2. 大力实施旅游业态升级行动，文化旅游融合发展得以推动。立足黔西南州丰富的自然旅游资源、独特的民族文化、红色文化等，着力推动文化旅游深度融合发展。一是做好"旅游+""+旅游"多产业融合发展文章。打造万峰湖野钓基地、安龙笃山攀岩基地等十大户外运动基地，承办全国棒垒球锦标赛等精品赛事，打造册亨教旅研学基地，打造森林康养试点基地9个，加快建设花江峡谷大桥桥旅融合服务区项目。二是推动旅游景区提质扩容。制订《黔西南州旅游景区提质扩容和高质量精品旅游景区建设提升工作五年指标计划》，推进黔西南州12个旅游景区提质扩容工作和3个高质量精品旅游景区建设提升工作；稳步推进万峰林景区申报国家5A级景区；晴隆阿妹戚托小镇景区、义龙山地旅游运动休闲博览园景区被评为国家4A级景区，成功创建兴义玉皇顶等11个3A级景区。三是加快推进多种产业融合发展。推进乡村旅游重点村镇创建。2021年，兴义市联丰村等12个村获评全省乡村旅游重点村，兴义市万峰林街道入选第一批100个全国乡村旅游重点镇，兴义市万峰林街道、贞丰县者相镇入选全省乡村旅游重点镇；兴义市万峰林生态体育公园景区获评国家体育旅游示范基地；新增标准级以上客栈、民宿、农家乐 392 家。加快推动兴义市威舍红军村、兴仁海河战斗遗址等红色文化标志性项目建设，切实加大长征国家文化公园黔西南州重点建设区建设力度。提升建设生态旅游和森林康养基地 1 个（贵州北盘江康养示范中心），目前已完成基础设施建设提升工作。四是推进特色旅游商品进机场、高铁站等"八进"工作，黔西南州积极创建省级文化旅游消费试点城市，兴义、贞丰积极创建旅游目的地城市。

3. 实施旅游服务质量提升行动，旅游服务体系不断完善。黔西南州持续强化旅游市场整治，着力完善旅游配套设施建设，逐步构建起吃、住、行、游、购、娱的旅游服务体系。一是实现住宿品质与数量双提升。累计建成限上住宿业企业 90 家，挂牌 5 星级酒店 2 家；全州民宿共 268 余家，其中精品级、优品级共 140 家；全州住宿企业达 1900 余家，保有 5.4 万余间房、8.27 万张床位。二是旅游基础设施建设取得新进展。新建旅游厕所11 座；完成万峰林、马岭河峡谷、兴仁放马坪、安龙县招提旅游景区、普安茶文化生态旅游景区、贞丰双乳峰等景区的 5G 信号覆盖。三是积极培育"生态黔菜"示范店，盗汗鸡、圣际大酒店等 7 家餐饮门店荣获"生态黔菜"体验店。四是建设完成"万湖汇夜市"购物示范街（万湖汇步行街），已打造"新金州特产店""黔西南州农特产品直营店""黔西南州名特优林（农）产品营销中心""黔桂滇（兴义）粮油·农特产品交易中心"等多家旅游特色食品超市（专卖店）。五是深入开展旅游市场秩序整治行动，全年共派出检查组 315 组次，派出检查人员 1059 人次，检查单位场所 1239 家次；建立"三张清单"，全年共建立问题隐患台账 218 条，已全部整改。培训旅游从业人员 5000 余人次。

4. 实施盘活闲置低效旅游项目攻坚行动，项目红利不断释放。黔西南州严格按照"一个项目一名牵头领导一个攻坚方案"强化统筹并实行分级管理，逐步盘活闲置低效旅游项目，安龙国家山地户外运动示范公园景区、晴隆县史迪威小镇建设项目盘活效果明显。安龙国家山地户外运动示范公园景区在 2021 年国庆期间，帐篷酒店、攀岩、皮划艇、ATV 越野车等项目对外运营，共接待游客 3800 人次，实现综合旅游收入约 30 万元。晴隆县史迪威小镇通过采取盘活措施，成效显著，2021 年国庆假期前五天接待游客 2000 人次，旅游收入达 6.8 万元，2021 年共接待游客 2.7311 万人次，旅游收入达 197.9 万元。

（二）2022 年旅游产业化推进情况

2022 年，黔西南州紧紧围绕"1+3+N"发展思路，持续推进"两大提升"、深化"四大行动"，着力推进旅游产业化，加快旅游业恢复发展、持续提升旅游产业发展竞争力，引进优强企业 13 家，天下布依等 60 个文旅重点建设项目有序推进，义龙栖梦泽温泉酒店等康养旅游项目投入运营；新增 4A 级旅游景区 1 个、3A 级旅游景区 5 个、省级旅游度假区 1 个，完成兴义发哈、望谟卡法全国红色美丽村庄试点建设，兴义市双生村成功创建全国乡村旅游重点村，普安县茶源街道成功创建全省乡村旅游重点镇；发放消费券 6000 万元，激发消费潜力，促进服务业恢复发展。

1. 旅游发展动力增强。全力培育市场主体，2022 年全州新增入库住宿企业 2 家、总数达 92 家，贵州省利多旅游开发有限公司获评省级文明旅游示范单位；组织 11 家公司申报省级服务业龙头企业，其中 2 家公司已通过省文化和旅游厅初选。出台《黔西南州推进涉旅国有企业改革实施方案》推进涉旅国有企业改革，兴义市万峰林旅游集团有限公司、贞丰县双峰旅游文化开发（集团）有限公司被纳入省级改革试点；引进惠州市世纪投资控股有限公司运营管理安龙国家山地户外运动示范公园景区，景区实现所有权、经营权和管理权"三权分置"改革。大力开展招商引资，签约文化旅游项目 84 个，累计签约资金 164.52 亿元，引进优强企业 14 家。盘活闲置低效旅游项目，全州现有闲置低效旅游项目 10 个，纳入国家闲置低效旅游项目库 3 个。自 2022 年 5 月以来，黔西南州明确了 10 个闲置低效旅游项目的盘活路径，取得了一定成效，也积累了宝贵经验，黔西南州招商引资与三权改革结合推进的盘活经验入选贵州改革案例。

2. 旅游业态持续升级。持续升级旅游业态，2022 年，对全州 16 个旅游景区进行提质扩容，推出 10 条生态康养游、户外运动游等精品旅游线路，黔西南春花烂漫休闲游获评贵州省 10 条赏花精品线路，"万峰林立·布依人家"获评贵州省非遗主题旅游线路；兴义万峰林油菜花海获评 2022 年度贵州"最美油菜花海"，兴义市阅筑·田景宜色客栈、兴义市榕宿民宿和兴义市云栖壹号民宿获评 2022 年度"十大花海民宿"。创建 5A 级旅游景区 1 个（待文化和旅游部进行景观质量评审）、4A 级旅游景区 1 个、3A 级旅游景区 5 个；义龙云屯森林康养旅游度假区获评省级旅游度假区，兴义阳光谷旅游度假区被列为省级旅游度假区创建单位。全州 3 个村被列入 2022 年省级乡村旅游与传统村落和少数民族特色村寨深度融合发展示范点，新增 9 个省级乡村旅游重点村，1 个重点镇（普安县茶源街道）；兴义市万峰林街道双生村获评第四批全国乡村旅游重点村。创新乡村民宿业态，以万峰林民宿集群为核心，打造兴义市"1 城 5 景 30 家精品民宿的旅游产业空间集聚模式"。探索旅游融合发展，兴义纳具康养小镇、义龙新区栖梦泽温泉酒店等康养旅游项目投入运营，贵州省黔西南云屯国家森林康养基地建设项目加快推进，逐渐形成康养、旅游和城镇融合发展格局。推进大数据与旅游经济融合发展，培育了"生活 PLUS"城市电商平台、"黔程出行"网约车平台、万峰林智慧旅游大数据平台等本土优质大数据产品，建设了"小桔子"数字文旅生态系统。推进桥旅融合发展，六枝至安龙高速公路花江峡谷大桥桥旅融合项目被列为贵州省交通强国试点项目，该项目兼具服务区和观景、观光旅游、北盘江流域桥梁展示（桥梁科技馆）等功能。

3. 服务质量不断提升。提升旅游服务质量，大力培育旅游服务人才，2022 年全州有 5 名导游获得"多彩贵州·百佳优秀导游"称号。在"2022 年贵州技能大赛——旅游星级饭店行业从业人员竞赛"中，黔西南州参赛的 4 人荣获二等奖 1 人、三等奖 2 人、优胜奖 1 人，团体荣获二等奖。在 2022 年贵州省 A 级旅游景区技能服务大赛中，黔西南州推荐的 8 名选手中 5 名选手获评全省十佳优秀选手，黔西南州文化体育广电旅游局荣获优秀组织奖。不断改善旅游基础设施，在全州旅游景区、旅游集散中心、乡村旅游点等场所新建或改造提升示范旅游厕所 12 座，累计完成投资 411.56

万元。不断推进长征国家文化公园项目建设，全州9个长征国家文化公园保护传承项目，总投资6952万元。现已完工项目3个（贞丰花江铁索桥红军长征阻击战遗址公园建设项目、贞丰白层渡口长征文化园建设项目、贞丰白岩关红军战斗遗址公园建设项目），在建项目6个。不断提升住宿品质，全州新增四星级酒店1家（兴义市峰林悦山酒店）、三星级酒店1家（册亨县柏丽花园酒店），全州住宿单位达1800余家、5.17万余间房、8.2万张床位，挂牌五星级酒店2家、四星级酒店3家、三星级酒店5家。

注：本文首发于《贵州围绕"四新"主攻"四化"年度报告（2021）》（中央民族大学出版社2022年版）和《贵州围绕"四新"主攻"四化"年度报告（2022）》（中央民族大学出版社2023年版）。

第三节　围绕"四新"主攻"四化"形势研判

黔西南州地处贵州的西南部，是离省城贵阳最远的市州，同时又是少数民族聚居的地区，因地处偏远，发展条件相对滞后，发展基础更为薄弱，欠开发、欠发达程度更深，围绕"四新"主攻"四化"，可谓机遇与挑战同在，希望与困难并存。推进"四新""四化"面临严峻考验。

一、围绕"四新"主攻"四化"面临的机遇

黔西南州是全省唯一未通高铁的市州，基础设施建设历史欠账较多，发展基础较为薄弱，新国发2号文件的出台，是黔西南州围绕"四新"主攻"四化"最大的发展机遇。

（一）破解发展瓶颈的机遇

交通滞后一直是制约黔西南州发展最大的瓶颈，新国发2号文件提出："推进黄桶至百色铁路和黔桂铁路增建二线等建设，适时开展兴义至永州至郴州至赣州等铁路前期工作""推进乌江、南北盘江—红水河航道提等

升级，稳步实施红水河龙滩枢纽 1000 吨级通航设施项目，推进望谟港等港口建设，打通北上长江、南下珠江的水运通道"。对黔西南州来说，这是期盼已久、千载难逢的机遇，抢抓这一机遇，破解千百年来制约黔西南州发展的交通运输瓶颈，将为黔西南州融入粤港澳大湾区建设和"一带一路"发展打通了便捷通道，为黔西南州推进"四化"创造了有利条件。

（二）发展重大产业的机遇

产业基础薄弱、产业规模较小、缺乏支柱产业，一直是黔西南州"四化"的短板和弱项，新国发 2 号文件对支持黔西南州培育发展重大产业作出了明确的要求。比如："加快新能源动力电池及材料研发生产基地建设，有序发展轻量化材料、电机电控、充换电设备等新能源汽车配套产业""做优做精特色优势农产品，打造一批区域公用品牌、农业企业品牌和农产品品牌""积极发展民族、乡村特色文化产业和旅游产业，加强民族传统手工艺保护与传承，打造民族文化创意产品和旅游商品品牌"等一系列产业政策，都有利于黔西南州将新材料产业、山地农业、文化旅游等产业发展壮大。

（三）加快城乡建设的机遇

黔西南州城镇化水平低于全省平均水平，城镇化率低于全省 6 个百分点，加快推进城镇化，除了自身发力，更需要外力助推。新国发 2 号文件提出支持促进大中小城市和小城镇协调发展，建立基本公共服务同常住人口挂钩、由常住地提供的机制，增强县城综合承载能力，推进县城基础设施向乡村延伸、公共服务向乡村覆盖等政策措施，用好用活这些措施，切实抓好新国发 2 号文件的贯彻落实，必将推动新型城镇化发展。

二、围绕"四新"主攻"四化"存在的问题

近年来，黔西南州"四化"建设虽然取得了一定突破，但也存在不少影响"四化"推进的问题和短板。

（一）新型工业化方面

资源转化不充分，全州煤炭查明储量 87 亿吨，有兼并重组主体资格煤

矿86处，但煤矿资金缺乏、涉法涉诉、矿界重叠、证照办理等深层次问题未得到根本性解决，资源利用率低，装备及安全生产水平不高，缺乏大矿支撑。集群发展有差距，产业布局不合理、产业层次较低、重点产业链条不长，除了以兴仁登高铝为龙头的煤电铝产业集群、以义龙振华为引领的新材料产业集群初步形成外，其他产业还是孤立的企业，生产成本较高，抵御市场风险的能力较弱。平台作用不给力，工业用地供需矛盾突出，工业厂房闲置率高等问题不同程度地存在。

（二）新型城镇化方面

项目资金缺口较大，全州新型城镇化项目建设资金因银行融资渠道收窄且偏向收益类项目，城市道路等公益性或准公益性项目难以筹资建设，全州实施的103个省级新型城镇化重点项目缺口资金达73.48亿元，城镇"三改"进展缓慢。项目谋划水平不高。项目谋划和储备力度不够，好项目、大项目、收益类项目不多，项目前期工作滞后，项目筛选、评估论证不足，造成项目、争取资金十分被动。城镇产业支撑不足，城镇"三改"与城镇产业发展有机衔接不紧密，产业配套不到位，产业聚集度不高，工业和服务业的就业吸纳能力较弱，对吸纳就业贡献较大的服务业培育不足。

（三）农业现代化方面

特色优势产业提升不够，产业融合发展力度不大，优势单品不强，规模化、标准化、品牌化不高，农产品加工转化率低，产业链条不长，产业整体竞争力不强。高标准农田建设短板较多，农机装备及农业机械化水平及社会化程度不高。农业科技服务能力不强，落实化肥农药减量增效及包装废弃物回收处理工作不到位，部分养殖场粪污处理设施不配套，推动农业绿色发展不够有力。新型农业经营主体培育不足，新型农业经营主体仍然小、散、弱，产销对接、冷链物流及相关配套保障不到位。

（四）旅游产业化方面

旅游核心竞争力不强，缺乏具有引领性的龙头企业带动，旅游经营主体少，经营规模不大，整体发展质量效益有待提升。旅游人才队伍建设滞后，基础性人才、专业性人才缺乏，旅游规划、商品设计、市场营销、经营管理等方面人才总量不足，难以满足旅游产业化发展需求。旅游项目谋划不精，旅游招商力度不大，未能引进百强旅游企业。

三、推进"四新""四化"趋势分析和发展策略

通过对 2021 年和 2022 年的数据分析，提出黔西南州推进"四新""四化"是发展策略。

（一）坚持"双管齐下"，加快推进新型工业化

持续实施工业倍增行动，坚持一手抓传统产业升级盘活存量，一手抓新兴产业发展培育增量，全力推进工业总量扩大、结构优化。一方面，加快巩固提升传统优势产业。深入实施煤炭产业结构战略性调整，推动大丫口、长兴等 7 处大中型煤矿技改扩能项目建设，加快推进兴仁、郑屯、清水河煤炭储配项目建设，积极推动露天煤矿建设和煤矿规模化、智能化升级，加快推进煤炭产业高质量发展，新增产能 222 万吨/年，力争完成煤炭产量 1500 万吨，煤炭行业增长 23.8% 左右。加快培育地方电力产业，加快安龙电厂、元豪电厂二期建设，全力推动兴仁电厂开工建设，有序开展现役煤电机组升级改造，巩固拓展风电、光伏等新能源，做强地方电力产业。加快推进白酒、饮用水、健康医药、特色食品、民族服饰等特色传统产业扩容提质发展壮大。另一方面，加快发展壮大新兴产业。大力发展新能源电池及材料产业，力争贵州新创硅基二期年产 5 万吨锂电池负极材料全产业链项目投产，加快推进振华三期 20 万吨正极电池材料、鑫茂年产 14 万吨动力锂电池正负极材料回收再利用等项目建设，力争产值突破 150 亿元。加快以兴仁登高为龙头的铝及铝加工产业集群发展，推动路兴碳素预焙阳极、义龙元豪电解铝、贵州紫金加压预氧化等重大项目建成投产。

（二）坚持"产城融合"，加快推进新型城镇化

聚焦"康养胜地、人文兴义"城市定位，加快城市扩容提质，完善功

能配套，推进产城融合，增强人口承载力、内需带动力、发展竞争力。深入实施城市更新行动，大力实施老旧小区改造、背街小巷改造、地下管网改造等城镇"四改"工程，持续抓好城镇生态修复和污染防治，全面提升城镇品质。加快完善城市道路、智能停车、公交系统、生态修复、教育医疗、公园广场等公共服务基础设施，提高中心城区综合承载能力。推进城市房地产市场健康发展，探索长租房市场建设，解决好新市民、青年人等住房问题，推动房地产业向新发展模式平稳过渡。大力发展和繁荣城镇经济，加快街心花园、大佛坊、湖南街至北京路等老城更新改造和闲置资产盘活，全力推进兴义、义龙一体化发展，发挥区域性中心城市辐射带动作用，持续提升兴义市经济首位度。深入挖掘城市消费潜能，常态化开展"扶商助旅促消费"行动，全面促进新能源汽车、住房改善、养老服务等消费，大力营造社区新型零售、智慧餐饮、"互联网+"等新消费环境，推动商业步行街、15分钟生活圈等现代商业体系建设，改善消费条件，创新消费场景，促进消费复苏，加快产城融合进程，助推新型城镇化健康发展。

（三）坚持"以特取胜"，加快推进农业现代化

聚焦保障粮食和重要农产品供应安全双重目标任务，针对山地农业耕作条件劣势，坚持以特色提效益的发展之路，加快推进山地特色高效农业发展。找准粮食安全与高效农业发展结合点，大力发展薏仁米、糯米、高粱等特色粮食，稳定粮食播种面积320万亩以上，加强农田水利设施建设，加快推进高标准农田建设，全力提升农作物耕种收综合机械化率，全面提高粮食产量和质量，加快建设特色粮食供应基地。加快推进茶叶、油茶、蔬菜、食用菌、精品水果等十大山地特色优势产业规模化、标准化、品牌化发展，加快建设500万亩特色产业种植基地，推进种植业高质量发展。加大肉牛养殖示范区和生态渔业示范区建设，全力提升生猪、肉牛、家禽出栏率，全力打造200万头大牲畜、2000万羽家禽养殖基地。聚焦种植、养殖基地，着力培育农业产业化重点龙头企业、农民专业合作社等市场主体，加快推进农产品加工业发展，推进一二三产业融合发展，促进乡村产业升级。

（四）坚持"多业融合"，加快推进旅游产业化

聚焦把黔西南打造成"黔滇桂三省（区）结合部康养产品供给区""粤港澳大湾区生态康养后花园""国际一流山地旅游、度假康养目的地"目标，加快"康养胜地、人文兴义"建设。全力抓好主体培育，策划包装文旅、体旅、康旅、农旅、林旅等一批招商引资项目，瞄准国内旅游200强和头部企业，着力引进一批涉旅优强企业，引领旅游产业化。着力推进一批低效闲置景区盘活、在建景区建成营业、现有3A级以上景区业态升级，精心策划组织一批重大体旅赛事、旅游营销活动，有效盘活存量。瞄准旅游消费特点，全域整合旅游资源，深挖旅游消费热点，精心打造一批休闲养生、户外运动、文化体验、乡村旅游精品旅游线路，全力扩大旅游增量。围绕文化旅游、休闲度假、户外运动、食品药品、医疗保健布局，加快打造南北盘江文化旅游康养产业带及一批休闲度假区、夜间经济消费集聚区、养老休闲度假基地。发挥康养特色资源优势，加快构建避暑康养、医药康养、温泉康养、运动康养、旅居康养、森林康养等现代康养产业体系和产品体系，推动康旅产业融合发展。

注：本文首发于《贵州围绕"四新"主攻"四化"年度报告（2021）》（中央民族大学出版社2022年版）。

第四节 黔西南州推进"四化"的对策

黔西南州围绕"四新"主攻"四化"，应聚焦新国发2号文件的要求，紧扣"四化"推进中的短板弱项，充分发挥产业发展优势和城镇区位优势，精准发力，加快推进"四化"进程。

一、坚持"双管齐下"，加快推进新型工业化

深入实施"工业强州"战略，加快现代能源、基础材料、化工及装备

制造、新型建材、特色轻工、大数据电子信息六大重点产业集群化发展，着力培育壮大战略性新兴产业。深入推进煤矿产能提升、"两化"建设和瓦斯规模化抽采利用，着力建设大型煤炭储配基地，推动煤矿安全绿色智能化发展。积极谋划建设一批水风光综合项目，加快建设新型综合能源基地。落实新一轮找矿突破战略行动，加大金、煤、萤石等资源绿色勘探开发利用，积极融入全国重要资源精深加工基地建设。立足现有工业基础，重点打造以锂离子电池材料为重点的义龙新材料产业集聚区、以铝及铝加工为重点的兴仁铝材料产业集聚区，推动产业转型升级。依托义龙振华新材料、兴仁登高铝业等龙头企业，加快建链补链强链，推进新能源动力电池全产业链及材料研发生产基地建设。积极推进数字经济发展创新区建设，实施数字产业强链行动，推进义龙大数据产业园发展，加快主数据中心和备份中心建设。深入推进特色食品、中药材等特色轻工业发展，培育公共饮用水品牌，推进饮用水（矿泉水）产业加快发展，支持义龙红星产业园做大规模，加快特色中医药产业发展。加快开发区（园区）建设，建成一批百亿级园区，培育一批10亿级、50亿级以上企业，带动工业集群化发展。

（一）夯实能源发展基础

实施"科技入黔"，加强公共大数据、智能采掘、非常规油气勘探开发等领域关键核心技术攻关。[①]

1. 推进煤炭高质量发展。通过不断升级煤炭企业信息基础设施建设，逐步普及大型煤矿井下千兆、万兆工业环网工程，推进5G在煤炭行业的应用，不断升级生产集控中心、数据中心机房、工业视频监控设施等硬件条件，推进能源基础设施智能化改造升级，提高生产煤矿采煤机械化率。加大投资建设抽采利用工程和配套管网、生产抽采利用设备，努力实现煤矿瓦斯抽采产业化利用、规模化发展，促进煤炭安全生产形势稳定好转，提高煤炭供给能力。

① 李伟.夯实能源高质量发展的基础［J］.新经济导刊，2018（10）：6-10.

2. 推进新型综合能源基地建设。以风力发电、光伏发电等为依托，推动风能、光伏等新能源有序开发利用，加快发展大型风电、光伏、抽水蓄能项目，加快建设新型综合能源基地，探索融入川滇黔桂水风光综合能源基地建设。

3. 构建科学的能源供应系统。以能源互联网为基础，加快推进电力、冶金、建材、化工、煤炭等行业智能化进程，构建多种能源协同、源网荷储协同、集中式与分布式协同、规划建设与运维管理协同的能源供应系统。

（二）做优工业园区平台

1. 加快完善基础设施建设。推进园区 5G 网络、光纤城域网扩容升级改造等新型基础设施建设，加快完善工业园区污水处理设施，安装在线监测设施并联网运行，加快推进企业上云，完善"智慧金州"平台，完成平台数据支撑系统、数据管控系统、各行业云平台建设，打造一批智慧化工业园区。

2. 构建能源大数据云平台。按照先地下后地上的统筹规划理念，建设包含地上能源供需、近地表地下综合管廊及综合体、中浅层水文地质系统、中深层能源资源开发利用的大数据云平台。

3. 创新搭建能源发展"生态圈"。搭建能源与企业、能源与交通、能源与家居、能源与市政等生态圈，延伸能源系统综合服务范围，提升终端用能体验与大众参与度，构建能源与城市和谐共生的聚合体，从而实现能源系统与经济社会协调发展。

（三）加快产业集群发展

充分发挥资源及电力优势，紧盯市场需求变化和发展前沿，推动基础材料向新材料领域提升转化，加快现代能源、新型化工、特色轻工等主导产业集群化发展。

1. 加快发展新型化工和装备制造产业。依托洒金工业园，引进电动汽车制造业、组装电厂供应商等配套产业，不断培育壮大战略性新兴产业，有序发展新能源汽车配套产业和发展以装备制造及维修服务为重点的航空航天产业。

2. 全力打造铁合金产业集群。依托安龙县的电力优势，围绕金源铁合金项目，加快铁合金产业集聚，重点引进锰系基础材料冶炼加工龙头企业，引进节能环保、清洁生产技术，推动锑、黄金、煤矿等行业转型升级，引导铁合金企业向安龙、兴义清水河镇、威舍镇等区域集聚。

3. 全力打造新能源电池材料产业集群。在新能源电池材料和锰系材料领域，依托义龙新区振华新材料锂离子电池产业基础，围绕石墨烯电池项目发展其上下游产业链，引进锂电池正极材料、负极材料、绝缘材料、电池封装等企业，加快发展石墨烯、碳酸锂、磷酸铁锂、汽车动力电池等新材料，加快推进新能源动力电池及材料研发生产基地建设，不断延长锂电池产业链，努力打造产业集群。

4. 全力打造铝产业集群。依托地方电网低电价优势，以兴仁登高铝业为基础，重点发展阳极碳素原料及铝基合金板带材、汽车（摩托车）零部件用铝、轻量化节能交通循环装备用铝、航空航天高精铝铸件等铝精深加工产品，提升原铝就近就地转化率，推进铝及铝加工全产业链集群发展。

二、坚持"产城融合"，加快推进新型城镇化

深入实施"城市带动"战略，增强县城综合承载能力，推进县城基础设施向乡村延伸、公共服务向乡村覆盖。扎实推进城市更新，加快智慧城市、绿色城镇及城镇道路、地下管网、老旧小区改造等基础设施建设，充分激发城镇发展活力。推进城镇资源综合利用基地建设，推动城镇固体废物和再生资源规模化、高值化利用，稳步推进"无废城市"建设，让城市既有价值，又有颜值。全面落实就业优先战略，建设一批就业帮扶基地、返乡入乡创业园、创业孵化示范基地，切实增加城镇就业岗位，大规模多层次开展职业技能培训，落实减负稳岗扩就业政策，支持中小企业稳定岗位，促进城镇高质量就业。扩大保障性租赁住房供给，着力解决新市民、青年人等群体住房困难问题。积极争取新增城镇人口纳入中央财政"人钱

挂钩"相关政策支持，加快推进农民市民化进程。

（一）加快推进城乡协同发展

1. 深入实施"城市带动"战略。树立全域规划、全域发展的理念，加快城市中心、城市核心建设，着眼提升城市综合承载力、要素吸引力、辐射带动力，谋划发展一个具有区域联动辐射力的城市群和一批能够辐射乡村的中心城镇。

2. 推动城镇基础设施向乡村延伸。坚持把城镇与乡村贯通起来，聚焦制约乡村发展的突出短板，加快推动城市基础设施向农村延伸，推动城乡基础设施统一规划、统一建设、统一管护，构建以城区为中心、乡镇为节点、建制村为末梢的三级城乡公交客运网络，建成城乡互联互通的农村基础设施体系。

3. 推动公共服务向乡村覆盖。聚焦群众关心关注的教育、医疗、养老、社保等民生领域，促进城乡公共资源均衡配置，以实施农村教育质量提升、医疗服务提升、社会保障提升"三个工程"为抓手，逐步缩小城乡差距，稳步提高城乡基本公共服务均等化水平。重点推进医疗卫生设施、教育设施、养老托育设施、文旅体育设施、社会福利设施、社区综合服务设施6项建设任务。特别是在国家全面放开三孩政策的大背景下，加快建设综合性托育机构和社区托育设施是必然选择。

（二）加快推进城市更新进度

1. 加大城区基础设施提升改造。从与群众生活息息相关的基础设施入手，加快改造提升老旧小区、老旧厂区、老旧街区等存量片区功能，推进老旧小区改造，绿色城镇及城镇道路、地下综合管廊等基础设施建设，推动城市空间结构优化，进一步推动城市扩容提质，提升城市建设品位。

2. 加快推动智慧城市建设。深入实施城镇建设智慧化行动，建立全链条垃圾分类处理系统，发展绿色交通网络，健全城市运行安全评估机制，提高城市数字治理能力，扩大数字服务场景应用，提升城市产业创新集聚功能，建成数据开放共享、群众全面感知、活力充分迸发的智慧生态，使基础设施更加健全，数字惠民服务体系更加完善。

3. 加快绿色转型。提高城镇污水收集处理能力，推广绿色节能建筑，推进城市生态修复。

（三）加快完善城镇公共服务

1. 深入实施城乡发展均衡化行动。不断完善城乡融合发展的新机制，全面推进城乡一体化的居民基本养老保险制度、农村社会救助体系和最低生活保障制度，争取新增城镇人口纳入中央财政"人钱挂钩"相关政策支持，提升核心城市和节点城市功能，增强社会保障综合能力，使基本公共服务更加优质普惠，城乡治理现代化水平稳步提高。

2. 扩大养老育幼服务供给。优先发展社区养老、托育等服务，大力发展社区生活性服务业，大力发展质量有保障、价格可承受、安全、方便的普惠性托育服务。创新居家社区机构的养老服务模式，研究制定国家基本养老服务清单，满足老年人的多样化需求，保障失能老年人长期照护服务。

3. 提升城市社区就业承载力。聚焦国家重大战略，紧扣就业优先、乡村振兴、新型城镇化等国家重大战略，统筹城市、农村不同需求，大力提升城市社区就业承载力，着力补齐农村地区就业服务短板，确保管理服务有效覆盖常住人口。

三、坚持"以特取胜"，加快推进农业现代化

用好"将符合条件的园地、灌木林恢复为耕地，新增耕地可用于占补平衡"机遇，建成高标准农田 100 万亩以上，年粮食播种面积稳定在 320 万亩以上，加快现代种业、特色优势杂粮、优质稻推广，守牢粮食安全底线。做优做精做特优势农产品，推进精品水果、特色粮食、食用菌、中药材、茶叶、油茶、香料等十大农业特色产业标准化、规模化、品牌化发展，加快建设粤港澳大湾区农产品直供基地，着力提高农产品加工转化率，促进现代农业体系加快形成。实施森林质量精准提升工程，大力发展林下经济，探索创新山地生态系统保护利用模式，促进山地特色农业和山

地旅游健康发展。围绕十大特色优势产业，打造一批区域公用品牌、农业企业品牌和农产品品牌。加快冷链物流设施建设，鼓励各类市场主体建设绿色农产品供应基地，推动"黔货出山"。

（一）守好粮食安全底线

1. 加快高标准农田建设。耕地是粮食生产的命根子，要采取"长牙齿"的硬措施保护耕地。贯彻落实"将符合条件的园地、灌木林恢复为耕地，新增耕地可用于占补平衡"精神，加快高标准农田建设，聚集现代生产要素，创新体制机制，加快山地适用小型农机研发推广应用工程以及山区农田宜机化改造工程。

2. 培育具有自主知识产权的优良品种。围绕种源"卡脖子"技术攻关，加快现代种业、特色优势杂粮、优质稻推广，全面推进种子育繁推一体化建设，守牢粮食安全底线。

（二）做大做强特色优势产业

1. 深入实施品牌强农战略。推进十大农业特色产业标准化、规模化、品牌化发展，打造一批区域公用品牌、农业企业品牌和农产品品牌。

2. 做强特色优势产业。充分发挥黔西南州的资源优势，积极融入粤港澳大湾区建设，构建"大湾区总部+黔西南基地""大湾区研发+黔西南种植"等合作模式，通过粤黔共建合作产业园区的方式，构建农业现代化示范区，打造集农产品加工、仓储、物流于一体的产业集群，做强特色优势产业。

（三）做精做长重点产业链条

1. 构建农业现代化产业价值体系。科学谋划，努力打造集全产业链、全价值链和全生态链于一体的农业现代化产业价值体系。

2. 建设绿色产品供应基地。将黔西南州的农业产业化龙头企业、农产品流通企业等联合起来，形成产业联盟，并推动各大商超展销黔西南州的农特产品，努力将黔西南州建设成绿色农产品供应基地，从而推动"黔货出山"。如，黔西南州最大的一家农特优产品交易市场在大亚湾区落户，主要展销全州各县（市、新区）新鲜、绿色、生态、优质、无公害的特色产品。

3. 延长重点产业链条。在规模化种养基础上，通过"生产+加工+科技"发展模式，建设水平比较领先的现代农业发展平台，努力实现机械化生产和产业链条化发展，努力打造"生产+加工+科技"的现代农业产业集群。如，安丘"沃华模式"引领现代农业发展模式。安丘作为我国大葱的主产区，全年种植面积达到30万亩，大葱产业链条化发展成为产业必需。山东沃华农业科技股份有限公司依托安丘大葱种植优势，通过对农业理念的创新，走出了一条以"工厂化生产，融合化发展"为模式的大葱产业化种植、社会化服务新路子。为进一步加强大葱全程机械化生产与社会化服务辐射力度，带动更多的农民增收致富，该公司目前分别在安丘市郚山镇、景芝镇、"安丘农谷"项目区，建有三处标准化、智能化、现代化大葱育苗工厂，年育大葱苗量可达17亿株，年服务大葱面积可达5万亩，客户覆盖本地，辐射全国。黔西南州可以借鉴该模式，创新农业发展理念，走出一条以"工厂化生产，融合化发展"为模式的山地特色产业化种植、社会化服务新路子。

四、坚持"多业融合"，加快推进旅游产业化

聚焦把黔西南打造成"黔滇桂三省（区）结合部康养产品供给区""粤港澳大湾区生态康养后花园""国际一流山地旅游、度假康养目的地"目标，加快"康养胜地、人文兴义"建设。

（一）打造一批精品景区

1. 做优做强旅游景区。创建万峰林国家5A级旅游景区，实现4A级旅游景区县（市、新区）全覆盖，提升国际山地旅游品牌影响力。充分挖掘州内民俗、名人故居等资源（如，升级完善民族婚俗博物馆、贵州龙博物馆，打造本土名人故居等），努力打造旅游产业集群。如，兴仁市在改造完善放马坪景区基础上，升级打造鲤鱼坝景区、海河战斗遗址、县域名人故居等，使全州各县域建立相对独立且自成体系的旅游路线，更好地留住游客，切实推动旅游产业化，提升旅游影响力。

2. 聚力打造特色景区。牢牢抓住民族特色和山地特色，努力争取民族村寨、传统村落和历史文化名村名镇保护发展建设项目，打造具有黔西南特色的精品景区。

3. 打造乡村旅游目的地。抢抓乡村振兴发展机遇，持续推进州级、省级乃至世界级乡村旅游目的地建设，重点发展休闲农业和乡村旅游，打造具有地方特色的乡村慢旅游。

（二）培育一批优势业态

一是积极发展民族、乡村特色文化旅游产业，打造民族文化创意产品和旅游商品品牌。二是加快优秀文化和旅游资源数字化转化和开发，培育创建国家级文化产业示范园区（基地）、国家文化产业和旅游产业融合发展示范区。推动"旅游+""+旅游"融合发展，增加旅游及相关产业的产值。如，通过"旅游+文化"，培育喀斯特地质研学、石漠化治理科普教育等研学旅游产品，申报一批国家研学旅游目的地和研学旅游示范基地。通过"旅游+农业"，大力发展农产品精深加工和特色食品产业，把农产品转化为旅游商品。通过"旅游+康养"，开发旅居康养、避暑康养、温泉康养、田园康养等项目，发展"住、养、医、护、康"全链条康养产业。努力实现境外省外游客显著增加、过夜游客规模显著增加、旅游购物消费水平显著增强，推动旅游产业高质量发展。三是加快大数据、大健康、现代物流、现代金融等业态发展，促进现代服务业加快繁荣。如，以方便旅客为主，景区可以采取线上、线下定制旅游线路模式，根据游客需求提前定制旅游线路，提供集交通、旅游、餐饮、住宿于一体的订单式、一站式服务，全力打造价格亲民、服务高端的旅游品牌。

（三）推出一批旅游线路

充分利用黔西南州的自然资源、景区优势、历史文化优势和红色资源，推出一批具有地方特色的精品旅游线路。一是重点打造一批喀斯特自然风光旅游线路。如，万峰林—双乳峰—董箐—花江峡谷大桥（山区桥梁世界第一）。二是重点打造一批"自然+文化+产业"的旅游线路。如，A

级景区—布依古寨—红色文化—乡村振兴示范点；马岭河峡谷—晴隆24道拐—阿妹戚托小镇—普安江西坡茶园；万峰林—望谟卡法村—望谟港（蔗香港）—蔗香青柠檬产业园；安龙招堤（根据季节安排，包括皇宫博物馆、十八学士墓等）—兴仁市放马坪景区—薏仁米产业园等景区。三是重点打造一批少数民族节日游。利用黔西南州的民族文化优势，充分挖掘当地民族特色，重点打造一批具有地域特色的民族节日游。如，每年的农历三月初三、六月初六、八月初八，在少数民族相对集中的县（市），开展大型民族活动，吸引各方游客。

注：本文首发于《延边党校学报》2024年第4期。

第五节　加快农业农村现代化进程

黔西南州位于贵州西南部，地处珠江上游，属亚热带季风湿润气候区，多年平均气温13.8℃～19.4℃，冬无严寒、夏无酷暑。州内地形起伏大，最低海拔275米，最高海拔2207米，地貌复杂，是典型的喀斯特岩溶地貌。接近2000米相对高差的立体生态，孕育出丰富多样的生物资源，具有发展现代山地高效特色农业的生态优势。近年来，黔西南州立足山地特色资源优势，围绕现代农业产业体系、生产体系和经营体系，以强产业、抓示范、激活力为抓手，通过标准化推进蔬菜产业发展，社会化引领农业机械化，创新"渔+"推进渔旅融合，集成创新推进食用菌科技化发展等措施，全力推进农业现代化，推动农业高质量发展，成效显著，但困难仍然存在。

一、黔西南州农业农村现代化建设存在的困难

（一）农业生产基础薄弱，生产体系不牢固

农业生产基础薄弱，高标准农田建设短板较多，特色农业机械化装备

水平偏低，难以跟上现代化农业发展的步伐。一是部分农田的基础设施建设、科技支撑能力较弱，加之一些地方存在水资源短缺、部分农业产业园区物质技术装备水平不高、产业化进程缓慢等问题，使农业产业发展严重受阻，现代化水平较低；二是农业机械化水平不高。黔西南州属于典型的喀斯特地貌，石漠化严重，存在山多地少、耕地面积小等问题。例如，分到老百姓户头的土地规模有限，土地大小不一且不连片，导致农业机械化作业水平低，实际机械化播种、机械化收割等机械化率不高，离农业现代化的要求相比差距较大；三是产业规模较小。在产业化发展过程中，除茶叶、薏仁米、中药材、食用菌之外，其他产业集中连片的生产基地还没有完全形成，基地建设还不标准、不规范，发展规模受限制。同时，具有牵动性、带动性作用的龙头骨干加工企业少，产业链条不完整、不紧密，并且缺乏利益均享、风险共担的经济运行机制；四是配套服务功能不完善。产销对接、冷链物流及相关配套保障不到位，市场主体的利益联结机制没有完全稳定建立起来，产供销一条龙、贸工农一体化尚未真正形成。

（二）经营体系不扎实，产业竞争力不强

特色优势产业发展还有一定的提升空间，就目前的发展来看，存在以下问题。一是产业融合发展力度不够，优势单品不强，规模化、标准化、品牌化不高，农产品加工转化率低，龙头企业深加工不够，大部分主导产业还没有真正做强做大，还停留在只卖原材料阶段，产品质量等级相对较低，导致黔西南农业特色产品的品牌知名度低，市场竞争力弱，生产效益低下；二是品牌培育不够，产品的科技含量较低，初级产品多，高档次产品少，市场竞争力不强。虽然部分农产品注册了商标，但品牌知名度不高，在市场上没有竞争力；三是特色产业的规模效益差，产业链条不长，龙头企业数量少，带动辐射能力弱，产业整体竞争力不强。大多数个体农户尚未加入农民专业合作社，参与有组织的农业产业分工和市场对接，造成信息闭塞，难以根据市场做到按需生产，影响了农业增效、农民增收。

（三）科技人才支撑不足，科技体系建设相对较弱

科技研发存在短板弱项。一是科技人才支撑不足。如，高层次农田水

利人才不足，各行业领域的重点人才缺乏，主要表现在高端人才比例不大，从事基础研究人员较少，一些基础性试验示范开展少，研发产生的新产品不多；二是人才总量不足、人才分布不均衡。横向与贵州省其他市（州）的农业农村部门比较，黔西南州各级农业技术人员编制总量较其他地区差距较大，人少事多，人才总量明显不足。

二、推进黔西南州农业农村现代化的建议

"十四五"期间，黔西南州要坚持农业农村优先发展，抓住新国发2号文件的政策机遇，严格落实粮食安全政治责任，大力实施质量兴农战略，确保粮食播种面积稳定和总产量稳定，以推动农业农村现代化的实际行动和良好成效，加快推进乡村全面振兴步伐。

（一）提升耕地质量、培育优质种源和提高机械化水平

1. 加强耕地保护，提升耕地质量。耕地保护，既要保数量，也要保质量。核实整改补划永久基本农田，将符合条件的园地、灌木林恢复为耕地，并将新增耕地用于占补平衡，调整优化耕地布局，做到耕地数量保护和质量提升并重。通过永久基本农田集中连片整治，提升耕地质量等级；通过实施耕地功能恢复，推进农业高效节水灌溉、农田氮磷生态拦截沟渠、农田尾水"零排放"循环灌排系统等生态工程设施建设，改善农业生产环境；通过建设用地复垦项目，有效增加耕地面积等方式，建设形成布局集中成片、农田设施完善、生态良好、适合规模种植和现代农业生产的优质永久基本农田，促进优质耕地集中连片，从而促进农业增效、农民增收。围绕水利化、机械化、信息化，配套完善水、电、路、讯、网络等方面的基础设施建设，改造老旧水利渠道，配套建设农田水利灌溉系统、修建田间道路，改变农田生产条件，加快高标准农田建设，促进农业生产发展。

2. 培育优良品种，保障粮食安全。稳住农业基本盘是应变局、开新局的"压舱石"。而种子是粮食安全的关键，也是农业的"芯片"，必须深入实施种业振兴行动，强化技术攻关，确保种业安全。一是不断收集地方特

色农作物种质资源、地方野生菌物种资源，孕育出多样生物资源，培育一批具有重大应用前景和自主知识产权的突破性优良品种；二是采取产学研相结合、资源集中、运行高效的育种新机制，提升农业科技创新水平，推动现代种业发展；三是充分发挥水稻、玉米、薏苡、蔬菜、中药材、油茶种质资源优势，建设一批标准化、规模化、集约化、机械化的优势种子生产基地，大力发展特色优势杂粮；四是加大现代种业、特色优势杂粮、优质稻推广力度，加快打造一批育种能力强、生产加工技术先进、市场营销网络健全、技术服务到位的"育繁推一体化"种子企业，全面推进种子育繁推一体化建设，守牢粮食安全底线。

3. 加大农用地"宜机化"改造，提高生产效率。一是聚焦现代生产要素，创新体制机制，强化农机农艺融合，紧盯"山地、小型、特色"农机进行开发和推广，以发展适宜山区使用的农业机械作为突破口，以主要农作物生产机械化推进行动为抓手，瞄准产业急需、农民急用的农机装备加大研发和推广应用，加快推动山地适用小型农机研发推广应用工程。如，安龙县以集中式机械化开展水稻育秧，全力推进春播5000亩水稻全程机械化示范项目建设，进一步提升农业综合生产能力，加快推进了农业现代化的进程；二是开展山区农田宜机化改造，推动山地陡变平、弯变直等工程，改善农机通行和作业条件，提高农机适应性，探索主要农作物生产全程机械化技术规范和技术模式。

（二）提升品牌效益、做优特色产业和健全设施体系

1. 深入实施品牌强农战略，提高产品知名度。好的品牌能够提高整个地区的知名度，黔西南州要增强品牌意识，聚力提升农产品品牌，提高农产品的知名度，做优做精做特优势农产品，推进茶叶、精品水果、蔬菜、中药材、食用菌、薏仁米等十大农业特色产业标准化、规模化、品牌化发展。一是按照产业发展标准提升产业发展质量，切实开展"三品一标"认证，注册培育著名商标。积极打造具有地理标志的农特产品，不断增加绿色食品、有机产品、国家地理标志登记农产品的数量；二是围绕十大特色优势产业，提升普安红茶、晴隆绿茶、望谟紫茶、册亨油茶、安龙食用

菌、兴仁薏仁米、贞丰花椒等农特产品品牌。同时，依托现有的资源优势，加强公共品牌培育，全力打造一批区域公用品牌、农业企业品牌和农产品品牌，并对品牌培育成效显著的市场主体给予奖励，促进产业品牌化发展；三是高端定位抓品牌，提高产品的知名度，抢占市场份额。根据黔西南州独特的气候优势和资源优势，制定品牌发展战略，扩大消费者对农产品价值的认知度，提高农产品的附加值和影响力，扶持一批地方品牌迅速扩大市场份额，积极打造"高端定位品牌"；四是充分发挥"万峰严选"等各类直播销售平台的作用，线上线下加大品牌培育推介力度，打造一批"网红"产品。

2. 加快发展特色优势产业，提高产品竞争力。充分发挥黔西南州的立体生态优势，构建特色产业集聚发展新格局。一是按照"主导产业突出、现代要素集聚、设施装备先进、生产方式绿色、辐射带动有力"的要求，共建现代农业产业园。通过粤黔共建合作产业园区的方式，着力构建农业现代化示范区，努力打造集农产品加工、仓储、物流于一体的产业集群；二是大力发展特色优势种植业和生态畜牧业。特色优势种植业方面，重点发展茶叶、精品水果、蔬菜、中药材、食用菌、薏仁米等产业；生态养殖业方面，重点加强兴义矮脚鸡、盘江小黄牛、兴义鸭等地方畜禽品种资源的保护和开发利用，持续稳定生猪规模养殖，积极发展肉牛、肉羊及生态家禽产业，加快推进生态渔业转型升级、提质增效；三是大力发展生态旅游。抢抓生态旅游先机，打造集生产、加工、市场和农旅融合的发展模式。推动以普安江西坡茶旅、兴义高卡及晴隆光照渔旅、册亨岩架蕉旅、贞丰北盘江沿岸果旅等为代表的农旅休闲体验观光产业化建设，促进休闲旅游和文化体验融合发展。

3. 健全农产品物流设施体系，畅通产品销售渠道。提升农产品分级包装、仓储物流、冷链运输、产品追溯等各环节水平，保障农产品的安全性。一是支持建设产地冷链物流设施，启动农产品仓储保鲜冷链物流设施建设工程，加强物流技术创新。针对生鲜保鲜成本高、物流困难大的困境，提高专业保鲜冷冻技术，在农业园区建设冷链物流设施，配备冷链物流车辆；二是健全物流体系，扩大农产品的销售市场，发展农产品物流配送业，与第三方物流企业合作，采用"专业物流+县域站点+乡镇代理点"的物流运输模式，建成电子商务交易服务中心、乡镇电商体验馆、村级体验店电商平台，通过电商平台，推出集"农户+合作社+买卖惠+快递包裹"于一体的农村邮政电子商务服务体系；三是积极拓展产品销路，在市区建设配送中心、直营店等，打造快速送达的主食配送体系，逐步构建高效顺畅的农产品产销链条。建立产品营销扶持基金，对贸易公司、专业合作社、销售大户等市场主体按农产品销量给予补贴，用市场化手段解决产品销路问题，推动"黔货出山"。

（三）构建产业体系、建设绿色供应基地和延长产业链

1. 构建农业现代化产业体系，推动产业集聚发展。科学谋划，推动产业集群发展，努力打造集全产业链、全价值链和全生态链于一体的农业现代化产业价值体系。一是充分利用立体气候资源优势，推进"两江一河"立体生态经济带开发，即在沿南北盘江开发千里精品旅游线、在低热河谷海拔 800 米以下地带开发精品水果产业带、在海拔 800~1200 米区域建设特色农业产业带、在海拔 1200 米以上区域建设绿色农业产业带，提升现代化产业价值；二是加快推进茶叶、薏仁米、食用菌、蔬菜、中药材、油茶等特色农业全产业链发展；三是争取在规模化种养基础上，通过"生产+加工+科技"发展模式，建设水平比较领先的现代农业发展平台，努力实现机械化生产和产业链条化发展，努力打造"生产+加工+科技"的现代农业产业集群。

2. 建设绿色产品供应基地，增强品牌效应。坚持生态优先、绿色发展的理念，全力建设绿色产品供应基地。一是立足全州十大农业特色产业，依托薏仁米、中药材、油茶、茶叶、花椒等特色产业基地，吸引农业产业化龙头企业、农产品流通企业和大型商超在黔西南州建设绿色农产品供应基地；二是积极融入粤港澳大湾区建设，探索构建"大湾区总部+黔西南基地""大湾区研发+黔西南种植"等合作模式。依托现有农产品销售窗口和实体店建设，推介黔西南州农业产业特色产品，借鉴黔西南州特色农产

品"宁波直营店"的营运模式,打造北京、上海、广州、深圳等地区的绿色农产品生产加工供应基地,为这些地区提供更多绿色、优质、安全的农特产品;三是加快推进以薏仁米、油茶、糯食等精深加工为重点的农副产品加工业,大力培育一批出口农特产品,打造共建"一带一路"山地特色农产品出口基地;四是抓好东西部扶贫协作的机遇,建立专业的农产品批发市场和交易中心,加快打造黔西南州农产品交易的专业市场,持续打造粤港澳大湾区"菜篮子"基地,把黔西南州的农特产品培育成全国的加工中心、营销中心和优质种植基地。

3. 努力延长重点产业链条,增加产品附加值。一是做好产业链的规划设计,加强产业研究,提高科技创新能力,提升服务效能,高起点、高标准、高水平创建一批省级现代高效农业产业园区,提升产业链发展水平和竞争力;二是强化品牌创建,改变只卖原材料的格局,加大农产品高端品牌合作开发力度,大力引进行业头部企业,引进先进的设备,在生产加工上,采取精深加工,实现标准化生产,培育壮大产业链,在开发农产品高附加值的同时,形成自己独特的品牌和制作工艺,让进入市场的产品更具影响力,从而提升农业产业的收益;三是创新农业发展理念,走出一条以"工厂化生产,融合化发展"为模式的山地特色产业化种植、社会化服务新路子。充分发挥区域优势,科学谋划产业项目,提升农业产业的发展空间,集中力量引进重大项目,认真规划产业建设。以产业链打造,提升产业综合效益为方向,抓好"建链、补链、强链、延链"等系列补短板工作,因地制宜地、高质量地谋划和包装一批"有基础、具特色、可招商、能落地"的农业产业项目。

(四)强化队伍建设,为乡村产业发展提供人才支撑

1. 加大人才培养力度。一是根据农业现代化发展需要,结合黔西南州实际,在州职院、职校设置现代农业所需的农技人才专业,重点开设乡村振兴及农业现代化等方面的课程,培养特色化、专业化、本土化的乡村紧缺人才;二是与国内、省内农业院校、科研院所合作,加强专业化人才培养力度,重点培养山地适宜农机研发、种子培育改良、节水农业等研究领

域的专家人才，并通过共同创建山地农业科研平台等方式，实现产学研互动互补；三是强化示范点人才支撑，抓好人才下乡、返乡创业等相关政策，持续推进全民技能培训、建立示范点乡村振兴人才培训基地。

2. 加大人才引进力度。一是坚持需求导向，结合黔西南州农业现代化发展实际，围绕重点人才、重点学科、重要平台和重大成果产出需求，加强人才预测预警，绘制"高精尖缺"人才需求图，建设人才梯队资源池，全方位、多层次走进国内知名高校引才选人；二是强化用人单位自主选才、精准选才，支持农业农村、林业、乡村振兴等有关部门对农业特殊紧缺人才的引进，建立高层次人才考核办法，落实人才引进的相关激励政策，不断充实、壮大专业人才队伍，提高农业农村管理专业化水平。

3. 优化人才发展环境。一是建立科学的科研人员奖励制度，对作出突出贡献的科研团队和个人进行精神和物质奖励，加大奖励的力度和范围，充分调动科研人员工作的积极性、主动性和创造性；探索建立知识、技术、管理、技能等生产要素按贡献参与分配的制度，建立即期激励与中长期激励相结合、现金激励与期权激励相结合的"多位一体"激励机制，实现科研人员与农科院等科研院所共同发展；二是关心农技人员的收入和生活待遇，每年有计划地安排他们进行专业能力提升的培训，解决职称晋升、下基层服务交通补贴等实际困难，让农技人员心甘情愿地服务农村。

总之，乡村振兴的关键在于产业振兴，提升点在农村现代化，加快推进农业农村现代化是实施乡村振兴战略的总目标，也是中国式现代化的题中应有之义。黔西南州应立足实际，充分发挥产业优势和生态优势，找准方向和定位，优化产业布局，强化队伍建设，推动黔西南州如期实现农业农村现代化。

注：本文首发于《贵州省社会主义学院学报》2023 年第 1 期。

第二章　以地方特色产业为引擎推动高质量发展

　　黔西南布依族苗族自治州是一个地理位置独特、自然资源丰富、民族文化多样的地区，位于黔滇桂三省（区）结合部，是云贵高原与广西丘陵过渡地带，珠江上游的重要区域，目前正以地方特色产业为引擎，书写着以地方特色产业推动高质量发展的壮丽篇章。因地制宜发展康养产业、深化文化旅游融合发展、推动民族传统手工艺产业发展、促进乡村非遗旅游融合发展以及推进农民专业合作社发展，成为黔西南州高质量发展的五大关键引擎，推动黔西南州朝着更加繁荣富强的目标迈进。黔西南州的发展实践充分证明地方特色产业在推动高质量发展中的重要作用。康养产业发展不仅提升了当地人民的健康水平，还吸引了大量省内外游客，带动相关产业链发展；文化旅游融合发展为黔西南州带来了新的发展机遇，通过深入挖掘民族文化资源，将传统文化与现代旅游相结合，打造出一批具有地方特色的文化旅游产品；民族传统手工艺产业的发展为黔西南州的高质量发展注入新的活力。通过积极扶持和保护民族传统手工艺，鼓励传承人创新技艺，将民族手工艺与现代设计相结合，推出一批具有市场竞争力的高品质手工艺品；在乡村非遗旅游融合发展方面，黔西南州充分利用非物质文化遗产资源，打造了一批特色鲜明的乡村旅游示范点；在农业农村现代化进程中，黔西南州坚持科技创新引领，加大农业产业结构调整力度，推动农业产业转型升级；同时，黔西南州还积极推进农民专业合作社发展，引导农民走专业化、规模化、现代化的农业发展道路，提高了农业综合生产能力和农民收入水平。

第一节　因地制宜发展康养产业

黔西南州依托其独特的自然资源和地理环境发展康养产业，在政府的大力引导和支持下，打造了一批康养基地，吸引了大量的国内外游客前来休闲养生。同时，充分利用本地的民族文化资源，将康养产业与文化旅游产业相结合，打造了一批具有布依族苗族特色的康养旅游产品。

党的二十大报告指出："推动创新链产业链资金链人才链深度融合"，为实现高质量发展指明了方向。黔西南州康养资源丰富，近年来，黔西南州委、州政府立足自身资源禀赋和发展优势，结合新时代背景，提出了"康养胜地、人文兴义"的城市定位。"四链"融合通过对产业链、创新链、资金链和人才链的有机整合，充分发挥黔西南州的独特优势，将资源优势转化为经济优势和发展优势，实现资源高效利用、产业协同发展、价值共享共赢，促进康养产业持续健康发展，满足人民群众日益增长的健康和养老需求，打造出具有吸引力的康养目的地，成为推进黔西南州康养产业高质量发展的重要途径。新质生产力通过技术创新、管理创新、服务创新等方式释放出新的生产能力，推动产业升级和经济增长。在康养产业中，新质生产力扮演着至关重要的角色，新质生产力的快速发展对康养产业的高质量发展产生深远影响。

一、强化创新链：推进创新链与产业链深度融合

随着科技的快速发展，创新在康养领域中的作用越来越重要。提升康养产业竞争力，须打破传统思维模式，树立创新发展理念，推动科技创新、模式创新和管理创新，实现创新链与产业链的深度融合。

（一）强化创新驱动，提升产业竞争力

黔西南州要推动康养产业高质量发展，需加强科技创新，提高康养产业的技术水平。通过引进先进的康养理念和技术，加强与科研机构和高校

的合作，推动产学研一体化发展。将科技成果转化作为"四链"融合的重点，打造集成果展示、需求发布、路径对接、转化交易、中介服务、科技金融等功能于一体的康养产业发展融合平台。同时，鼓励康养企业加大研发投入，培育一批具有自主知识产权的创新型企业，为康养产业的持续发展提供强大的技术支持。

（二）加强产业链整合，实现各领域的协同发展

通过建立行之有效的区域合作机制和加强技术协同，推动产业融合发展，促进各领域之间的顺畅交流与合作，实现资源共享和优势互补，提高整个产业链的效率和竞争力，推进康养产业的持续发展，满足人民群众对健康和养老的需求。

（三）创新康养产品，打造地域特色品牌

聚焦医养健康领域，引进和应用新技术，如大数据、人工智能等，努力在重大科技创新项目方面取得新突破，推动康养服务向智能化、个性化发展。同时，深入挖掘优势资源，开发独具地域特色的康养品牌，满足不同人群的康养需求。

（四）探索新型服务模式，提高管理效率和服务水平

例如，利用信息化等智能手段，探索"互联网+康养"等新型服务模式，提高管理效率和服务水平。引入现代企业管理理念和方法，建立科学、规范的管理制度，提高康养产业的管理水平和效率。总之，强化创新链是推进康养产业升级和发展的关键。只有不断创新，推进创新链与产业链的深度融合，才能提高康养产业的竞争力和市场地位，满足人民群众对健康和养老的需求。

二、完善产业链：抓住康养产业发展核心

康养产业涉及医疗、康复、养生、旅游等多个领域，具有高度的交叉性和融合性，推动康养产业持续发展，必须完善产业链，抓住康养产业发展核心。

（一）建立健全产业链体系

康养产业的发展不能孤军奋战，需要与周边地区共同开发旅游资源，实现资源共享和优势互补，形成协同发展的良好局面。因此，政府和企业应加强合作，制定相关政策和标准，规范市场秩序，推动产业创新和发展。通过创新链与产业链的深度融合，加强产业链上下游企业的合作与联动，打通上下游产业链条，实现资源共享和优势互补，使各类资源得到有效整合，形成完整的产业生态圈，从而提高整个产业链的竞争力和效率。

（二）完善产业集聚区建设

产业集聚是促进产业升级、提高区域经济竞争力的有效途径。因此，黔西南州应加强产业集聚区建设，引导企业向园区集中，形成具有特色的产业集群，促进企业之间的交流与合作，实现资源共享和优势互补，提高产业的整体素质和竞争力。政府应加大对产业集聚区的支持力度，完善基础设施和服务体系，提高园区承载能力和服务水平，为企业提供良好的发展环境。

（三）抓住康养产业发展核心

康养产业的核心是满足人民群众对健康和养老的需求。黔西南州应立足市场需求，开发具有竞争力的康养产品和服务。例如，黔西南州有布依族、苗族、彝族等众多少数民族的文化传统，应结合当地民族文化和自然资源，开发民族医药浴、民族音乐疗法等独具地方特色的康养项目和产品，提高康养产业的竞争力和康养产品的影响力。

（四）构建康养产业生态圈

康养产业生态圈是推动康养产业持续发展的关键，能够促进产业链上下游企业的合作与协同发展。产业生态圈是指各相关产业之间相互联系、相互依存，从而形成的一个有机整体。如，康养产业与旅游、文化、体育等产业之间存在很大的融合空间。通过搭建产业平台，整合产业链资源，优化产业布局，推动康养产业与旅游、文化、体育等产业的融合，提高整个生态圈的竞争力。加强与上下游企业的合作与联动，通过建立产业联盟、共同投资项目等方式，实现资源共享和优势互补。通过搭建公共服务平台，为康养产业提供技术转移、知识产权保护、人才培养等服务，促进产业创新和发展。

三、保障资金链：推进资金链与产业链深度融合

康养产业是一个资本密集型的产业，需要大量的资金投入。因此，保障资金链的稳定对于康养产业的持续发展至关重要。资金链与产业链融合，有助于康养企业实现资源的高效配置，提升市场竞争力；有助于康养企业能够更好地应对市场变化，抓住发展机遇。

（一）加大对康养产业的资金投入

制定相关政策，加大对康养产业的资金支持，鼓励企业加大对康养产业的投入。同时，政府也可以通过设立康养产业发展基金、发行债券等方式筹集资金，支持康养产业的发展。康养企业也应关注市场需求变化，积极探索新的商业模式和盈利模式。通过跨界合作、共享经济等方式，实现产业链各环节的价值共创，提升整体盈利能力。

（二）探索多元化的融资渠道

积极引导社会资本投入康养产业，形成多元化的投资格局。加大对康养产业的资金投入，促进产业创新和发展，提升整个产业的竞争力和市场地位。除了政府资金的支持外，企业应积极探索多元化的融资渠道，如股权融资、债券融资、资产证券化、PPP 模式、BOT 模式等方式筹集资金，吸引更多的社会资本参与康养产业的发展，形成政府引导、社会参与的多元化投入格局，更好地满足企业的资金需求，降低融资成本，提高企业的经济效益。

（三）加强资金监管和管理

建立科学合理的资金使用规划和监管机制，确保资金使用的合规性和有效性。建立健全财务管理和内部控制制度，加强对康养产业资金使用的监管，防止资金挪用和浪费。通过建立奖惩机制、加强审计等方式，确保

资金使用的规范性和有效性。

（四）完善园区基础设施和服务体系

园区是康养产业发展的重要载体，完善的基础设施和服务体系可以为企业提供良好的发展环境。因此，政府和企业应加大对园区的投入力度，完善交通、住宿、餐饮、通信、医疗和康复等设施，提高园区的承载能力和服务水平。

四、打通人才链：实现人才链与产业链深度融合

康养产业高质量发展需要大量高素质人才作为支撑。如，康养服务需要专业化的医护人员、管理人员和护理人员等。因此，打通人才链是康养产业发展的必然要求，有助于提高康养产业的整体水平，推动产业升级和转型；有助于增强康养产业的吸引力，吸引更多的优秀人才加入到该行业中来，为康养产业发展提供人才支撑。

（一）聚焦发展需求，精准"引"才

聚焦"康养胜地、人文兴义"建设的城市定位，深入分析康养产业的发展趋势和人才需求，明确所需人才的类型、数量和质量，制定精准"引"才计划，引进国内外优秀的康养产业人才，包括技术研发、管理运营、市场营销等方面的人才，构建"康养产业规划+康养人才规划"工作格局。同时，引进高层次人才和创新团队，推动康养产业的科技创新，推进人才链与创新链融合发展。

（二）强化多元主体，协同"育"才

根据"康养胜地、人文兴义"建设的产业发展需求，做好康养人才培养顶层设计，制订黔西南州康养产业人才培养计划，开展"康养产业人才订单培养计划"。如，推动产学研用深度融合，鼓励企业与高校、科研机构等建立合作关系，共同开展技术研发和人才培养；推动康养产业领域科技成果转化应用，提高产业的整体竞争力。鼓励和支持黔西南民族职业技术学院等教育机构开设康养产业相关专业和课程，提高人才培养的数量和

质量；加大职业培训和继续教育力度，提高现有从业人员的专业素质和服务水平。

（三）激发创新动能，高效"用"才

构建技术要素参与收入分配的机制，紧扣"康养胜地、人文兴义"建设的产业发展需求，优化产业链升级推动各类人才平台建设。健全人才评价体系，建立科学合理的人才评价机制，注重实际能力和业绩，激发人才的创新活力。如，完善人才激励机制，对在康养产业发展中做出突出贡献的人才给予表彰和奖励，进一步激发人才的积极性和创造力。完善薪酬福利制度，提高优秀人才的待遇水平；健全人才晋升机制，为优秀人才提供更多的发展机会；制定更加优惠的人才政策，如给予优秀人才奖励、税收减免等。

（四）打造优质生态，温情"留"才

打造优质的人才生态系统，加强对康养产业的监管力度，规范市场秩序，强化康养产业集聚与康养人才深度融合，提供优厚的待遇和良好的工作环境，吸引更多优秀人才来黔西南州发展康养产业，为产业的健康发展提供有力保障。只有培养出更多专业化、高素质的人才，才能推动康养产业的持续健康发展，满足人民群众对健康和养老服务的需求，为经济社会发展注入新的动力。

在未来的发展中，黔西南州应研究制定创新链、产业链、资金链和人才链融合发展的工作机制，进一步深化"四链"融合，打造具有国际竞争力的康养胜地和产业高地，助推黔西南州经济社会高质量发展，为其他地区的康养产业发展提供样板。

五、发展新质生产力：助推康养产业高质量发展

（一）以科技创新引领康养技术革新

科技创新是推动康养产业高质量发展的关键因素。当前，新一代信息技术、生物技术、人工智能等前沿科技与康养产业深度融合，为康养产业

创新发展提供广阔空间。黔西南州拥有得天独厚的自然资源和生态环境，是发展康养产业的理想之地。然而，黔西南州要想实现康养产业的高质量发展，必须重视科技创新在康养产业发展中的引领作用，推动康养技术革新，提升康养服务水平。一是加强康养器械和设备的研发。充分利用当地丰富的自然资源和民族医药优势，结合现代科技，研发出具有自主知识产权的康养设备和器械，提升康养服务的质量和水平，满足人们日益增长的健康需求。二是推动康养药物创新。借助现代科技手段，对黔西南州丰富的民族医药资源进行研究和开发，提取其有效成分，为康养产业提供更多高效、安全的药物。三是发展智能康养技术。随着大数据、物联网、人工智能等技术的快速发展，新质生产力通过前沿技术的应用，提升康养服务的质量和效率。黔西南州可以充分利用大数据分析和人工智能技术，对康养服务进行智能化升级，构建智能康养平台，推动康养服务的个性化、精准化，实现远程医疗、健康管理、智能护理等功能，提高康养产业的服务效率和水平。四是加强康养产业的政策支持。州委、州政府应出台一系列有利于科技创新和康养产业发展的政策措施，为科研机构、企业提供资金、人才和政策支持，推动康养产业的高质量发展。

（二）以创新发展助力康养产业升级

康养产业是一种跨界融合的产业形态，在新的历史条件下，发展新型生产力，实现产业高质量发展，产业融合成为关键一环。因此，黔西南州要紧跟产业融合的步伐，推动康养产业与医疗、旅游、养老、体育等领域的深度融合。通过产业链的整合和拓展，实现资源的优化配置，提升康养产业的整体竞争力。一是推动康养产业与旅游产业的深度融合。依托其独特的自然风光、民族文化和健康资源，打造一系列富有特色的康养旅游产品，如养生度假村、康养小镇、温泉康养、中医药康养等，让游客在旅游过程中享受到康养服务，吸引更多的游客前来体验。二是推动康养产业与文化产业深度融合。借助非物质文化遗产、民族医药、民俗活动等，打造具有地域文化特色的康养产品，不仅可以让人们在康养过程中感受到黔西南州独特的文化魅力，还可以弘扬黔西南州优秀的民族文化，提升康养产业的文化内涵。三是推动康养产业与农业深度融合。充分发挥资源优势，发展生态农业、有机农业，打造新质态的康养食品品牌，为康养产业提供优质的食材供应，提升农业附加值。四是推动康养产业与大数据产业深度融合。利用大数据技术，对康养服务进行优化，实现康养资源的合理配置，提升康养服务的智能化、个性化水平。同时，通过数据分析，了解消费者的需求，为游客提供更加精准、个性化的康养服务。

（三）以人才驱动康养服务质量提高

康养产业的高质量发展离不开专业人才的支持。黔西南州要想实现康养产业的高质量发展，必须紧紧抓住人才培养这一关键环节，为发展新质生产力提供人才支撑，从而提升康养服务的专业化和规范化水平。一是加强康养专业人才的培养。通过与高校、科研院所合作，开设康养相关专业，培养一批具备专业知识和技能的康养人才。通过举办康养产业培训班、研讨会等形式，提高现有从业人员的专业素质和服务水平。二是加大康养人才的引进力度。通过提供优厚的待遇和良好的发展平台，吸引国内外高层次的康养人才来到黔西南州干事创业，为康养产业的发展注入新的活力。同时，应注重本土人才的培养和挖掘，鼓励本地青年人才留在本地，为康养产业的发展贡献力量。三是提高康养服务质量。服务质量是康养产业的核心竞争力，黔西南州应制定严格的行业标准和监管体系，确保康养服务的质量和安全。鼓励康养企业创新服务模式，提供个性化、差异化的康养服务，满足不同消费者的需求。

（四）以提升品牌增强康养产业影响力

黔西南州要实现康养产业的高质量发展，必须以发展新质生产力为突破口，大力打造新型康养品牌，从而提升康养产业的知名度和影响力。一是充分发挥其独特的自然资源和民族文化优势，打造具有地方特色的康养品牌。例如，利用当地的温泉、山水、森林等资源，引入新质生产力，创新开发各类康养产品和服务，满足不同消费者的需求。同时，还可以深入挖掘当地的民族医药、传统疗法等特色，为康养产业注入独特的文化内涵。二是加强康养品牌的宣传和推广，提升其知名度和影响力。利用新媒体、互联网等平台，进行更广泛、更高效的推广。例如，通过组织各类康养论坛、展览、活动等，吸引更多的消费者和投资者关注黔西南州的康养产业。三是注重康养品牌的建设和发展，提升其品质和竞争力。这需要黔西南州在康养产业的规划、建设、运营等各个环节，都坚持高起点、高标准、高质量的要求，确保提供给消费者的康养产品和服务都是优质的、可靠的。

（五）以创新政策营造良好发展环境

政策支持是推动康养产业高质量发展的重要保障。要想实现康养产业的高质量发展，应注重政策支持，完善相关政策，为康养产业创造良好的发展环境。一是加大对康养产业的财政支持力度。康养产业是一个资金密集型产业，需要大量的资金投入来进行基础设施建设、人才培养和科技创新。因此，应当通过设立专项资金、提供贷款贴息等方式，鼓励和引导社会资本投入康养产业，以推动康养产业的发展。二是加强对康养产业的政策引导。康养产业涉及多个领域，包括医疗、旅游、文化、体育等，政府应当根据不同领域的发展特点和需求，制定有针对性的政策，引导和推动康养产业向高质量发展方向迈进。三是加强对康养产业的服务和监管。康养产业的发展需要政府提供一系列服务，包括规划、土地、环保等，应当加强对这些服务的管理和协调，以提高服务效率和质量。四是加强与其他地区的合作。康养产业是一个跨地区、跨领域的产业，应当加强与其他地区的合作，共享资源、互补优势，共同推动康养产业的发展。

第二节　深化文化旅游融合发展

随着中国式现代化的不断推进，文旅融合发展成为推动地方经济发展的重要路径。黔西南州作为一个比较年轻的少数民族自治州，拥有丰富的文化资源和独特的地域特色。在这片土地上，各族人民和谐共处，共同孕育出了多彩的民间艺术和深厚的文化底蕴。这里世代生活着苗族、布依族、彝族等多个少数民族，他们用自己的智慧和勤劳，创造了各具特色的民族文化。例如，苗族的刺绣、布依族的蜡染技艺、彝族的"阿妹戚托舞蹈"等，成为黔西南州绚丽的文化瑰宝，吸引着世界各地的游客前来欣赏。近年来，黔西南州坚持"守正笃行、久久为功"的精神作风，将黔西南州的优秀传统文化、民族文化、历史文化与旅游相结合，在景区景点融入文化内容、文化符号和文化故事，加快推动文旅融合发展。

一、黔西南州推进文旅融合发展的价值

新时代背景下，我国正在大力推动文化和旅游的深度融合，以实现文化强国的战略目标。黔西南州自然风光独特、历史文化悠久、民族风情浓郁、旅游资源丰富，推进文旅融合发展具有重要的理论价值和实践价值。

（一）实现区域经济转型升级

在全球化的大背景下，区域经济的发展模式正发生着深刻的变革。传统的经济发展模式已经无法满足现代社会的需求，而新的经济发展模式正在悄然崛起。其中，文旅融合发展作为一种新的经济发展模式，正逐渐成为实现区域经济转型升级的重要途径。

1. 提升区域经济的附加值。传统的经济发展模式往往依赖于单一的产业，如农业、工业或服务业，却忽视了文化的价值。而文化是一个地方的灵魂，通过文旅融合发展，将文化资源与旅游资源相结合，创造出具有独特魅力的旅游产品，从而提升区域经济的附加值。

2. 推动区域经济的可持续发展。在传统的经济发展模式下，过度开发往往会对环境造成严重破坏，导致不可持续。而文旅融合通过发展绿色旅游、生态旅游等方式，实现经济发展与环境保护的双赢。

3. 促进区域经济的多元化发展。新时代背景下，单一的经济发展模式已无法满足现代社会的需求，文旅融合发展通过文化与旅游相结合，创造出多元化的产品和服务，满足不同消费者的需求。黔西南州拥有丰富的自然资源和深厚的历史文化底蕴，是国际山地旅游暨户外运动大会永久举办

地。然而，长期以来，黔西南州的经济发展主要依赖于传统的农业和资源型产业，难以适应新时代的发展需求。要积极推进文旅融合发展，有效地利用该地的文化和旅游资源，推动文旅、康旅、体旅、农旅等多业态融合发展，从而推动其经济结构的优化升级。

（二）提升地方文化软实力

文化是一个国家、一个地区的灵魂，是人民的精神家园。黔西南州的历史文化底蕴深厚，民族风情独特，具有很高的文化价值。如何让地方文化在现代社会中焕发出新的活力，成为地方政府和学者关注的焦点。近年来，文旅融合发展以其独特的魅力成为提升地方文化软实力的有效手段。文旅融合发展能够提升地方文化的知名度和影响力，推动地方文化的创新，促进地方经济的发展。

1. 提升地方文化的知名度和影响力。在旅游的过程中，游客能够直观地感受到各种各样的地方文化，通过旅游的方式，地方文化得以传播，其影响力也随之扩大。同时，文旅融合也能够吸引更多的游客，从而提升地方文化的知名度。

2. 推动地方文化的创新发展。在文旅融合的过程中，地方文化需要与时俱进地进行创新。通过创新，使地方文化能够更好地适应现代社会的发展需求，从而提升其吸引力。因此，黔西南州可以通过推进文旅融合发展，有效保护和传承当地的文化遗产，提升其文化软实力，增强人民的文化自信。

3. 促进地方经济的发展。旅游业是地方经济的重要组成部分，文旅融合发展能够提升旅游业的附加值，推动地方经济的发展。同时，文旅融合也能够带动相关产业的发展，如餐饮、住宿、交通等，进一步促进地方经济的发展。

（三）推动社会和谐稳定

在当今社会，文化与旅游的融合已经成为一种不可逆转的发展趋势。这种融合不仅为人们提供了更为丰富、更为多元的休闲方式，也为社会和谐稳定提供了重要保障。因此，黔西南州推动文旅融合发展，让更多人享受到文旅融合带来的益处，不仅能够丰富和活跃人们的文化生活，还能提高人们的生活质量，促进社会和谐稳定。

1. 有助于提升人们的文化素养。在旅游的过程中，人们通过亲身体验当地的各种文化魅力，增强对本土文化的认同感和体验感。通过旅游了解到其他国家和地区的文化，增进人们对多元文化的理解和尊重，这对于构建和谐社会具有重要的意义。

2. 有助于保护文化遗产。在旅游的过程中，人们可以亲身感受到文化遗产的魅力，从而提高其对文化遗产保护的意识。同时，文旅融合也可以为文化遗产的保护提供经济支持，通过开发文化旅游产品，为文化遗产的保护和修复提供资金。

3. 有助于维护社会稳定。旅游是一种重要的社会活动，能够增进人们之间的交流和理解，缓解社会矛盾，维护社会稳定。同时，文旅融合通过提供丰富的旅游产品和服务，能够满足人们多元化的旅游需求，从而增强人们对社会的满意度和幸福感。

（四）推动生态文明建设

黔西南州拥有丰富的自然资源，生态环境优美。推进文旅融合发展，可以有效保护和利用其自然资源，推动绿色发展，实现经济社会发展和生态环境保护的协调统一。

1. 有助于推进绿色发展。黔西南州以文旅融合为契机，大力推动绿色发展，积极保护生态环境。在旅游开发过程中，坚持绿色发展理念，注重生态保护，实施一系列生态修复和保护工程，有效改善生态环境，提升生态质量。同时，黔西南州还通过文旅融合，传播生态文明理念，提高公众的环保意识，形成人与自然和谐共生的良好局面。

2. 有助于推动民族文化的保护和传承。黔西南州是一个多民族聚居区，各民族都有自己独特的文化传统和生活方式。推进文旅融合发展，可以将这些民族文化元素融入旅游产品中，既丰富了旅游内容，也保护和传承了民族文化，实现了文化与生态的双重发展。

二、黔西南州文旅融合发展的优势与前景

黔西南州推进文旅融合发展的优势主要体现在丰富的自然和人文资源、独特的民族风情、巨大的旅游市场潜力以及政府的大力支持，这些优势使黔西南州的文旅融合发展具有广阔前景。

（一）丰富的自然和人文资源

黔西南州作为世界上喀斯特地貌最集中的地区之一，有被誉为"地球上最美丽的疤痕"的万峰林；有一处大自然精心雕琢的艺术珍品，大自然的鬼斧神工——马岭河峡谷；有着丰富的山水景观和独具特色的民族文化，是追求刺激和冒险的旅行者的天堂——晴隆二十四道拐。风景如画，山峦叠嶂，茶园郁郁葱葱，川流不息的河水穿梭其间，展现出一幅迷人的山水画卷——贵州醇景区。让人们能够体验到人与自然和谐共生的美好。

（二）独特的民族风情

黔西南州是多民族聚居地，有布依族、苗族、彝族等多个少数民族，各民族的风俗习惯、语言文化、建筑艺术、服饰饮食等都形成了独特的民族风情。这些多元化的民族风情，为黔西南州的文旅融合发展增添了独特的魅力。

（三）旅游市场潜力巨大

随着经济的发展和生活水平的提高，人们对旅游的需求越来越多元化，不再满足于传统的观光游，更加注重体验式、休闲式的旅游。黔西南州的自然风光和民族风情，正好满足了人们这种多元化的旅游需求。

（四）政府层面的大力支持

黔西南州委、州政府对文旅融合发展给予了大力支持，出台了一系列政策措施，如提供资金支持、优化营商环境、加强旅游基础设施建设等，为文旅融合发展创造了良好的环境。同时，黔西南探索"1+3+N"的"万马品牌"体系，打造中国路跑基地。例如，在文体旅发展方面，大力挖

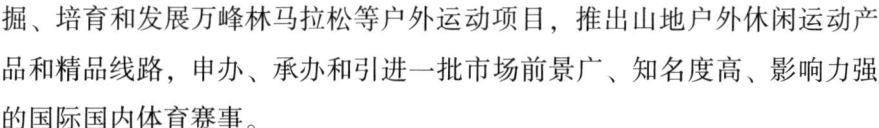

掘、培育和发展万峰林马拉松等户外运动项目，推出山地户外休闲运动产品和精品线路，申办、承办和引进一批市场前景广、知名度高、影响力强的国际国内体育赛事。

三、黔西南州推进文旅融合发展的路径

推进文旅融合发展，充分发挥黔西南州的资源优势，努力将黔西南州的优秀传统文化、民族文化、历史文化与旅游相结合，在景区景点融入文化内容、文化符号和文化故事，加快推动文旅融合发展，努力将其打造成为一个集自然风光、民族文化、旅游体验于一体的旅游胜地。

（一）将文化内容融入景区景点

1. 深入挖掘文化内涵。每个景区景点都有其独特的历史、文化、民族和自然背景。黔西南州推进文旅融合发展，应深入挖掘景区景点背后的文化内涵，找到当地文化与旅游资源的结合点，通过展示和讲解当地的历史、传说、民俗、艺术等文化元素，增加旅游的文化底蕴，提升游客对当地文化的认知和兴趣。一是加大力度保护和传承文化遗产，黔西南州的传统手工艺、特色建筑、民族音乐、民族舞蹈等文化遗产是当地文化的独特表现，也是旅游发展的重要资源，通过加强对这些文化遗产的保护和传承，提升旅游的文化内涵。二是发掘历史文化，黔西南州有着悠久的历史，要深入挖掘这些历史故事、历史人物背后的文化内涵，并通过历史文化展览、历史文化旅游线路等方式，丰富旅游的文化内涵。三是黔西南州有着独特的民族文化和地域文化，结合当地特色和实际，开发具有地方特色的文化旅游产品，如民族节庆、民俗活动、地方美食等，推广当地特色文化。四是深入研究黔西南州的文化旅游资源和发展方向，制定科学的发展规划，为挖掘文化内涵提供理论支持和实践指导。

2. 打造文化体验项目。黔西南州可以在景区景点中打造一些文化体验项目，如民族文化村、民俗文化体验馆、非遗文化传习所等，让游客参与其中，亲身体验当地的文化风情，增加游客的互动和参与感。一是深入挖掘黔西南州丰富的文化资源，包括历史、民俗、艺术、美食等方面的文化

资源，为文化体验项目提供丰富的素材和灵感。二是创新文化体验形式，通过创意设计和科技手段，将文化资源转化为具有吸引力和创新性的体验形式。例如，开发互动式博物馆、沉浸式剧场、虚拟现实体验等，让游客能够身临其境地感受黔西南州的文化魅力。三是结合黔西南州的文化特色，开发具有代表性的文化产品，如将传统手工艺品、地方特色美食、民俗文化产品等作为文化体验项目的延伸产品进行打造，丰富游客的购物体验。

3. 推进文旅融合示范区建设。黔西南州可以选取一些有代表性的景区景点，打造文旅融合示范区，以示范区为平台，集合当地的文化和旅游资源，通过优化资源配置、完善设施建设、开展文化活动等方式，推动文旅深度融合。一是注重盘活各种精品旅游资源，从自然到文化，从孤立到综合，从分散到集中，推动旅游产业化和文旅融合发展走向"质变"之路。二是坚持规划引领，在"十四五"承前启后之年，立足于山地旅游资源优势，高起点规划一批文化惠民项目，加快推进和提升兴义天下布依景区、义龙秋水湖康养小镇、兴义纳具·康养小镇、双乳峰景区等一批重大旅游项目建设，持续推动万峰林、马岭河峡谷旅游景区提质改造。三是持续完善景区业态布局，优化已推出的各种避暑康养游、户外运动游、历史文化游等 10 条特色精品旅游线路，进一步丰富游客的旅游体验。同时持续建设完善州、县、乡、村四级公共文化服务设施，推动图书馆、文化馆等惠民公共设施提质升级，充分发挥旅游综合带动效应。

（二）将文化符号融入景区景点

将文化符号融入景区景点是推进文旅融合发展的一个重要策略，既可以增强游客的旅游体验，又能促进当地文化的传承和推广。

1. 注重文化旅游品牌塑造。黔西南州拥有丰富的民族文化和历史文化资源，如布依族、苗族、彝族等少数民族的文化遗产，以及历史上的古镇、古建筑、古文物等。应深入挖掘这些文化遗产的丰富内涵，结合"康养胜地、人文兴义"的城市定位，全面调查和评估区域内的自然、文化和人文资源，科学规划现有的潜在旅游资源，重点打造独特的自然景观、传统手工艺、民俗文化等特色文化资源品牌，塑造独具魅力的旅游产品，让游客在游览景点的同时，了解和感受当地独具特色的文化底蕴。一是深度挖掘和整合本地的文化、生态和历史资源。以册亨县为例，将册亨县境内保留的古罗甸王国遗址、古土司府遗址、古墓葬圹群、摩崖浮雕及图腾崇拜、佛道巫术、祭祀乐舞等各种历史文化遗产融入旅游产业，为册亨县"旅游+"融合发展注入独特的文化内涵，打造出独具地方特色的旅游文化品牌，促进当地经济的发展和文化的传承与保护。二是构建多点支撑、多元融合的大旅游产业，形成以布依文化为主题、形式多样的复合型旅游文化精品，提升布依文化旅游的吸引力、综合效益和市场竞争力。依托布依戏、布依转场舞、布依刺绣、高台舞狮、竹鼓舞等民族特色文化，深入推进布依族歌舞剧排练创作，形成一批群众喜闻乐见的特色布依族文艺精品作品。三是培育开发"旅游+""康养+"关联业态、衍生业态。依托优良的生态资源和民族文化资源，大力发展本地游、周边游。如，册亨县可以万重山景区为中心，推动陂鼐古寨、板万布依古寨、布依博物馆、布依锦绣苑、布依歌舞剧等联动发展，走出一条全域旅游与城乡统筹、产业融合、农旅融合的发展道路。

2. 注重本土文化景观打造。文化景观是旅游的重要组成部分，可以展示一个地区的独特文化和历史，吸引游客，促进旅游业的发展。黔西南州在景区规划中，应将当地的文化元素融入景观设计，如建设文化广场、设置文化雕塑、布置文化展馆等。让游客在游览过程中，能够更加直观地了解和感受到当地的文化特色。但文化景观打造是多方面的。一是要注重文化遗产的真实性，黔西南州有许多宝贵的文化遗产，如传统建筑、手工艺品、音乐、舞蹈等。在推进文旅融合发展的过程中，应该注重保护和传承文化遗产，并确保它们的真实性和完整性。二是要注重开发特色文化景观，黔西南州有着独特的自然景观和人文景观，可以结合当地的文化和历史，开发具有地方特色的文化景观。例如，建设布依博物馆、布依文化广场、布依传统村落等，展示当地的历史和文化。三是文化景观的打造应以提高游客体验为出发点，以提供多样化的旅游产品和服务为导向，如文化演出、民俗体验、手工艺品制作等，让游客能够更深入地了解当地的文化和历史。

3. 注重本土文化活动推广。在景区运营中，策划和推广各种文化活动，如民族节日、民俗表演、手工艺体验等，并让游客参与其中，亲身体验当地的文化风情。因此，黔西南州在推进文旅融合发展的过程中文化活动推广尤为重要。一是在推广文化活动时，应注重创新，使活动形式和内容更加多样化、新颖化。例如，举办民族音乐节、民俗文化节、非遗展示等活动，或者以历史人物、文学作品为题材，创作舞台剧、音乐剧等文艺作品，或者利用现代科技手段，如虚拟现实、增强现实等技术，创新文化活动的展现形式。二是在推广文化活动时，应注重拓展其影响力，使其能够覆盖更广泛的人群。利用社交媒体、网络直播等平台进行宣传和推广，提高活动的知名度和参与度。通过与旅游景区的合作，将文化活动与旅游相结合，吸引更多的游客前来参与。三是在推广文化活动时，应注重培养文化活动人才，提高活动的策划、组织和执行能力。通过举办培训班、招募志愿者等方式，培养一批有热情、有才华的文化活动人才，为黔西南州文旅融合发展提供人才保障。

（三）将文化故事融入景区景点

将文化故事融入景区景点不仅可以增强游客的文化体验感和参与感，还可以促进当地文化的传承和发展。黔西南州有着丰富的文化资源，包括传统的民族文化、历史文化、红色文化等，为景区景点的建设提供了强有力的文化支撑。如果能够将文化故事融入景区景点，打造出具有独特魅力的旅游产品，将会吸引更多的游客前来观光旅游。

1. 创新文化资源呈现方式。黔西南州的民族文化资源丰富多样，为文化旅游产品的设计提供了源源不断的灵感。一是在产品设计上，应注重传统与现代的融合，打造出既具有民族文化特色，又符合现代审美的旅游产品。例如，将民族元素融入纪念品设计，让游客在欣赏美景的同时，还能将独特的民族文化带回家。设计一些富有教育意义的互动体验项目，如通过 3D 投影、虚拟现实、互动体验等方式展示民族风俗、传统文化、民间故事，让游客在亲身体验中感受民族文化的魅力。二是创新宣传推广方式。利用互联网和社交媒体平台进行线上推广，通过短视频、直播等形式展示黔西南州的美丽风光和民族风情，吸引游客关注。组织各类线上线下活动，如民族文化节、民族风情摄影大赛等，让游客有机会更深入地了解黔西南州的民族文化。与旅行社、酒店等相关产业合作，推出文化旅游优惠套餐，吸引更多游客前来体验。三是创新文化旅游人才培养机制。人才是推动黔西南州文化旅游发展的重要动力，因此，需要创新人才培养机制，为文化旅游产业发展提供有力支持。通过开设相关课程、举办培训班等形式，培养一批熟悉民族文化、具备旅游管理能力的复合型人才。引进国内外优秀旅游人才，为黔西南州的文化旅游产业发展注入新的活力。

2. 注重讲好文化故事。黔西南州是一个具有丰富文化底蕴和独特文化魅力的地区，有许多独特的文化特色，包括布依族、苗族、彝族等少数民族文化和历史悠久的传统文化，景区景点应深入挖掘其独特之处，并将其融入文化故事中。一是寻找合适的故事主题，选择一个具有代表性或引人入胜的主题，例如传统文化、少数民族风俗、历史人物等，吸引游客的兴趣，让他们能够更好地了解黔西南州的文化。二是创新讲述方式，尝试用生动、有趣的方式讲述文化故事。如，使用比喻、幽默、描绘细节等技巧，使故事更加生动有趣。利用多媒体手段，如图片、视频、音乐等，增强故事的感染力和表现力。三是结合现代元素，将黔西南州的文化故事与现代元素相结合，使其更具有时代感和现实意义。例如，将当地的传统文化与现代社会问题、流行文化等联系起来，以此吸引更多游客的关注和共鸣。四是深入了解游客，了解他们的兴趣、需求和认知水平。根据游客的背景和需求，调整讲述方式，确保文化故事能够有效地传达信息，并让游客获得深刻的体验。

3. 提升文化旅游服务水平。黔西南州应致力于优化旅游基础设施建设和提高旅游服务质量，持续改善旅游环境，提升本地旅游业的竞争力，增强游客的满意度和忠诚度，推动旅游业的繁荣和发展。一是完善旅游基础设施，策划和推广一系列旅游项目，并积极申请上级拨款和招商引资，筹集项目资金，确保旅游项目的顺利实施。二是优化旅游交通网络，改善景区间的交通连接，增加公共交通工具的数量和频率，提升旅游景区的可进入性，从而提升游客的出行体验。三是实施旅游业态升级行动，推动酒店品牌化发展，培育和评定 A 级旅游景区、乡村旅游村寨、农家乐（经营户）、客栈等，以旅游创建带动标准化建设。四是积极推进智慧旅游建设，利用互联网、大数据、人工智能等信息技术手段，提供智能化、个性化的旅游服务，提高旅游服务的智能化水平。

第三节　推动民族传统手工艺产业发展

民族传统手工艺是民族优秀历史文化的结晶，属于非物质文化遗产保护的范围，不仅要保护，更要发扬光大。黔西南州民族传统手工业产品较多。新国发 2 号文件指出："积极发展民族、乡村特色文化产业和旅游产业，加强民族传统手工艺保护与传承，打造民族文化创意产品和旅游商品品牌。"① 这给黔西南州推动民族传统手工艺产业高质量发展提供了理论遵循。因此，黔西南州要因地制宜、科学谋划，努力将资源优势转化为发展优势；合理布局、全面提升，努力将黔西南州的民族传统手工艺产业集聚起来，使其更具生长性和可持续性，从而推动传统手工艺与现代生活、产业、市场、科技、教育、旅游、乡村振兴等的融合发展，助力黔西南州高质量发展。

一、黔西南州民族传统手工艺产业发展现状

黔西南布依族苗族自治州境内居住着汉、布依、苗、彝、回等 35 个民族，总人口 365 万人，其中少数民族人口占全州总人口的 43.58%。丰富的民族文化、浓郁的民族风情和多样的民族产业，为民族传统手工艺产业的

---

① 国务院. 国务院关于支持贵州在新时代西部大开发上闯新路的意见 [J]. 当代贵州，2022 (9)：7.

发展打下了坚实的基础。

(一) 黔西南州民族传统手工艺产业发展的基本情况

近年来,黔西南州依托丰富的民族文化资源优势,开展民族传统手工艺、民贸民品、民族文化产品传承、保护、发展等工作,围绕民间手工艺生产、制作的习惯,人工制作工艺品的传统方法、手工艺人的传承等方面进行发展。通过狠抓传统工艺传承保护、大力培养民族民间人才、帮助民贸民品企业纾困发展、加强文创产品开发推介、着力打造文旅品牌示范等举措,推进民族传统手工艺产业高质量发展,使黔西南州的民族传统文化焕发新生。

目前,全州民族传统手工艺种类有民族服饰、刺绣、银饰、蜡染、民族特色食品、民族乐器制作、石头雕刻等种类。其中,民贸民品企业 8 家、法人企业 34 家、少数民族传统手工艺传习所 40 家、手工作坊 239 家;年产值 12440 万元,带动就业 1713 户,带动就业人数 2016 人,其中男性 335 人,女性 1682 人,易地扶贫搬迁群众 828 人。

(二) 各县 (市、新区) 民族传统手工艺产业发展情况

黔西南布依族苗族自治州辖 6 县 2 市 1 新区,即兴义市 (义龙新区)、兴仁市、安龙县、贞丰县、普安县、晴隆县、册亨县、望谟县。近年来,为了推进黔西南州民族传统手工艺产业的发展,各县 (市、新区) 积极发展民族传统手工艺产业,产业雏形初显,不仅带动了就业,还助推了经济高质量发展。各县 (市、新区) 民族传统手工艺产业发展情况如下:

兴义市 (义龙新区):有民族服饰、民族医药 2 类产业,民贸民品企业 3 家、少数民族传统手工艺传习所 6 家,年产值 2356 万元,带动就业 190 户,带动就业人数 190 人。

兴仁市:有民族服饰、刺绣、银饰、蜡染、民族特色食品 5 类产业,手工作坊 4 家、少数民族传统手工艺传习所 4 家,年产值 285 万元,带动就业 36 户,带动就业人数 92 人。

安龙县:有民族服饰、银饰、蜡染 3 类产业,民贸民品企业 4 家、法

人企业 8 家、手工作坊 5 家，年产值 3457 万元，带动就业 284 户，带动就业人数 341 人。

贞丰县：有民族服饰、银饰、刺绣、民族特色食品、传统乐器制作 5 类产业，少数民族传统手工艺传习所 14 家，年产值 1140 万元，带动就业 75 户，带动就业人数 90 人。

晴隆县：有民族服饰、蜡染、民族特色食品 3 类产业，法人企业 16 家、手工作坊 2 家，年产值 660 万元，带动就业 70 户，带动就业人数 70 人。

普安县：有民族服饰、蜡染、石头雕刻 3 类产业，民贸民品企业 1 家、少数民族传统手工艺传习所 4 家、手工作坊 13 家、法人企业 1 家，年产值 1817 万元，带动就业 375 户，带动就业人数 494 人。

册亨县：有民族服饰、刺绣、民族特色食品 3 类产业，民贸民品企业 1 家、少数民族传统手工艺传习所 9 家、手工作坊 215 家、法人企业 4 家，年产值 2100 万元，带动就业 538 户，带动就业人数 594 人。

望谟县：有民族服饰 1 类产业，少数民族传统手工艺传习所 3 家，年产值 600 万元，带动就业 145 户，带动就业人数 145 人。

从统计上看，兴义市民族传统手工艺产业发展规模较大，全州上千万级产值的民贸民品企业有 2 家，全部为民族服饰企业，且都集中在兴义市。册亨县刺绣手工作坊发展较好，共有 215 家，占全州同类手工作坊的 90% 以上。贞丰县少数民族传统手工艺传习所有 14 家，包括银饰、刺绣、民族特色食品、传统乐器制作等，民族传统手工艺种类较为丰富。兴仁市有民族服饰、刺绣、银饰、蜡染、民族特色食品 5 类产业，民族传统手工艺种类较为丰富。

（三）大众对黔西南州民族传统手工艺产业发展认知情况

根据上述对黔西南州民族传统手工艺产业发展的基本情况的了解，为了更进一步了解该地区民族传统手工艺产业发展现状，本课题组设计了一份"推动民族传统手工艺产业高质量发展研究"问卷（见附录 1），先后对相关行业 158 人（问卷调研样本分析见表 2-1）进行问卷调查，调查结果表明，此次问卷调查是成功的，调查数据具有一定参考意义。在对问卷数据进行统计分析后，得出黔西南州民族传统手工艺产业发展的现状。

表 2-1　问卷调研样本分析

性别	男	79 人	50%
	女	79 人	50%
民族	汉族	98 人	62%
	布依族	35 人	22.3%
	苗族	4 人	2.5%
	其他（民族）	21 人	13.3%
年龄	60 后	10 人	6.3%
	70 后	29 人	18.4%
	80 后	71 人	44.9%
	90 后	48 人	30.4%

1. 大众对黔西南州的民族传统手工艺产品的了解情况。在参加问卷的 158 人中，选非常了解的有 24 人，占 15.2%；一般了解的有 100 人，占 63.3%；不太了解的有 30 人，占 19.0%；不了解的有 4 人，仅占 2.5%。通过对以上数据进行分析，得出大众对黔西南州的民族传统手工艺产品比较了解，但大多数人仅对民族传统手工艺品处于一般了解的程度，还需大力宣传和发展。

2. 大众对黔西南州的民族传统手工艺产品是否感兴趣。所调研的 158 人中，选对民族传统手工艺品有兴趣的高达 131 人，占 82.9%；没有关注过的有 25 人，占 15.8%；没兴趣的仅有 2 人，仅占 1.3%。证明大多数人对民族传统手工艺品很感兴趣，民族传统手工艺发展前景较好。

3. 大众是否会购买民族传统手工艺品。通过对人们购买途径的调研，在所调研的 158 人中，选择在旅游景点购买过民族传统手工艺品的有 119 人，占 75.3%；在传统手工艺工作室购买民族传统手工艺品的有 67 人，占 42.4%；选择在淘宝、京东等购物平台购买的有 34 人，占 21.5%；通过短视频或直播间购买的有 28 人，占 17.7%；通过其他渠道购买的仅有 18 人，占 11.4%。并且 158 人中有 136 人买过民族传统手工艺品，占

86.1%。这些数据表明，大多数人会在旅游景点购买民族传统手工艺品。因此，民族传统手工艺品在旅游景点的市场前景可观。

4. 大多数人对工艺的历史文化、设计和价值感兴趣。在所调研的 158 人中，对民族传统手工艺品的历史渊源、产生途径感兴趣的有 86 人，占 54.4%；对工艺品的文化内涵、情怀感兴趣的有 89 人，占 56.3%；对工艺品的外观、设计理念、美学韵味感兴趣的有 92 人，占 58.2%；对与民族传统手工艺品相关的故事感兴趣的有 34 人，占 21.5%；仅有 15 人对名家、匠人、设计师介绍感兴趣，占 9.5%。对民族传统手工艺产品的价值方面，调研发现，70%以上的人对民族手工艺品的艺术家感兴趣，60%的人对民族传统手工艺品的制作工艺感兴趣，而对民族传统手工艺品的地方特色感兴趣的高达 90%。黔西南拥有丰富的民族文化、浓郁的民族风情，民族传统手工艺产业发展势头较好。

二、黔西南州民族传统手工艺产业发展存在的问题

目前，虽然黔西南州依托非物质文化遗产资源，结合实际开展了一系列民族手工艺保护、传承和创意设计开发等活动，拥有了手工刺绣、创意雕刻、民族演艺等工艺美术品和非遗技艺，蜡染、布艺、中医等传统技艺，做出的各种手工艺品富有浓郁的地方特色，但依然存在一些问题。

(一) 品牌打造不够，品牌效应不凸显

黔西南州的民族传统手工艺品目前还处在零散发展阶段，地域特色和文化凸显不够，具有地方特色、独立品牌和一定规模的传统手工艺企业较少。对黔西南州民族传统手工艺品品牌的调研显示，在所调研的 158 人中，虽然有 98 人（占 62%）表示知道黔西南州的一些民族传统手工艺品，但不知道品牌；有 37 人（占 23.4%）表示知道一些品牌；有 23 人（占 14.6%）表示不清楚。对影响黔西南州民族传统手工艺品产业发展的消极原因进行调查，有 76 人（占 48.1%）认为，黔西南州的民族传统手工艺品缺少地域性和独特性，民族元素、符号辨识度不强；有 106 人（占 67.1%）认为黔西南州的民族传统手工艺品品牌意识不强，宣传力度不足，

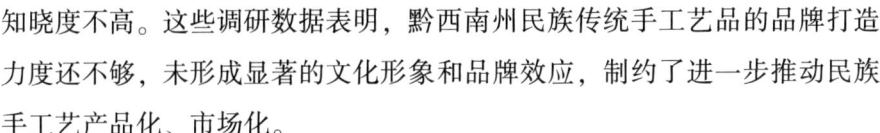

知晓度不高。这些调研数据表明，黔西南州民族传统手工艺品的品牌打造力度还不够，未形成显著的文化形象和品牌效应，制约了进一步推动民族手工艺产品化、市场化。

（二）产业规模不大，销售渠道单一

据调研了解，民间大部分民族传统手工艺品均存在自给自足和消遣娱乐用的现象，黔西南州也不例外。全州民族传统手工艺产业中，有民贸民品企业 8 家、法人企业 34 家、少数民族传统手工艺传习所 40 家、手工作坊 239 家，年产值 12440 万元，带动就业 1713 户，带动就业人数 2016 人。其中 8 家民贸民品企业年产值 7108 万元，占全州 57.1%，其余 313 家经营主体，年产值 5332 万元，其中法人企业 34 家、少数民族传统手工艺传习所 40 家、手工作坊 239 家，平均每家经营主体年产值均在 17 万元左右。这充分说明，目前，黔西南州的大部分民族传统手工艺企业发展仍处在初级积累阶段，起点低、规模小、产品种类单一，缺少文化主题突出的产品，综合竞争力不强。

（三）市场活力不够，产品竞争力不强

在问卷调查中了解到，民族传统手工艺品通常在景区、工艺品店才有，其他地方相对少见。黔西南属于布依族苗族自治州，民族传统手工艺产品大多都是苗族刺绣、布依族蜡染、彝族刺绣、民族服饰等，一般为民族特需品，不具有广泛需求性，地方需求量小，导致手工艺产品销售市场相对较小，发展后劲不足，使得全州旅游商品市场活力不够，严重制约了民族手工艺品向市场化、品牌化发展的进程。而民族传统手工艺品的市场规模需要旅游市场来带动，从整个黔西南州的旅游市场来看，旅游人数相对较多，2021 年，黔西南州全年共计接待游客 7761.84 万人次，虽然旅游综合总收入达 815.84 亿元，但花在民族传统手工艺品方面的少之又少。通过对黔西南州民族传统手工艺品的外观、种类等是否满足人们的个性化需求进行调研，调查结果显示，所调研的 158 人中，仅有 7 人表示能够完全满足自己的个性化需求，占 4.4%；29 人表示差不多能满足自己的需求，占 18.4%；64 人表示一般，占 40.5%；40 人表示不能完全满足，占 25.3%；18 人表示完全不能满足，占 11.4%。这些数据证明黔西南州民族传统手工艺品的市场活力不足，人们的购买欲望不强。

（四）传承方式单一，传承保护难度大

民族传统工艺传承方式基本是世世代代的手口相传，或家庭式传承、或师徒相传，并没有形成整套的理论体系和实践教学。调研中也发现，黔西南州的民族传统手工艺技艺传承存在后继乏人的问题。掌握工艺的匠人逐渐老龄化，而多数年轻人又不愿意学习。一方面，传承方式单一，很多工艺的传承还存在"传里不传外""传男不传女"等现象，如晴隆县碧痕镇的民族乐器芦笙的制作师傅，年已六十，但无子学习芦笙制作手艺，也没有其他的传承人学习技能。另一方面，原材料日益短缺，部分手工艺制作的材料都是野生的，森林资源的有限导致可获取的材料逐渐减少，如部分地区的群众还坚持自己纺织、自己染色、自己制衣，但因为野生的原材料短缺，这种纯手工制作的民族服饰正在减少。

三、推进黔西南州民族传统手工艺产业发展的对策建议

推进民族传统手工艺产业发展对于传承民族文化意义重大，黔西南州要紧紧围绕省委"一二三四"的总体思路和围绕"四新"主攻"四化"的决策部署，按照省委、省政府和州委、州政府关于"旅游大提质"的安排，从加大政策扶持力度、创新产业发展格局、加大品牌打造力度、注重传承人才培养等方面着手，加快推进民族传统手工艺产业高质量发展，为黔西南州推动高质量发展、创造高品质生活贡献力量。

（一）加大政府支持力度

在贯彻落实好国家扶持非物质文化遗产政策的同时，落实好新国发 2 号文件精神，加强民族传统手工艺保护和传承。一是政策支持方面，从省级层面研究出台加快民族传统手工艺品产业发展的措施意见，健全非物质文化遗产保护传承机制，如在打造贵州非遗品牌、创新非遗表达、

搭建产学研平台、推动非遗与旅游融合等方面提出好的意见和建议。二是经费保障方面,将民族传统手工艺专项经费列入财政预算,各级政府设立"民族传统手工艺文化传承发展专项资金"。积极争取国家帮扶资金补助,整合省直各部门的资金和力量,通过贷款贴息、项目补贴、补充资金等形式,每年适当给予民族传统手工艺生产支柱产业、新兴产业、弱小产业的扶持,为民族传统手工艺产业高质量发展提供有力的组织保障。

(二)创新产业发展格局

民族传统手工艺品具有生产经营形式多样,就业增收方式灵活,参与人数众多的特点,推动民族传统手工艺产业高质量发展是解决村民就业、促进村民增收最直接的方式。一是加快培育重点企业和合作组织,提高民族传统手工艺品产业的规模化程度,改变黔西南州民族传统手工艺品生产小、散的现状。二是依托少数民族特色村寨自然风光和独特的民族风情,加大力度推进民族特色村寨旅游产业发展,积极培育一批有影响力的民族旅游村寨,形成"政府主导、公司带动、协会管理、农户参与"的乡村旅游产业发展格局。三是整合优质资源,结合旅游产业做好景区民族传统手工产业配套规划,延长产业链条,形成"旅游+""民族村寨+""教育+"等产业发展模式。加强产品改良,深挖刺绣、银饰、蜡染、古法造纸等传统手工艺品发展潜力,积极引导传统手工艺品制造企业与省内外知名的现代加工企业、时尚机构、文创机构开展紧密合作,构建前期设计更有创意、中期加工更为精细、后期包装新颖独特的传统手工艺品加工体系,形成"匠人工作室+""品牌+""设计+"等产业发展模式。四是拓宽销售渠道,打通抖音直播带货、淘宝京东电商等销售渠道,形成成熟的"电商+"销售模式。建立完善线上经营平台,消费者可在微信小程序、淘宝网店、抖音购物等平台同步购买,做到立即响应,同时加强物流运输等基础配套设施建设,保证产品运输质量,提升配送效率。

(三)加大品牌打造力度

一是加大对民族传统手工艺的宣传力度,提高产品知名度。充分利用互联网平台、各项旅游宣介平台、各类节庆活动，对黔西南州发展较成熟的文创产品和旅游商品品牌进行传统技艺与传统文化的展示和传播，提升民族文化和民族传统手工艺的影响力和知晓率，从而提高市场认知度。二是加大民族传统手工艺文化产业基地建设的支持力度，创新产品设计，加强匠人、名家工作室扶持打造，给予新产品、新技术研发人员一定的资金奖励，并培训一批民族民间文创商品设计人员，引进一批民族民间文创商品设计人才和团队，培育一批设计精良、品质过硬、市场认可的民族民间文创商品品牌。三是组织作品参展参赛，激发研发活力，通过传统技艺赛事发展文旅品牌。如，举办绣娘作品大赛、手工艺作品设计比赛、茶叶制作比赛、美食节小吃比赛等一系列赛事活动，营造民族传统手工艺良性互动，传承、创新发展的氛围。四是帮助企业加强民族传统手工艺品牌意识，助力高端商品品牌化。立足现有产业基础，细分潜在消费群体，瞄准高端消费市场，整合优质资源，延长产业链条，丰富文化创意，以"贵州茅台"等成熟品牌的打造为借鉴，着力提升普安红、兴仁薏、安龙菌等名品的文化附加值、科技附加值和品牌附加值，保持品牌打造的专业性、创新性和延续性，积极构建以高端产品为主体，中端产品为支撑的旅游名品新体系，攥紧金州名品拳头，砸开国内外旅游商品市场。

（四）注重传承人才培养

黔西南州作为少数民族自治州，在民族传统手工艺传承、民族传统民俗人才培养等方面的力度不够。因此，要精准发力。一是构建与完善传统美术类、传统手工技艺类非物质文化遗产传承人的保护与培养机制。建立详细的项目传承人档案，对年事已高的优秀传承人实施抢救性保护，同时健全有效的非遗传承机制，鼓励传承人收徒授艺，组织传统工艺学徒、从业者等人群参加研修、研习和培训，培养非遗传统手工艺传承人等后备人才，使传统手工艺得以传承。充分利用黔西南州获批的两个"贵州省非物质文化遗产传承人研培基地"，开展刺绣、蜡染、石雕、银饰、民族服装服饰、编织等民族民间手工艺制作培训。大力培养民族传统手工艺领军人才，推荐少数民族民间传统手工艺人才参加全省乃至全国的民族传统手工艺领军人才培训班（苗绣传承技艺、民间酿造技艺、勾调技艺、民间雕刻、陶艺传承技艺），通过培训提高他们的技艺。二是整合现有高等教育资源。依托兴义民族师范学院、黔西南州民族职业技术学院两所高等院校，支持和鼓励开设文化创意和传统手工艺专业，形成高层次的传承和创意人才培养模式；从政府层面加大财政投入和资金扶持力度，支持和鼓励企业引进、培育、培训文化创意人才和传统手工艺人才。逐步构建依靠政府、工艺传承人、高校、科研机构等多元主体协同的传统手工艺文化产业人才培养与促进模式。三是建立科学高效的传承人才激励机制。针对高龄传承人，要注重加以保护，完善保障机制，从地方政府层面列支一部分专项资金，对高龄传承人给予生活、医疗保险等照顾。针对年轻的传承人，鼓励代表性传承人开展传习活动，并开通职称评定的绿色通道，给传承人评定职称机会以及授予各种荣誉称号。这样才能培育出一批热爱非物质文化遗产、业务过硬、技术精湛、年龄和专业结构合理的传承人队伍。

（五）重视文化的传承与发展

民族传统手工艺产业要想发展得好，营造浓厚的民族文化氛围是必不可少的。民族文化来自民族，民族传统手工艺产生于民族，要加大民族文化的传承力度，用人们喜闻乐见的方式宣传民族文化和民族传统手工艺。一是营造良好的民族文化氛围，政府部门通过民族文化"进校园""进单位""进企业"等形式，营造浓厚的民族文化氛围。在部分少数民族聚居地区的学校，甚至可以将民族文化课作为必修课程，民族歌舞、民族传统手工艺制作作为选修课程。二是加大青壮年的参与度，抓住"三月三""六月六""查白哥节""八月八"等民族节日的契机，举办民族山歌赛、服装设计比赛、绣娘比赛以及民间体育活动等，积极鼓励群众特别是青壮年共同参与，不仅能够促进民族团结，传播民族文化，还能有效提高青壮年的参与热情。三是增强宣传推广的艺术性，加强政府与企业之间的合作，在宣传民族传统文化上给予大力支持，采用广告、短视频、微电影、短剧，邀请网红名人拍摄体验式 Vlog 等形式，以大众易获得和易接受的方式讲好民族故事，宣传好民族传统手工艺。还可以在广场、灯杆、护栏等显著位置，融入黔西南州的民族传统文化元素，使民族传统文化广泛凸显。

总之，在乡村振兴战略背景下，文化振兴是乡村振兴的精神基础，推动文化振兴，势必要发展各类文化，民族传统手工艺是我国优秀传统文化的重要组成部分，当前是传承和发展民族传统手工艺的最佳时刻。黔西南州作为少数民族自治州，又是山地旅游目的地，在大力推进文旅兴州战略的同时，加快发展黔西南州民族传统手工艺产业，推进民族传统手工艺产业高质量发展，不仅有助于传承和保护民族传统手工艺，推动乡村文化振兴，还能对推进乡村产业振兴产生积极效应。

注：本文首发于《延边党校学报》2023 年第 1 期。

第四节　促进乡村非遗旅游融合发展

非物质文化遗产中的生态思想、观念、伦理可以为"生态宜居"提供"生态意识"，通过大力发展乡村非遗旅游，充分挖掘、调动和运用这些"生态意识"，使乡村非遗与自然环境和人文环境更好地融合在一起，从而打造出适合人居住的美丽乡村，助力乡村全面振兴。

一、乡村非遗旅游融合的必要原则

（一）内容设计要重视展示形式与内容阐释的统一

"非遗"是特定生态环境的产物，大部分是在传统社会中形成和发展的，如以农业文化为核心的非物质文化遗产，刀耕火种、林粮结合、水稻梯田、库区水稻形态等耕作方式创造了丰富的"非物质遗产"。又如，民族地区为了保护自然，民间文学、民俗、民间艺术都有丰富的自然崇拜思想，表现为禁止砍伐树木、捕捉动物、破坏山脉、污染水源等尊重自然的世界观等。乡村非遗文化的形式和内容是相统一的，都是各方面形成的思路和实践模式，在乡村非遗旅游中，要将乡村非遗文化的形式与内容充分展示出来。

（二）建设思路要重视文化原真与文化创意的统一

非遗是我国人民群众的精神食粮，戏曲舞蹈、神话传说、手工艺、古典中医等都是土生土长的文化，传承历史悠久，群众基础广泛，参与率极高，对增强民族自信、凝聚力等有着非常重要的作用。因此，在乡村非遗旅游的建设中，要坚持文化原真与文化创意的统一，通过振兴新时期的乡村非遗文化，实现对乡村非遗文化的传承和重建，有助于巩固乡村非遗旅游的主体地位，夯实地方文化的物质基础，构建乡村非遗文化的传播体系，从而激发乡村非遗旅游的内在活力。

（三）资源利用要重视"娱人"与"育人"的统一

乡村非遗旅游资源包括乡村非物质文化遗产，即乡村的民间信仰、乡村村民礼仪和村规民约等方面内容，而这些乡村非物质文化遗产不仅可作为村民的精神家园，还可以加强他们的文化认同。因此，在乡村非遗旅游的建设过程中，要充分运用这些乡村非遗来约束乡民言行、维护农村秩序，既可以达到"育人"作用，又能使"乡村非物质文化遗产"的传承与村寨旅游发展保持高度一致，促进乡村非遗旅游发展。并且随着乡村非遗旅游的发展，传承和发展了乡村的神话传说、歌剧、绘画、舞蹈、歌曲等等，这些传说、绘画、歌曲等不仅是特定生活世界的艺术表现，也反映了人们对生活空间的看法，具有很强的文化归属感和集体认同功能，还具有很强的"娱人"作用。可见，乡村非遗旅游资源的利用应重视"娱人"与"育人"相统一。

（四）产业发展要重视兼顾村民共同富裕与全面受益

共同富裕，既要富口袋，更要富脑袋。乡村非遗与旅游产业化融合，是二者的极佳融合，对促进乡村振兴、推动共同富裕有着重要意义。乡村非物质文化遗产具有深厚的民族历史积淀，是历史文化的"活化石"。近年来，随着文化活动的丰富和互联网等传播手段的发达，非遗得到更广阔的展示，不断"火出圈"。一些非遗不仅满足了大众的文化需求，还转化为产品和服务并产生经济效益，在促进乡村振兴、推动共同富裕方面发挥着重要作用。非遗助力共同富裕，就要拓展乡村非遗旅游产业的应用场景，让乡村非遗"活"在大家的现实生活中，让乡村非遗为乡村居民共同富裕作出更大贡献，展现其当代价值。《"十四五"非物质文化遗产保护规划》提出，推动非遗助力乡村振兴工作，促进非遗保护传承在经济社会可持续发展中发挥更大作用。一是通过创新转化激活乡村非物质文化遗产的生命力，推动乡村非遗从文化领域向旅游产业和生活领域拓展，让乡村非物质文化遗产深入寻常的烟火气息中，使乡村非遗融入旅游产业和现代生活。二是在共同富裕的道路上，要深入挖掘乡村非遗的市场价值，开发出富有时代气息、大家喜闻乐见的乡村非遗产品和服务，同时还要将乡村非遗与旅游产业结合起来，努力把文化资源转化为生产力，推进乡村非遗旅游产业化发展，取得更高的经济价值，从而带动乡村全面受益。

二、黔西南州乡村非遗旅游发展现状

黔西南州拥有众多国家级和省级非物质文化遗产项目，如布依族八音坐唱、彝族"阿妹戚托"舞蹈、布依族服饰制作技艺、苗族"四印苗"服饰等。这些非遗项目不仅承载着深厚的民族文化底蕴，还具备极高的艺术价值和观赏性，成为吸引游客的重要"卖点"。近年来，黔西南州依托其独特的民族文化、自然风光和淳朴的乡村风情，积极推进非遗与旅游的深度融合，形成了独具特色的乡村非遗旅游发展模式，为地方经济社会发展和民族文化的传承与创新做出了贡献。

（一）创新业态，推进非遗与旅游深度融合

黔西南州在推动非遗旅游发展的过程中，注重将非遗元素融入旅游线路、景区建设和旅游产品中。通过"非遗+旅游"模式，非遗文化走进景区、村寨，如布依族八音坐唱、彝族"阿妹戚托"舞蹈等，为游客提供了近距离感受非遗文化的机会。通过举办非遗文化节、非遗展览、非遗表演等活动，让游客在游览过程中近距离感受非遗文化的魅力。通过举办各种文化节庆活动，如通过开展"浪哨节""三月三"等活动，邀请游客参与体验，促进非遗文化的传播。在黔西南州，有许多乡村非遗旅游发展的成功案例。如贞丰县永丰街道岩鱼村，这个有着六百余年历史的布依族古寨，通过挖掘和传承布依族八音坐唱、小打音乐、古歌传唱等非遗项目，吸引了大量游客前来观光旅游。同时，岩鱼村还积极发展乡村旅游，成立了唢呐队、龙灯队等表演队伍，丰富了村民的精神文化生活，也带动了当地的经济发展。

（二）完善设施，加快非遗文化设施建设

黔西南州在基础设施建设上持续发力，构建了以高速公路和铁路为骨架、普通国省干线公路为脉络、农村公路为基础的路网体系。特别是近年来，盘兴高铁、六安高速公路等重大项目有序推进，不仅提升了黔西南州的交通通达度，也为非遗文化的传播和旅游业的发展提供了有力支撑。如，民族村寨楼纳村已经实现了通信基站建设、道路硬化等基础设施改善，方便了村民生活和游客到访。同时，依托丰富的非物质文化遗产资源，黔西南州在各级文化馆、博物馆等公共文化服务场馆增设了非物质文化遗产代表性项目传承体验中心，为非遗文化的展示和传播提供了重要平台。在旅游景区建设非遗展览、体验、销售等设施，探索非遗文化表演形式，让非遗文化成为旅游发展的一部分。在乡村地区建设非遗体验基地、非遗工坊等，让游客亲身体验非遗技艺，增强参与感和互动性。此外，还依托丰富的非遗资源，打造了一批集传承、体验、教育、培训、旅游于一体的非遗文化空间，如晴隆阿妹戚托小镇、兴义万峰林景区等。这些非遗文化空间的建立，不仅丰富了旅游产品的文化内涵，也为当地居民提供了增收渠道，实现了非遗文化的活态传承。

（三）传承保护，加快推进非遗文化建设

黔西南州拥有丰富的非物质文化遗产资源，包括布依族八音坐唱、苗族飞歌、彝族"阿妹戚托"舞蹈等。为保护和传承这些宝贵的文化遗产，黔西南州采取了一系列有力措施。首先，黔西南州在立法保护方面取得了重要进展，组织制定了《黔西南州关于加强非物质文化遗产保护工作的意见》，为非遗文化的保护提供了法律保障。同时，通过开展非遗资源调查和认定工作，建立了完善的非遗名录体系，包括国家级非遗项目 14 项 20 处，省级非遗项目 110 项 128 处，州级非遗项目 244 项。其次，黔西南州注重非遗传承人的培养与扶持。通过开展传承人培训、申报保护经费等措施，提高了传承人的技能水平和生活保障。同时，鼓励师徒传承和现代教育体系相结合，支持高校毕业生参与非遗保护传承工作，逐步扩大非遗传承人队伍。最后，加大民族特色村寨保护力度。黔西南州积极发掘、调查、申报民族特色村寨，已有 320 个村落参与省级评审，其中 117 个被认定为少数民族特色村寨。黔西南州统筹整合资源，推进传统村落集中连片保护利用示范集聚区建设，计划用 5 年时间完成创建工作，提升传统村落的知名度与影响力。

三、黔西南州乡村非遗旅游发展的路径

（一）培育与保护乡村非遗文化生态

1. 加强非遗项目的挖掘、整理和研究工作。一是组织专业团队，深入乡村，通过田野调查、口述史记录、影像拍摄等多种方式，全面搜集、整理这些宝贵的文化遗产。同时，鼓励当地民众积极参与，讲述自己的故事，让非遗项目在讲述与倾听中得以传承与发展。二是系统整理。对已搜集到的非遗项目进行分类、编目、建档，形成完整的文化档案。并通过数字化手段，如建立非遗数据库、开发非遗 App 等，实现非遗资源的数字化保存与传播，让更多人能够便捷地了解和欣赏到乡村非遗的魅力。三是探寻文化的深层价值研究。通过对乡村非遗项目的深入研究，更好地理解其历史渊源、文化内涵、艺术特色和社会价值，为其保护和传承提供科学依据。四是让文化之树常青。对于具有代表性的乡村非遗项目，采取多种措施进行保护和传承。一方面，要加强传承人队伍建设，通过政策扶持、资

金补助等方式，鼓励和支持传承人开展传习活动，培养新一代传承人。另一方面，要创新传承方式，将非遗项目融入现代生活，通过文化创意产业、旅游开发等方式，实现非遗项目的活态传承。

2. 建立乡村非遗文化生态保护区。一是科学规划，明确目标。科学制定"乡村非遗文化生态保护区"的总体规划，明确各级保护范围、内容、措施和目标。规划应全面覆盖州内具有特殊文化价值的乡村，结合每个乡村的具体情况，制定个性化的保护方案。二是政策保障，多方联动。为确保保护区的顺利建立与运行，制定一系列配套政策，包括法律制度保障、组织保障、政策保障和资金保障。通过成立专门的保护机构，明确职责分工，形成州、县、乡、村四级联动的保护网络。此外，积极争取国家和省级财政支持，同时引导社会资本参与，为保护区建设提供充足的资金保障。三是整体保护，增强活力。在保护区的建设过程中，坚持整体性保护的原则，将乡村的自然环境、人文景观、非物质文化遗产等要素作为一个整体进行保护。通过提升区域内的基础设施，改善村民的生产生活条件，同时保留和修复历史建筑、传统民居等文化遗产，让乡村焕发新的生机与活力。四是文旅融合，促进发展。在保护区的建设过程中，应充分挖掘和利用这些文化资源，推动文旅融合发展。通过打造特色旅游线路、举办文化节庆活动等方式，吸引游客前来体验乡村文化，带动当地经济发展。

3. 创新传统与现代的纽带。乡村非遗文化的传承，应坚持创造性转化和创新性发展，联结传统与现代，创新传承模式，不断满足人民日益增长的美好生活需要。一方面，要拓展乡村优秀文化的传承载体。随着互联网飞速发展，移动媒体技术越来越成熟，其为乡村非遗文化的弘扬提供了更为高效和便捷的客观载体。因此，我们要充分利用移动媒体，依托乡村非物质文化资源，构建多元文化传播体系，拓宽乡村非物质文化的宣传渠道，通过公众号、头条、微博等新媒体平台，大力宣传优秀的乡村非物质文化，加深人们对乡村优秀非物质文化的印象。另一方面，要与时俱进地推动文化传承形式的创新。深刻理解乡村非物质文化的内涵，贴近群众生活，并且将其充分融入社会实践，与新时代的需求相结合，以时代精神丰富传统文化的内核，在传承中促进创新，在创新中谋取发展，从而让乡村非物质文化遗产焕发新的生机与活力。

4. 提高村民传承文化的积极性。村民是乡村非物质文化遗产传承的主体，也是中华优秀传统文化传承和发展的主力军。因此，在乡村非遗旅游的建设过程中，应充分调动村民参与非物质文化传承与发展的积极性，充分激发村民传承文化的活力，让村民积极参与到乡村非物质文化的传承和发展工作中，更好地营造乡村非遗文化发展氛围。

（二）编制乡村非遗旅游产业发展规划

乡村非遗文化的发展和旅游行业有着紧密的联系，旅游业跟乡村结合产生了乡村旅游，开发出了不同民族、习俗、节庆、自然环境等各具魅力的传统文化村落，为旅游者呈现出多种多样的旅游村，但是传统的乡村旅游模式越来越不能满足群众需求，这就需要发展乡村非遗旅游产业。

1. 做好乡村非遗旅游产业发展规划。深入调研，加强对乡村非遗文化的发掘，充分发挥乡村非遗文化资源优势，打造一批乡村非遗旅游示范区、少数民族特色小镇和民族文化旅游示范区。并根据乡村非遗旅游的发展编制乡村非遗地方人才培养规划，促进乡村非遗旅游实现产业化发展。

2. 打造一批乡村非遗旅游项目，促进乡村非遗旅游产业化发展。依靠乡村地区悠久的历史文化资源，利用乡村地区的传统文化节日打造文化用品和表演项目，融入现代化元素，打造一批经典的乡村非遗旅游项目，发展一批具有乡村特色的文化产品和文化服务，加快推进农业农村现代化进程。

（三）完善乡村公共文化服务体系

1. 加强乡村环境整治。发动村民广泛参与，持续开展环境整治，不断提升乡村风貌和环境。采取"公司主导，农户参与"的模式，针对独特的天地人和谐的生态环境和区位优势，以乡村旅游为主线，以自然景观、田园风光、民俗风情、布依村寨为载体，打造具有观光、体验、娱购、食宿、休闲、健身、度假功能的乡村综合旅游示范村寨。制定出台相关规章制度，持续开展商务礼仪、服务礼仪、岗位练兵、技术大赛、反恐防暴演练、消防演练等培训和活动，设立红十字会、无障碍通道、游客休闲区、母婴室、微笑小屋等设施，为广大游客提供便利、舒适、安全的旅游环境。

2. 完善配套设施升级。加大对文化基础设施方面的投资力度。结合乡村地区优势以及创造性思维，利用互联网技术，大力发展乡村旅游和生态资源，大力实施观光道路建设、文化产业长廊、数字文旅生态平台等基础设施项目。通过旅发大会及相关活动的开展，不断促进当地基础设施不断完善，改扩建停车场、旅游厕所、观光景点等，为游客提供更好的服务。结合乡村非遗旅游产业的发展，建设乡村非遗文化展览馆、体验馆等，提高游客乡村旅游的体验感，利用传统文化打造乡村旅游景区，带动乡村地区的经济发展。

3. 建立有效的乡村公共文化服务体系。更好地开发乡村非遗旅游文化市场资源，开辟乡村非遗文化产地渠道，打造健康的文化市场。提高乡村非遗旅游人员的综合素质，打造专业的乡村非遗旅游人才队伍，推动宜居和美乡村建设。

（四）以文化产业驱动繁荣农村文化建设

乡风文明建设离不开乡村非遗文化的支撑，在乡村非遗旅游的发展过程中，乡村优秀的非物质文化遗产得到传承和发展，驱动着农村文化建设，提升农民精神风貌，提高乡村社会文明程度。

1. 以文化产业驱动繁荣农村文化建设。乡村非遗旅游的发展，势必会促进乡村文化产业，使古老的非物质文化遗产与文化创意产业相结合，与乡村休闲观光游相结合，不仅促进了乡村非物质文化遗产的活化传承，振兴了乡村优秀传统文化，还驱动着农村文化建设。

2. 加强乡村村民的思想道德建设。以乡风文明促乡村文化振兴。以社会主义核心价值观为引领，大力弘扬民族精神和时代精神，形成新时代、新农民的伦理底线，摒弃"人无横财不富"的思想，以免误入歧途，提倡"君子爱财取之有道"的价值取向，用爱国主义、集体主义、社会主义等优良品德教育农民，促进乡风文明，推动乡村文化振兴。

第五节　推进农民专业合作社发展

农民专业合作社是我国农村实现农业产业化的重要组织形式，是推进农民脱贫和实现乡村振兴的重要经济合作组织。自《中华人民共和国农民专业合作社法》实施以来，农民专业合作社得到快速发展，逐步发展成为新型农业经营主体，在带动产业发展、促进农民增收中发挥着越来越重要的作用。黔西南州曾经作为深度贫困地区之一，在脱贫攻坚背景下成立和发展起来的农民专业合作社，不仅能够引导和鼓励农村土地流转，调整农民专业合作社的发展方向，在上连龙头企业、下连农户，促进当地产业发展的同时，还增加了农民收入。但通过对黔西南州农民专业合作社的深度调研，发现不少农民专业合作社在快速发展中也存在一些问题亟待解决。要大力推进农民专业合作社规范化建设，充分发挥农民专业合作社的带动能力，促进农民专业合作社发展从数量提升向以质量提升转变，推动农民专业合作社引领农村经济发展，带动农民致富。

一、黔西南州农业专业合作社建设情况

（一）基本情况

截至 2020 月 12 月 31 日，黔西南州共有农民专业合作社 3377 个，其中组建党组织的合作社 515 个，"村社合一"的合作社 1074 个，占全州总村数的 90%，总成员数 58 万。现有国家级农民合作示范社 14 个，全国农民合作社加工示范单位 1 个，省级农民合作社示范社 77 个，州级农民合作社示范社 174 个。2020 年农民专业合作社累计销售（经营）收入 6.3 亿元，种植（经营）面积 61.8 万亩，养殖存栏数 73 万（头、只），带动周边 33 万户农户、近 100 万农业人口增收。

（二）主要做法

所调研的农民专业合作社中，内部管理制度方面，国家级示范社和省级示范社基本上都有规范的组织章程和独立法人，产权清晰，组织机构健全；产品销售方面，为解决农产品销路问题，大多数合作社与企业合作，实行"公司+合作社+基地+农户"的运营模式。根据与公司签订的协议，合作社主要负责组织农户生产、相关培训和产品收购等。并且对成员农户实行统一生产资料及种子的采购和供应，统一生产质量安全标准和技术培训，统一销售，统一产品和基地认证认定等，合作社成员农户的利益得到较好保证。例如：晴隆县光照镇白果冲蔬菜农民专业合作社一直坚持实施农业标准化生产。通过有关检测、检验、认证后，制定实施"晴隆大片青菜"标准，建成500亩（60cm×70cm）的标准化示范基地，并推广3000亩标准化种植。使青菜单产由原来的3000斤/亩增加到6000斤/亩以上，产品质量进一步提高，每户平均产量1.8万斤（3亩算），每斤0.3元计算（保底收购价），收入达5400元，而且不影响他们大季时正常种植玉米、水稻等，可以说农户种植蔬菜是低成本高产出。又如，贵州龙林民族种养殖农民专业合作社主要通过带动农户发展桑蚕产业、土地流转及临时用工等方式开展帮扶工作，在土地流转中，大坡村共有48户低收入家庭流转土地，其中22户从事桑蚕种养殖。钱相乔马村有9户流转土地给合作社，使低收入家庭收入有所增加。同时合作社在生产活动中，吸引低收入家庭到合作社从事长期或季节性劳动，通过发放劳务费使低收入家庭收入增加。

二、存在的问题

（一）部分合作社注册存在盲目性、运行机制欠规范

1. 部分农民专业合作社注册具有盲目性。以往农民专业合作社多采用先发展后规范的发展模式。然而，由于近几年产业推动速度加快，使得农民专业合作社的数量急剧增加。一些合作社在注册及登记上具有很强的盲目性，加上大部分人对于新型农民专业合作社的认识程度不高，个别合作

社的建立就是为了套取项目资金，直接影响了农民专业合作社的规范化发展。

2. 部分农民专业合作社运行机制欠规范。调研发现，部分农民合作社的规章制度不够完善，管理制度与合作社发展特征和规律不够吻合、匹配，运行机制上也存在一些问题。

(二) 部分合作社成员专业化水平不高、发展观念转变难

1. 部分农民专业合作社成员专业化水平不高。一是由于农民专业合作社参与者虽然都是种养殖多年的种植户或养殖户，有一定的实践经验，但缺乏理论知识和新科技知识，现代企业管理能力不足，对如何将产业做大做强以及对合作社和产品的定位模糊不清，难以适应现代农业规模化生产的要求和市场发展需求，发展基础逐渐萎缩，自身发展后劲不足；二是部分农民专业合作社管理人才匮乏，就合作社的管理而言，部分有生产车间的合作社缺乏专人管理，缺乏品控管制，导致合作社规范化运作严重受阻。

2. 发展观念转变难。据调研了解，部分农民主动致富意识不强烈。一是一些人由于长期受小农经济思想的束缚，小富即安的思想较为严重，没有主动致富的动力。即使合作社或者企业给他们提供种子、种苗、肥料以及技术，他们也怕担风险，不愿意去种植或养殖；二是部分农民自身发展动力不足的同时，也不想合作社或者私营企业主快速致富，有时即使企业花钱请农民务工，部分农民也不愿意干，部分农民即使干，也是"出工不出力"，不愿尽心尽力地干活。

(三) 部分合作社经营资金压力大、抗市场风险能力不足

1. 农民专业合作社经营资金压力大。一是部分农业产业属于补助性质的产业，因单项补助较低，加之财政资金短缺，导致农民发展农业产业的积极性不高；二是农业产业不能作为抵押物来抵押贷款，处于无担保无抵押的尴尬境地，导致农民专业合作社资金压力大；三是部分以村集体经济为主体的合作社，从经营状况来看，合作社利润总额较少，扣除分红、村

集体分红及老百姓奖补分红后，股东分红较少，导致股东在生产设备再投入、生产线改造、生产许可证申办、商标申请、品牌打造等方面积极性和主动性都不高。

2. 抗市场风险能力不足。据调研了解，大多数农民专业合作社都以种养殖为主，资金投入较大，属于见效慢、风险大、靠天吃饭的产业。一是农业产业虽然购买了"产业险"，但是保险保障低，理赔限额，一旦遇到自然灾害，"产业险"的赔付比例还不够覆盖种植成本，使以农业发展为主的合作社在发展中严重受挫；二是受市场价格波动大，收益不稳定，不仅农民专业合作社积极性不高，老百姓受到的打击更大。

（四）部分合作社对产业规模评估不足，特色产品竞争力不强

1. 产业规模评估不足。黔西南州气候多样，孕育的众多特色资源和特色产业，具有"小而精、精而特"的特点，特别是农民自发成立的合作社，产业一般都发展得比较好。但通过调研发现，部分农民专业合作社由于对产业规模评估不足，农业产业的发展规模控制不当，出现了"增产不增收"的情况。

2. 特色产品竞争力不强。一是部分合作社没有创立自己的品牌与销售渠道，利润较低，承受市场风险能力有限；二是部分合作社没有自己的生产许可证。例如，某苦丁茶合作社自成立以来，给外地的公司提供袋泡茶裸袋，别人贴牌以后再高价销售。合作社没有自己的生产许可证，不能贴上自己的商标品牌对外销售，大部分利润被拿走。又如，某种养殖农民专业合作社，因缺乏灌装系统设备，食品生产许可证一直没有下发。虽然已取得（比猕红）葡萄酒商标，但因没有取得食品生产许可证，不能对外销售；三是部分合作社虽然有自己的农产品品牌，但没有形成产业链，知名度不高，市场竞争优势不明显。

三、应对策略

（一）加强顶层设计，建立健全机制

一是完善现行农民专业合作社扶持政策。从营造平等竞争环境的角度

出发，改进政府财政扶持项目的申请条件，将农民专业合作社纳入小微企业扶持政策，逐步弱化政府按照市场主体的组织属性进行扶持的方式，取消一些财政扶持项目规定实施主体必须是农民专业合作社的做法，从源头消除投机行为；① 二是建议授权明确各级农业部门对农民专业合作社的运行行使监管、评级、考核和项目备案的职能；三是分类分行业制定农民专业合作社的建立标准；四是健全部门机制，明确职责，有关部门要各司其职，依法行政，相互配合，齐抓共管。例如，建立农民专业合作社培训、监管制度，做好运行规范和定期监管工作；五是充实完善农民合作社主管部门的编制和人员，改变目前县（市、区）、乡（镇）管理人员少、疲于应付的现状；六是完善利益分配机制，明确村集体、农户、股东之间的分配比例及方式。在坚持合作社村社合一性质的前提下，探索建立兼顾村集体、农户、股东之间的利益分配机制，既能调动股东的生产积极性，又能保障村集体、农户的权益。

（二）强化思想引领，激发内生动力

一是通过对农民进行各种宣传教育，转变其价值观，改变其精神面貌，重构文化价值体系，提振群众主动致富的决心；二是从知识、观念、技术、资讯、市场和项目等方面着手，开展技术引进、科技推广、政策制定等方面的指导和咨询服务。以期通过知识的积累和观念的改变增强农民致富的信心，通过技术的培训提升农民致富的能力，通过对资讯、市场和项目的了解，找准其致富的门路；三是引导农民自愿以转包、出租、转让、入股等形式流转土地承包经营权，促进土地规范有序流转的同时，增加农户的收入；四是完善新型农业经营主体与农户联动发展的利益联结机制，在农村产业的发展中，以农业产业结构调整为契机，推广股份合作、订单帮扶、生产托管等有效做法，各专业合作社可根据自身特色、产业、规模等情况，采取适合自身发展的方式，实现合作社与现代农业发展有机

---

① 苑鹏，曹斌，崔红志. 空壳农民专业合作社的形成原因、负面效应与应对策略 [J]. 改革，2019（4）：39-47.

衔接；五是建立完善现代企业管理制度，融入现代农业生产经营理念，以增加相关产业的附加值为主，加快发展农产品精深加工业，提升产品质量，促进农民增收致富；食品加工企业还需按照食品生产企业标准，完善车间技改，确保产品干净卫生。

（三）加强队伍建设，提供智力支撑

一是建议出台人才引进政策，鼓励"能人"、大学生领办或创办农民专业合作社；二是制定科学合理的奖励方案，充分调动乡村干部发展壮大村级集体经济的积极性和主动性，推进村干部队伍专职化工作。如，2020年11月，晴隆县制定了《晴隆县加强基层组织建设推进村干部队伍专职化工作方案》《晴隆县村级集体经济积累管理制度（试行）》。为在村级主办的合作社中兼（任）职务的村支"两委"干部实行奖励，奖励标准根据当年村级集体经济收入新增情况而定，并且制定了相应的奖励程序，充分调动了在村级主办的合作社中兼（任）职务的村支"两委"干部的积极性；三是加大对合作社负责人以及其成员的培训力度，建立多元化的培训制度，针对不同对象，确定不同的教育与培训内容，运用不同的方法进行教育与培训。如，围绕"一县一业"产业，对合作社社员、村干部、科技示范户、种植大户、养殖大户、农机大户、特别是新型职业农民等进行集中培训、授课、现场指导等多种培训方式，加强对新型农民的种养技术、法律法规知识学习以及经验交流，着力培养一批懂技术、会管理、谋发展的新农民，为农民专业合作社的发展提供必要的人力资源保障，为乡村振兴提供一批新兴生力军。

（四）完善融资平台，解决资金困难

一是加快投融资体系建设，积极搭建资金筹措平台，盘活资金要素资源，强化资金风险防控，注重资金效益发挥，充分发挥政府投入的引导作用，按照"渠道不乱、用途不变、统筹安排、捆绑使用、各负其责、各记其功"和"区域集中、项目集中、投入集中、效益集中"的原则，整合财政、交通、水利等各类项目资金。如，整合农业综合开发、土地整理、小型农田水利建设、村级一事一议、通村公路和气象、电力、通信等项目资金，投入到农民专业合作社的建设中；二是争取农业产业奖补资金及高标准项目资金；三是完善融资平台。按照"政府政策引导，企业抱团发展"的总体思路，以"企业投资为主、项目资金为辅"的方式筹措建设资金，吸引更多的社会资金投入合作社，推动合作社发挥更大的示范带动作用；四是完善农业投融资平台，健全农业企业融资担保体系，强化为畜牧业等农业企业提供的融资担保服务。

（五）调整产业结构，提升产品价值

一是大力培育省级示范合作社、创建州级示范合作社，结合自身实际发展特色产业，推动现代山地特色高效农业快速发展，巩固拓展脱贫攻坚成果同乡村振兴有效衔接。二是精心打造品牌。按照生产许可证申办标准要求对生产车间进行改造，及时进行生产许可证申报，并且聘请专业公司，完善产品外包装设计，打造自有品牌。三是建立健全合作社农特产品销售体系，逐步建立自有品牌及销售渠道，增加产品附加值。首先，提前谋划销路，打通销售渠道，订单生产、定向供给，给农民吃下定心丸；其次，打通销售渠道，抓好农产品销售窗口和实体店建设，推介黔西南州农业产业特色产品，把黔西南州的农特产品培育成全国的加工中心、营销中心和优质种植基地，在互联网上建立黔西南州农产品销售专区和直播专区；最后，健全物流体系，提升农产品分级包装、仓储物流、冷链运输、产品追溯等各环节水平，建立农村邮政电子商务服务体系，发展农产品物流配送产业链，建成电子商务交易服务中心、乡镇电商体验馆、村级体验店等电商平台，启动农产品仓储保鲜冷链物流设施建设工程，加强物流技术创新，针对生鲜保鲜成本高、物流困难大的困境，提高专业保鲜冷冻技术，在当地建设冷链物流设施，配备冷链物流车辆。四是增强新品研发能力，适应市场发展需求，推进品牌农业建设，精心扶持培育"品牌叫得响、质量过得硬、市场反响好"的农产品，实现农产品品牌"从有到优"的跨越，从而增加合作社收益，增加农民收入，为乡村振兴注入新动能。五是加强农业产业利益联结机制、生产体系与品牌体系建设，建立延长农业产业链的创新机制，同一种类的农产品，可先后注册多个品牌，同时与其他农民专业合作社联合成立合作联社，不断延长农产品产业链条，发展多种业态。以黔西南州茶产业为例，要坚持"生态、绿色、有机"的发展导向，形成全产业链，将茶产业做强做大。具体做法：建议由政府牵头成立黔西南州茶产业发展联合社，将黔西南州域内的茶产业（包括私营企业和农民专业合作社）全部组织起来，进行资源共享，优势互补，大力推进产业融合发展，形成集种植、加工、包装、销售与宣传于一体化发展格局。

第三章　系统谋划生态经济推动
高质量发展

黔西南州拥有优越的自然资源、良好的生态环境以及丰富的森林资源，具备发展生态经济的先天优势。近年来，黔西南州以绿色发展理念为指导，全力推动"旅游+"融合发展、持续推进生态产业化发展、加快构建生态农业产业体系和努力强化"多元化"发展保障，成功在生态保护和经济发展之间找到平衡点，生态环境得到持续改善，经济发展呈现良好态势，为其他同类地区提供了可复制可推广的山地生态经济发展样板。

第一节　发展生态经济的必要性

绿色发展和生态振兴是乡村振兴战略的关键环节，也是实现高质量发展的必要条件。生态经济作为一种新型经济发展模式，能够适应经济发展需求和环境保护要求，具有可持续性。因此，发展生态经济是贯彻新发展理念、实现可持续发展的必然选择。"生态经济"一词最早出现在马克思的《资本论》中。早在20世纪60年代，经济学家鲍尔丁就提出"生态经济学"理念。新中国成立初期，为尽快赶超发达国家，将工业发展放在产业体系的首位，同时为快速增加粮食产量而毁林造田、围湖造田，对生态环境造成了破坏。① 当意识到这一问题后，就开始积极探索并采取经济发

---

① 刘铭浩，李雪郡，刘文卓，孙兆东. 泰安市生态经济发展实证研究 [J]. 中国市场，2023（4）：16.

展与自然保护高度融合的新经济发展模式对生态进行修复，但因对生态经济系统管理的经验缺失，严重制约了生态经济推广。新时代背景下，必须促进经济转型升级，坚持以绿色可持续发展的生态经济为指引，以促进农民致富增收为出发点和落脚点，充分发挥生态经济的市场优势、绿色优势，将生态理念融入经济发展的全过程。系统改善乡村生态环境，创新驱动乡村生态产业发展，推动乡村生态环境保护与经济发展"同谋划、同部署、同落实"，真正实现经济社会的绿色、生态可持续发展，从而助力乡村振兴的全面推进。

生态经济的关键在于实现经济发展与环境保护的有机结合。在全球环境问题日益严峻的背景下，发展生态经济不仅可以有效缓解资源过度消耗、气候变化、水资源短缺、土壤退化等问题，提升资源利用效率和经济增长效率，而且还能推动科技创新和绿色技术的研发和应用，促进经济的可持续发展，提升人民的生活质量，增进健康和幸福感。黔西南州拥有优越的自然资源和优美的生态环境，需要充分发挥这些资源优势，提高资源利用效率，推动绿色产业发展，从而实现可持续发展。因此，发展生态经济是黔西南州实现可持续发展的必由之路。

一、发展生态经济是推动经济高质量发展的必要手段

在新常态下，传统的经济增长方式已经不再适应当前的发展要求。生态经济的发展，可以助推经济结构调整，引领经济发展走向绿色、低碳、可持续的道路。生态经济的发展，可以提升环境质量，提高人民的生活品质，让人们享受到更美好的高质量生活。因此，发展生态经济既是推动经济高质量发展，也是实现经济结构调整和可持续发展的必然选择。

（一）发展生态经济可以促进经济可持续发展

传统的经济增长模式往往以牺牲自然环境为代价来换取短期的经济利益，然而这种方式会导致资源枯竭和环境污染等诸多问题。与之相反，生态经济更加注重环境保护和生态资源的利用，以实现经济发展与环境保护的和谐共存为出发点，在保护自然环境和节约资源的前提下，提高资源利

用效率，减少浪费和消耗，强调绿色、健康、环保等特点，将生态资源转化为经济资源，实现经济发展、社会发展和环境保护的共赢，使经济发展更具可持续性。从结构上看，生态经济的框架建立在生态环境的有效保护和合理利用上，通过发掘生态资源的经济价值，推动经济的持续发展。这种以生态为导向的经济模式，是我们走向可持续发展的必由之路。

（二）发展生态经济可以实现经济高质量发展

随着经济发展模式的转变，生态经济正在成为推动经济结构优化升级的重要力量。生态经济鼓励创新和科技研发，通过推广和应用新技术、新工艺、新模式等，提高生产效率和产品质量，推动经济发展方式的转变和升级。发展生态经济，可以促进绿色产业、环保产业等新兴产业的发展，推动经济朝着高端、高效、低污染的方向发展，推动经济向更加环保、可持续的方向发展，从而改善环境质量，提高人民群众的生活质量，提升经济的整体效益和竞争力。

（三）发展生态经济有助于推动黔西南州经济高质量发展

黔西南州拥有丰富的自然资源，为发展生态经济提供了得天独厚的条件。发展生态经济，黔西南州可以更好地将资源优势转化为经济优势，实现可持续发展。黔西南州拥有秀美的自然风光和独特的民族文化，通过发展生态旅游业，吸引更多的游客来此体验当地的风光和文化，不仅可以带动相关产业的发展，还能提升地区的知名度和形象。首先，农业是黔西南州的主导产业，发展生态经济可以促进农业产业的转型升级。比如通过推广有机农业、生态养殖等绿色农业模式。其次，生态环境面临一定的压力，为保护环境，需要发展生态经济，加强环保意识，推动绿色低碳发展，减少污染和生态破坏，以确保长期的可持续发展。最后，发展生态经济可以为黔西南州提供更多的就业机会，改善居民的环境质量和生活条件，提升人民群众的获得感和幸福感。

二、发展生态经济是推动生态文明先行区建设的必然选择

在生态文明先行区建设的过程中，发展生态经济具有特殊的重要性，

是推动生态文明先行区建设的必然趋势。

（一）发展生态经济有助于推动生态文明先行区建设

生态文明先行区建设是中国在推动可持续发展方面的一项重要战略举措，而发展生态经济对于推动生态文明先行区的建设至关重要。首先，生态经济强调生态优先，以实现经济社会可持续发展为目标，与生态文明先行区建设目标一致。其次，生态经济注重创新驱动和科技支撑，依靠绿色技术创新和绿色产业链的构建，促进资源的高效利用和环境友好型产业的发展，有助于提升区域的科技水平和竞争力，为可持续发展提供强大的科技支撑。而生态文明示范区建设强调创新在推动可持续发展中的重要作用，两者关注度相同。最后，生态经济注重产业转型升级和提升生活品质，通过引导企业采用清洁能源、推广节能减排措施等举措提高产业的效益和附加值，通过提供更多绿色就业机会、改善环境质量和推动绿色消费等方式提升生活品质。而生态文明示范区建设追求人与自然的和谐共生，两者都可以改善居民的生活品质，提升居民的幸福感和获得感。因此，发展生态经济是推动生态文明示范区建设的必然选择。它符合生态优先、创新驱动、产业转型升级和提升居民生活品质等要求，通过积极推进生态经济发展，可以实现经济社会可持续发展与自然环境保护的良性循环。

（二）发展生态经济是贵州推动生态文明先行区建设的必然选择

贵州拥有丰富的生态资源，发展生态经济，可以更好地保护和利用这些资源，将资源优势转化为经济优势。贵州作为生态文明先行区，高度重视生态环境保护，不断推动绿色低碳发展、加强环境治理和提高环境意识，促进环境保护与经济发展的协调。贵州还具有独特的自然风光和民族文化等众多旅游资源，发展生态旅游业对推动生态文明先行区建设有积极作用。贵州以农业为主导产业，发展生态经济可以促进农村经济的转型升级，提高农产品质量和附加值，提供更多就业机会，带动农民增收致富，改善农村居民的环境质量和生活条件，增强社会稳定性，提升人民群众的获得感和幸福感。发展生态经济，贵州可以充分保护和利用自然资源，促进旅游业发展，带动相关产业发展，从而实现可持续发展。

三、发展生态经济是推动农业经济健康可持续发展的需要

生态经济是一种通过保护和改善自然环境，合理利用和保护资源，实现经济、社会和环境的协调发展的经济模式，有助于提高农业生产的效益和效率，保护和改善农村生态环境，推动农业经济转型升级。因此，发展生态经济对于推动农业经济健康可持续发展是非常必要的。

（一）发展生态经济能够提高农业生产的效益和效率

发展生态经济可以合理配置资源，通过推动绿色农业、有机农业和节水灌溉等措施，提高土地、水源和气候等自然资源的利用效率，减少化肥、农药等化学物质的投入使用，降低农业生产成本，实现农业资源的保护和高效利用。有助于减少土壤侵蚀和水土流失等环境问题，提升农产品质量和产量，保障农产品质量与安全，从而提高农业经济效益和农产品的质量与安全性，满足人们对健康食品的需求。

（二）发展生态经济有利于保护和改善农村生态环境

在生态经济模式下，农业生产和经营活动更加注重保护和改善农村生态环境，通过推广有机农业、循环农业等生态农业模式，采取绿色低碳的生产方式，减少农村环境污染和生态破坏。通过生态修复和环境治理，提升生态环境质量，从而提高农村生态系统的稳定性和可持续性。发展生态经济可以增强环境保护意识，推动绿色低碳发展，减少污染排放和生态破坏，确保长期可持续发展。同时，通过推广可再生能源、节能技术和循环生产等模式，提高资源利用效率，减少对自然资源的消耗，实现经济发展与资源节约的双赢。

（三）发展生态经济有利于推动农业经济转型升级

随着人们环保意识的提高和消费需求的升级，消费者越来越注重农产品的品质、安全和健康。在生态经济模式下，农业生产活动更加注重提高农产品的品质和安全，为绿色产业的发展提供了广阔空间。通过发展绿色

产业，如环保产业、生态农业、生态旅游业等，推动农业经济向高质量、高效益、可持续的方向发展，满足消费者需求，增强农业的竞争力和可持续发展能力。生态经济发展可以带动相关产业发展，例如生态旅游业、生态农产品加工业等。这些产业的兴起可以优化农业产业结构，促进农村经济的多元化发展。同时，生态经济强调生态系统的平衡与稳定，有助于保护土壤质量、水资源和生物多样性，并提高农业系统的抗灾能力和适应性，从而促进农业经济与生态环境协调发展，实现农业经济的健康可持续发展。

第二节　发展生态经济的形势研判

发展生态经济，是黔西南州创新践行"绿水青山就是金山银山"发展理念，推进经济发展与生态建设融合发展，促进生态优势转化为经济优势的成功探索。原贵州省委书记谌贻琴在中国共产党贵州省第十三次代表大会上的报告指出："优良生态环境是贵州最大的发展优势和竞争优势。必须深入贯彻习近平生态文明思想，持之以恒推进生态文明建设，打通绿水青山与金山银山双向转换通道，推动经济高质量发展和生态环境高水平保护协同共进。"[①] 因此，生态建设成为发展必须守牢的底线，黔西南州发展生态经济也面临着新的发展形势。

（一）实施乡村振兴战略，为发展生态经济注入新动力

过去，黔西南州乡村振兴基础仍较薄弱，必须加快推进乡村振兴。产业振兴是乡村振兴的经济基础和重要支撑，离开产业振兴，乡村振兴便成无源之水、无本之木。黔西南州发展生态经济，"十三五"时期培育了十大特色优势产业，形成了特色鲜明、结构优化的产业体系，为全面打赢脱

---

① 谌贻琴. 高举伟大旗帜 牢记领袖嘱托 坚持以高质量发展统揽全局 奋力谱写多彩贵州现代化建设新篇章——在中国共产党贵州省第十三次代表大会上的报告 [J]. 当代贵州，2022（19）：4-19.

贫攻坚战提供了经济支撑。"十四五"时期，黔西南州要巩固拓展脱贫攻坚成果同乡村振兴有效衔接，在乡村振兴上开新局，必须巩固提升生态经济发展成效，发展壮大十大特色优势产业，引领助推乡村产业振兴，推动实现农业现代化。

（二）加快推进高质量发展，为发展生态经济提出新要求

2022 年 1 月，国务院下发 2 号文件《国务院关于支持贵州在新时代西部大开发上闯新路的意见》（以下简称新国发 2 号文件），这是推动贵州省以高质量发展统揽全局、围绕"四新"主攻"四化"的"施工图""任务书"，立足贵州发展新起点，从指导思想、战略定位、发展目标、实现路径、保障措施等方面系统提出贵州高质量发展的整体规划，将贵州发展的各个方面全部纳入国家政策层面给予支持。在"四区一高地"战略定位下，建设巩固拓展脱贫攻坚成果样板区，要围绕推进巩固拓展脱贫攻坚成果同乡村振兴有效衔接，全面推进乡村振兴，最终实现农业农村现代化。黔西南州发展生态经济，是创新推进农业农村发展的综合体，融合了乡村产业、人才发展、文化培育、生态建设、组织保障等各个方面，推进农业农村高质量发展，给生态经济的发展提出了新要求。因此，需要全面落实乡村五大振兴的新要求，将生态经济发展成为农业农村高质量发展的创新实践。

（三）深入推进生态文明建设，为发展生态经济提供新标准

新国发 2 号文件明确了新时代贵州"四区一高地"的战略定位，指明了贵州闯新路的方向，赋予了贵州新时代的新使命。其中，建设生态文明建设先行区，是实现"在生态文明建设上出新绩"的重要载体。黔西南州地处滇桂三省（区）结合部，系珠江上游生态功能区和重要生态屏障，在全省生态文明建设先行区建设中将发挥示范引领作用，这给生态经济的发展提供了新标准，黔西南州要围绕生态经济高质量发展，运用唯物辩证法，科学处理经济发展与生态建设的关系，推进生态产业化与产业生态化有机结合。要全面推进天然林资源保护、防护林建设体系重点林业工程，

深入实施石漠化治理、水土流失治理生态保护工程，推动水质持续改善和河湖生态健康，实现生态环境质量持续提升。要持续推进城乡生活污水治理，加快城镇、农村污水处理设施建设，不断提高城乡生活污水处理率，保持绿水常绿。要严格落实"双碳"要求，建成一批生态产业化示范项目，推进高能耗项目绿色化、低碳化改造，持续提高绿色经济占比，全力打造"绿水青山就是金山银山"的新样板。

第三节 发展生态经济的优势分析

作为长江与珠江上游的重要生态屏障，以及云贵高原向广西丘陵过渡地带的关键生态节点，黔西南州凭借其独特的地理区位和丰富的资源禀赋，在生态经济发展领域展现出显著的比较优势。

一、自然生态优势

黔西南州位于亚热带季风湿润气候区，年平均气温 16.4℃，年降水量 1327.2 毫米，无霜期长达 317 天，气候条件适宜多种农作物和林下经济作物的生长。并且黔西南州地形多样，包括低热河谷、缓坡温凉区和高山冷凉区，形成了独特的立体气候带，为发展多元化生态农业提供了天然条件。

（一）气候条件优越

黔西南州地处北纬 25 度黄金气候生态带上，平均海拔 1200 米，夏季平均气温 25℃，冬季平均气温 15℃，空气指数优良天数比率高，2024 年 1 至 11 月，全州 8 县（市）环境空气质量优良天数比率均达到 99% 以上。年日照 1700 小时，每立方厘米负氧离子年均浓度大于 30000 个，被中国气象协会授予"黔西南·中国四季康养之都"，为发展生态旅游、康养产业等提供了绝佳的气候条件。

（二）森林资源丰富

全州森林面积1542万亩、森林覆盖率达63.2%，林地总面积1593万亩，森林总蓄积量为5092万立方米，湿地总面积45.68万亩，林业总产值达462.85亿元。并且拥有6个国家级湿地公园、1个国家级森林公园、1个国家地质公园、7个风景名胜区等优质景观资源，为开展森林康养、生态休闲旅游等产业奠定了坚实基础。截至2024年底，全州已建成国家级森林康养试点基地6个、省级森林康养试点基地4个、省级森林康养基地1个，森林景观利用林地面积88.2万亩，产值14.1亿元。

（三）水资源充沛

黔西南州是珠江、红水河等重要水系的发源地之一，水能资源可开发量达520万千瓦，丰富的水资源不仅为农业灌溉、工业生产提供了保障，还能发展水电等清洁能源，同时也为水上生态旅游项目的开发创造了条件。并且州内地表水8条主要河流、3个重要湖库共16个国控、省控考核断面优良比例为100%，15个县级及以上集中式饮用水水源地水质优良率100%，生态质量为"二类"。

（四）生物多样性

黔西南州境内有银杏、鹅掌楸、桫椤、贵州苏铁等20余种珍稀树种，以及石斛、天麻、杜仲、三七、灵芝等1000多种药用植物，是贵州省中草药药源宝库之一，有利于发展特色生态农业、中医药产业等。

二、政策支持优势

黔西南州在生态经济发展中得到了国家和地方政策的大力支持，黔西南州的多个林下经济基地被国家林业和草原局列为国家级示范基地，为产业发展提供了政策保障。

统筹开展国土空间生态修复是落实生态保护和修复新理念的重要举措，是推进生态文明建设的重要任务。黔西南州按照国家和省关于国土空间生态修复规划编制工作的安排部署，结合自身实际，以《全国国土空间规划纲要（2021—2035 年）》《贵州省国土空间规划（2021—2035 年）》为上位指导，衔接《黔西南州国民经济和社会发展第十四个五年规划及二〇三五年远景目标纲要》，系统谋划生态经济发展蓝图，编制了《黔西南布依族苗族自治州国土空间总体规划（2021—2035 年）》，制定了短期目标：2025 年，单位地区生产总值能耗较 2020 年下降 13%，二氧化碳排放下降 18%；绿色经济占 GDP 比重达 45%，清洁能源装机占比超 90%；森林覆盖率稳定在 65% 以上，地表水优良断面比例保持 100%；建成国家级生态产品价值实现机制试点 2 个，碳汇交易规模突破 50 万吨/年。中长期目标：2035 年，全面建成绿色低碳循环发展经济体系，生态系统服务价值年均增长 8%，碳达峰后稳中有降，形成"生态产业化、产业生态化"双轮驱动模式，打造成为全国喀斯特地区生态经济发展示范标杆。为黔西南州生态经济的发展提供了科学的规划指导和方向指引。制度建设方面，黔西南州建立了生态资源确权登记制度，开发林业碳汇、水权交易等 6 类生态产品，2024 年完成首单 20 万吨林业碳汇交易。完善生态补偿、环境资源权益交易等制度。建立生态保护红线、永久基本农田、城镇开发边界动态监测体系

三、地理区位优势

黔西南州位于云贵高原东南部，地处滇、黔、桂三省（区）结合部，是重要的物资集散地和商贸中心，州府所在地兴义市位于南（宁）贵（阳）昆（明）经济圈的中心地带和贵阳、昆明、南宁三个省会城市的三重辐射圈内，便于承接周边地区的产业转移和消费市场辐射，有利于生态产品的流通和销售。并且黔西南州交通较为便利，公路、铁路等交通网络不断完善，兴义万峰林机场航线日益增多，便捷的交通能够降低物流成本，提高游客的可达性，为生态经济的发展提供了有力的交通支撑。

四、产业基础优势

黔西南州生态农业发展势头良好，目前已形成薏仁米、茶叶、石斛、

芒果等多个特色产业。"晴隆糯薏仁""普安红茶""贞丰百香果"等13个特色农产品成功入选"全国名特优新农产品"名录，为生态农产品的加工、销售及品牌建设奠定了坚实基础。同时，黔西南州依托自身资源优势，积极发展特色生态农业，已构建起"一核三带多园区"的生态产业格局：以兴义国家地质公园为核心的生态旅游区，年接待游客量突破2000万人次；沿南北盘江的生态农业产业带，形成了薏仁米、精品水果等地理标志产品集群；新能源产业园区汇聚了光伏、风电等清洁能源项目，装机容量达150万千瓦。这种三产融合的发展模式，为生态价值转化提供了有力的实践范例。此外，生态旅游也初见成效，全州拥有4A级旅游景区15个、3A级旅游景区34个、省级旅游度假区4个。万峰林通过了国家5A级旅游景区景观质量评审，以自然生态景观和民族文化为特色的生态旅游已成为黔西南州的一张靓丽名片，吸引了大量游客，有效带动了当地经济发展。

五、文化资源优势

黔西南州民族文化多元，"三月三""六月六""八月八"等民族节日丰富多彩，还有被誉为声音活化石的"八音坐唱"，彝族东方踢踏舞"阿妹戚托"等独特的民族文化艺术，可开发具有民族特色的生态文化旅游产品和项目，如民族风情体验游、民族手工艺品制作等。并且黔西南州红色文化厚重，全域属于左右江革命老区，是中央红军长征时战斗过的地方，依托这些红色文化资源，可以发展红色旅游，与生态旅游相结合，丰富生态经济的内涵。

第四节　发展生态经济的创新实践

黔西南州在生态经济发展领域取得了显著成果，成功探索出多条绿色发展路径。通过产业升级、技术创新、制度改革、数字赋能及区域联动的系统集成，不仅为破解生态脆弱区的发展难题提供了切实可行的实践框架，还生动展现了其将生态优势转化为经济优势的创新实践，为其他同类地区提供宝贵的借鉴经验。

一、推进生态产业化

黔西南州在发展生态经济的过程中，依托自身资源禀赋，深入推进生态产业化，探索构建"三链协同"产业体系，努力将生态优势转化为经济优势。

（一）生态农业价值链提升

实施"两江一河"特色农业提质工程，建设薏仁米全产业链示范基地，开发薏仁多糖提取、功能性食品等高附加值产品，推动从原料输出向终端消费品转变，推广"企业+合作社+农户"订单模式，建立册亨油茶数字化溯源系统，实现产品溢价率提升30%以上。

（二）生态旅游体验链升级

打造万峰林"碳中和景区"，建设智慧导览系统和低碳交通体系，开发喀斯特地质研学、布依族文化沉浸式体验项目。创建马岭河峡谷国家生态旅游度假区，开发高空滑索、洞穴探险等生态友好型项目，延长游客停留时间至2.5天。

（三）清洁能源产业链延伸

推进"水光互补"发电项目，在北盘江流域建设漂浮式光伏电站，配套建设储能调峰设施。开发"绿电+数据中心"一体化项目，利用清洁能源优势承接粤港澳大湾区算力需求，打造西南地区首个零碳算力枢纽。

二、推进产业生态化

黔西南州在发展产业经济的同时，重视绿色化发展，构建了循环经济产业链。

（一）传统产业绿色改造

实施黄金行业"绿色矿山2.0"计划，应用生物提金、低氰浸出等技术，尾矿综合利用率提升至85% - 煤炭产业推行"煤-电-化-材"联产模式，建设兴义煤电铝一体化循环经济产业园

（二）固废资源化利用

建设年处理100万吨的工业固废综合利用基地，开发新型建材、陶粒等产品。推广"林-菌-肥"循环模式，利用林业废弃物生产食用菌基质，菌渣转化为有机肥还田。

（三）水资源循环利用

建设兴义国家再生水利用试点城市，再生水利用率达40%。实施"稻渔共生"工程，实现水资源梯级利用，每亩稻田节水30%、增收2000元。

三、推动生态价值转化

发展生态经济，黔西南州积极推动生态价值转化，探索构建了市场化交易体系，通过构建"监测-认证-金融"三位一体的市场化机制，实现生态资源向生态资产的转化。截至2024年底，已完成30万亩碳汇林项目备案，发行绿色债券58亿元，生态产品溢价率平均提升45%，为喀斯特地区生态价值转化提供了标准化解决方案。

（一）碳汇交易机制创新

碳汇计量监测平台建设，构建基于物联网与区块链技术的喀斯特森林碳汇动态监测系统，建立单木碳储量数据库，实现"一棵树"全生命周期碳汇价值精准核算。如，贵州省霖生木业有限公司以"一棵树"全产业链为抓手,,围绕"种、管、伐、研、加、销"的产业链模式，从林木种苗繁育、商品林基地建设、木材精深加工、木材加工边角废料的综合利用，到向杉木生态板、多层实木板、建筑模板、机制炭、生物质颗粒、木芯扫把及木纤维等多样性、综合性产品的有效转化。目前，公司正在积极谋划年产280万张实木颗粒板、年产500万张阻燃家具板和年产1000万张印

刷、浸胶饰面三胺纸三个强链补链项目，全产业链将不断发展壮大。2024年前三季度全产业链产值已达 3 亿元，预计到 2027 年年产值将突破 10 亿元。开发碳汇交易区块链平台，集成卫星遥感、地面监测、模型估算三维数据采集体系，年碳汇计量精度达 95% 以上。实施 50 万亩碳汇林提质增效工程，重点培育刺槐、滇柏等速生固碳树种，项目建成后预计年减排二氧化碳 80 万吨。开展竹林、草地碳汇交易试点，制定《喀斯特地区非林业碳汇项目方法学》，争取纳入国家核证自愿减排量（CCER）交易体系。

（二）加强生态产品认证体系建设

一是制定生态标准。建立薏仁米、铁皮石斛等 12 类地理标志产品生态标准体系，涵盖产地环境、生产过程、产品质量等 5 大维度 38 项指标；制定《黔西南州生态产品认证通则》，构建"基础标准+产品标准+技术规程"的标准矩阵。二是构建溯源监管体系。搭建区块链溯源平台，为每件生态产品生成唯一"生态码"，实现从种植/养殖到加工销售的全流程数据存证；建立生态产品质量追溯云平台，集成环境监测、投入品使用、生产记录等 12 类数据，扫码可查全部 48 项质量安全信息。

（三）绿色金融创新实践

一是发行生态修复债券。设立"石漠化治理专项债券"，首期规模不低于 20 亿元，采用"政府+社会资本"合作模式，重点支持 100 平方公里石漠化综合治理项目；创新"碳汇收益权质押"融资模式，允许项目业主以预期碳汇收益权为质押发行债券。二是创新生态资产保险。开发"碳汇林综合保险"产品，覆盖火灾、病虫害等主要风险，保额最高达 1500 元/亩；试点"生态茶园气象指数保险"，根据降水量、气温等指标实施阶梯式赔付，赔付率达 70% 以上。

四、加强数字化赋能

数字化赋能生态经济发展，构建智慧生态管理系统，通过数字化技术创新，实现生态治理从经验驱动向数据驱动转变。截至 2024 年底，已建成覆盖全州的智能监测网络，生态云平台服务农户超 8 万户，环境信用评价系统累计推送信用报告 2300 份，为生态经济高质量发展提供了坚实的数字底座。

（一）建设全域智能感知网络

一是构建"空天地"一体化监测体系，部署 5000 套多参数物联网终端（含气象站、水文监测仪、土壤传感器等），实现森林覆盖率、水体质量、石漠化动态等 28 项核心指标实时监测；建立生态大数据采集平台，集成卫星遥感影像（分辨率 0.5 米）、无人机巡检数据和地面传感网络，数据更新频率达 15 分钟/次。二是搭建喀斯特生态数字孪生平台。基于 GIS+BIM 技术构建三维生态模型，整合地质、水文、植被等多源数据；开发石漠化演变预测模块，运用 AI 算法实现未来 5-10 年石漠化趋势精准推演（预测精度达 92%）。

（二）构建智慧产业服务体系

一是搭建"生态云"大数据服务平台。搭建省级生态产业云平台，集成气象预警、土壤墒情、市场价格等 18 类数据资源；开发智能决策支持系统，为薏仁米、精品水果等特色产业提供种植规划、病虫害预警等服务，预计降低农户经营风险 30%。二是构建区块链溯源监管体系。构建"生态产品数字身份证"系统，运用区块链技术实现从田间到货架的全流程数据存证；开发移动端溯源 APP，消费者扫码可查看种植环境数据（温湿度、光照等）、检测报告等 52 项信息，已应用于 30 个地理标志产品。

（三）数字化治理能力提升

一是建立生态红线智能监管系统。建立生态保护红线三维可视化监管平台，集成 AI 违建识别算法；实现违法占地行为自动识别（准确率 95%）、实时预警和处置流程数字化，案件处置效率提升 60%。二是建立环境信用评价体系。构建企业环境信用评价模型，设置污染排放、生态修复等 8 项一级指标；建立"绿黄红"三色分级制度，与金融机构、自然资源部门实现信用信息共享，绿色企业贷款利率优惠 15%。

第四章 以农业园区建设推进农业现代化发展

农业园区建设有利于推动传统农业向现代农业转变，加速传统农业向现代农业迈进，研究黔西南州农业园区建设的经验，对黔西南州的农业产业发展具有重要意义。

第一节 农业园区建设的主要做法及成效

黔西南州不断优化园区功能布局，完善园区主导产业体系，推动产业发展提档升级，不断优化产业结构，不断强链、补链、延链，围绕园区主导产业，引导重大产业项目向园区集中，优质资源向优势产业集聚。

一、黔西南州农业园区建设主要做法

黔西南州在推进现有的省级现代高效农业示范园区建设中，持续深化政策创新与实践探索，除了采取传统做法外，更有自己特有的做法，主要表现如下：

（一）强化顶层设计

按照党中央、国务院及贵州省委省政府制定的"十四五"规划纲要和围绕"四新"主攻"四化"发展要求，贯彻国务院支持贵州的国发〔2022〕2号文件精神，立足本州资源及特色生态优势，继续着力发展现代山地特色高效农业，高质量推进"十大"特色产业发展，巩固拓展脱贫攻

坚成果，大力实施乡村振兴，以确保粮食和重要农产品有效供给为基础，强力提升现代特色农业质量效益和农产品市场竞争力，推动农村一二三产业融合发展，加快农业农村现代化建设。一是政策体系迭代升级。州委、州政府 2024 年出台《现代设施农业实施方案》，明确到 2025 年实现设施蔬菜产量占比 30%、设施渔业产量占比 50% 的发展目标。同步制定《设施种植/畜牧/渔业建设专项方案》等 5 项配套文件，构建 "1+5+N" 政策矩阵。二是要素保障精准施策。2024 年统筹整合乡村振兴资金 313 万元，重点支持菜心产业带建设、肉牛全产业链发展及 112 个粮食高产示范点创建。对投资超 10 亿元的重大项目实施 "点供地" 政策，累计保障园区建设用地 2.1 万亩，其中 2024 年新增设施农业用地 3500 亩。

（二）注重机制创新

一是科技赋能产业升级。组建由贵州农科院专家领衔的科技特派团，在万峰林街道打造 1000 亩水稻全程机械化示范基地，集成应用无人机植保、物联网监测等技术，实现单产突破 1163 公斤。全州建成智慧农业监测点 238 个，覆盖 80% 的省级园区。二是创新融合发展模式。创新 "基金+项目" 模式，对符合条件的企业提供贷款贴息，引导社会资本参与园区建设。例如，册亨县八渡镇团丰村百香果基地通过衔接资金支持，建成集种植、加工、电商于一体的产业链，带动 102 户农户增收。全产业链融合发展，推行 "主导产业+配套产业" 联动机制，按照 "一品为主、多品共生" 思路，推动主导产业与加工、物流、文旅深度融合。兴仁薏仁米产业园延伸发展保健食品加工，带动关联企业 27 家；册亨香蕉大数据产业园构建 "种植-分选-冷链-电商" 全链条，实现亩均效益提升 40%。2024 年园区农产品加工转化率达 65%，较 2019 年提高 22 个百分点。三是利益联结机制深化。创新推行 "三变+园区" 模式，78% 的园区建立 "企业+村集体+农户" 利益共享机制。贞丰县示范园通过土地入股分红，带动 500 余户农户户均增收 2.3 万元；普安县茶产业联盟推行 "鲜叶保底价收购+二次返利"，惠及茶农 8000 余人。同时，依托 "新时代学习大讲堂" 等载体，开展林下菌药、智慧农业等技术培训 1.2 万人次，培育新型职业农民 2300 余人。

（三）突出品牌引领

一是突破国家级平台建设。兴仁市薏仁米种植基地成功获批 2024 年国家现代农业产业园，获中央财政奖补资金 1 亿元，重点打造薏仁米全产业链示范基地。园区建成智能化加工中心 3 个，开发薏仁米精深加工产品 12 类，品牌价值突破 15 亿元。二是构建特色品牌矩阵。实施"一县一业"品牌提升行动，推动中药材、精品水果等产业集群发展。册亨县打造艾纳香、板蓝根等林下仿野生种植基地，建成区域性良种繁育基地 8 个；兴仁市薏仁米产业园获批国家现代农业产业园，开发精深加工产品 12 类，品牌价值突破 15 亿元。2024 年，全州建成 100 亩以上规模化中药材基地 200 个，"定制药园"示范单位达 20 家，形成"一县一业、多县一群"发展格局。培育了"万峰仙谷"高山蔬菜、"普安红"红茶等地理标志产品 12 个。2024 年农产品区域公用品牌线上销售额突破 5 亿元，"黔西南精品馆"入驻京东、天猫等平台。三是设施农业提质增效。投资 2.3 亿元推进现代设施农业建设，新建智能温室大棚 1200 亩、工厂化循环水养殖基地 3 个。望谟县建成西南地区最大的油茶智慧种植基地，通过无人机巡林、水肥一体化系统实现管理效率提升 50%。

二、黔西南州农业园区建设取得的成效

据 2024 年最新统计数据，黔西南州持续深化省级现代高效农业示范园区建设，通过优化产业布局、强化科技赋能、创新经营模式，推动农业高质量发展迈上新台阶。

（一）产业集群效应凸显，综合效益显著提升

2024 年，全州农林牧渔业总产值突破 500 亿元大关，同比增长 3.9%，其中种植业增加值占比达 60% 以上。通过打造"兴兴安册望"菜心产业带，形成"稻+菜""烟+菜"等高效轮作模式，全年蔬菜种植面积达 170 万亩，产量突破 300 万吨，产值超 80 亿元。特色产业亮点纷呈：罗甸县秋冬蔬菜种植面积达 13 万亩，应用穴盘复根育苗、生物肥料等技术，辣椒亩

产超 2200 公斤，亩均产值达 1.8 万元；食用菌、精品水果等产业持续扩容，带动农产品加工、冷链物流等全产业链发展。省级农业园区总产值较 2019 年增长 60%，成为全州农业现代化的核心引擎。

（二）智慧农业深度融合，数字化水平全面升级

全州智慧农业应用面积扩展至 5.2 万亩，覆盖蔬菜、茶叶、畜牧等主导产业。依托"五良联动"（良种、良法、良机、良田、良制）技术体系，建成智慧农业大数据中心，实现生产、加工、销售全流程数字化管理。例如，望谟县通过物联网监测系统实时调控油茶种植基地温湿度，结合无人机巡检技术，使病虫害防治效率提升 40%；兴义市"智慧农贸市场"升级为区域农产品电商枢纽，整合线上订单与线下配送，年销售额突破 3 亿元。农业数字化转型推动单产水平显著提升，万峰林水稻超高产示范点亩产达 1163.45 公斤，创历史新高。

（三）乡村振兴成效显著，共同富裕步伐加快

农业园区建设带动全州超 15 万农户增收，脱贫人口人均纯收入达 12244 元，同比增长 8.09%。贞丰县现代高效农业示范园通过"龙头企业+合作社+农户"模式，辐射带动 500 余户农户发展特色种植，户均年增收超 2 万元；册亨香蕉大数据产业园吸纳周边群众 308 户参与种植，其中贫困户 102 户，提供长期就业岗位 150 个，季节性务工岗位 2000 余个。同时，依托"新时代学习大讲堂"等载体，开展林下菌药、智慧农业等技术培训 1.2 万人次，培育新型职业农民 2300 余人。教育、医疗、住房等民生保障持续完善，农村自来水普及率达 96.18%，危房改造实现动态清零，为乡村振兴注入持久动力。

第二节　黔西南州农业园区建设的主要经验

目前，黔西南州已逐步形成以安龙县出口食用菌农业示范园区、兴仁

县薏仁现代高效农业示范园区、兴义市农业科技示范园区、普安县江西坡茶业现代高效农业示范园区、安龙县光伏花卉苗木生态农业示范园区等为代表的 13 个省级引领型示范园区；打造了兴义"十里坪科技生态园"、安龙"蘑菇小镇"产业园、兴仁"猕猴桃产业园"、普安国际生态"中国古茶之乡"、册亨香蕉大数据扶贫产业园、安龙光伏花卉、望谟板栗产业园等典型农业示范园。不仅增强了黔西南州高效农业示范园区发展实力，还充分发挥了农业园区的辐射带动和引领示范作用，积极将农业园区打造为集观光、体验、休闲、旅游于一体的观光旅游示范园区，有效推动了一二三产业融合发展。近年来，黔西南州全面贯彻落实省委、省政府的工作部署，在州委、州政府的坚强领导下，按照"5 个 100 工程"的要求，强化农业特色产业培育力度，积极推进全州现代高效农业示范园区建设，积累了一定的经验。

一、科学布局农业园区

黔西南州农业园区充分利用气候资源，紧紧围绕特色经济发展农业产业，布局科学合理。从黔西南州各农业园区规划建设的情况来看，在科学谋划特色产业带的同时，各园区以一个核心区为主，兼顾带动其他区域及产业发展。

（一）特色产业带布局

黔西南州各园区根据当地的地理位置、资源禀赋、气候条件，规划农业园区建设，科学谋划园区特色产业带。根据各园区的资源整合，区域特色，围绕本地特色农业产业重点打造了蔬菜产业带、"两江一河"热作产业带、茶产业带、薏苡示范产业带、食用菌"裂变"产业带、精品水果产业带、生态畜牧产业带、优质中药材产业带、光伏花卉产业带等九条产业带。

（二）"一园两带四区一体系"布局

草地生态现代高效畜牧业示范园区位于望谟县南部，属中亚热带季风气候，受季风影响，热量较丰富，降雨较充沛，光水热同季，搭配较好，适宜畜禽生长繁殖，为生态畜牧业建设提供了有利的条件。园区按照"一园两带四区一体系"的总体布局，即：草地生态畜牧业示范园；草地畜牧产业带、循环农业产业带；肉羊、肉牛、牧草、特色养殖四大产业示范区。突出现代高效畜牧业，拓展农业多样性功能，优化农村居住环境，培育和引入规模较大、实力较强的企业入园经营，应用循环农业经济发展模式，建成省内领先、南方喀斯特山区先进的草地生态现代高效畜牧业示范园区，提高畜牧业综合生产能力和产品的市场竞争能力，实现产业增效和农民增收，推动望谟县及全省草地生态畜牧业的可持续发展。

（三）"核心区—示范区—辐射区"布局

兴义市生态渔业养殖科技示范园区。该园区涉及兴义市万峰湖境内水域及部分陆地，总面积7310公顷，由核心区、示范区、辐射区组成，其中：核心区为沧江乡坝达章村，水域面积400公顷；示范区为沧江乡、泥凼镇、丰都街道办事处，其中水域面积1260公顷，陆地离岸养殖面积30公顷；辐射区涉及南盘江镇、泥凼镇、则戎乡、洛万乡、三江口镇等5个乡镇，其中水域面积5920公顷，陆地离岸养殖面积100公顷。达到三区联动发展的格局，使园区建设成为生态水产养殖技术组装集成的载体、企业与农户连接的纽带、现代农业科技信息的辐射源、人才培养和技术培训的基地，精准扶贫的发动机、助力器。

二、转变农业发展方式

传统农业发展方式是村集体采取把土地承包给家庭，以家庭为单位，实行家庭联产承包责任制，农户按照合同自主生产和经营，由家庭决定种植何种农作物、经济作物等，生产的农作物、经济作物技术含量低，与市场对接较差，很多农户并不掌握市场未来发展的行情，盲目种植经济作物，带来滞销，影响农户的增收。另外，种植的农作物除满足自身需要外，部分到市场上出售，增收效益差，农户的收益得不到有效保障。现在转变农业发展方式，发展现代农业是脱贫攻坚的必由之路。现代农业是建立在现代自然科学基础上的农业科学技术的形成和推广，使农业生产技术由经验转向科学，在一系列科学发展的基础上进行育种、栽培、饲养、土壤改良、植保蓄保等农业科学技术提高和广泛运用。

（一）"观光旅游+生态农业"发展模式

观光旅游生态农业发展模式以农业高新技术为中心，以农产品生产加工为突破口，以旅游观光服务为手段，转变传统产业发展。全州在部分县（市、区），依托发展较好的生态农业打造旅游观光业。如，普安县推进茶旅一体化深度融合，通过茶产业带动旅游产业的发展，以旅游产业的发展助推茶产业的壮大。再如，贞丰县鲁容乡百香果产业园区。百香果种植基地建在坡地上，种植面积大，连片性强，具有很强的观赏性，通过大力宣传，有效吸引外地游客到园区采摘、观赏等，从而带动当地旅游业的发展。同时，当地农户在庭院里种植百香果，不仅增加了农户的效益，也是一种创新发展庭院经济的模式，集经济效益与观赏性于一体。在当地百香果园区建设和生态旅游的推动下，有效地推动了当地经济的发展。

（二）"互联网+农业"发展模式

"互联网+农业"发展模式是利用信息化把园区的农特产品与城市的用户结合在一起，打通销售难的渠道，不仅可以积累大量的农特产品的用户规模，同时减少了农特产品流通的中间环节，大大节省了人力、物力、财力，解决了产品滞销的问题，用户也能得到物美价廉的产品。利用信息化实现产销对接"线上线下"模式。如，册亨县高洛坝区香蕉扶贫产业园。线上方面，通过中国联通"京东"扶贫馆，集"农户+合作社+买卖惠+快递包裹"于一体的"黔邮乡情"微店等电商平台销售香蕉；线下方面，由于该产品在全州及省内具有知名度，来自全州及省内的客商不断，直接销售到兴义、贵阳等地。

（三）"林下经济"发展模式

黔西南州牢固树立和践行"绿水青山就是金山银山"理念，把发展产业作为脱贫致富的根本之策和长久之计，紧扣"八要素"大力发展林下菌药产业，探索脱贫与乡村振兴衔接新路径，促进农业增效、农民增收、农村繁荣。实施林菌、林药、林养等立体高效"林下经济"发展模式。重点打造林下养殖、林药、林菌示范基地（如：册亨县秧坝镇、双江镇林下种植灵芝、黑木耳等，望谟板栗、兴仁核桃等林下经济产业）。不仅如此，还不断提升生产标准，推进"三品一标"认证工作，从而提升中药材产品的市场竞争力，形成以中药材中间体提取、饮片加工、仓储、物流、网上交易平台建设为主的产业链。

（四）众筹认领园区农业发展模式

客户通过网络、现场等途径对园区种植的土特产品出价进行认领，认领后认领人不仅可以通过手机 App 查看自己认领的园区果树、蔬菜等生长管理的过程，果蔬成熟后全部归认领人所有。其实，这就相当于客户请园区帮忙管理自己的菜园子。如，册亨县高洛坝的香蕉园区，客户看中某地块位置的香蕉树、出价后对香蕉树进行认领，该香蕉树认领后，挂上某人或某单位的名称，表示该香蕉树的果实成熟后归认领人所有，不得再对外销售。这种众筹认领模式，实现线上线下创新，并充分应用中国联通、保利集团、宁波帮扶契机，结合香蕉大数据扶贫产业园溯源体系，向群众推送认种认领，实现了农产品、大型超市、商家、消费者的网络无缝对接。

三、创新经营管理机制

《中华人民共和国农村土地承包法》第三条规定，国家实行农村土地承包经营制度。传统土地承包模式采取在农村集体经济组织内部的家庭承包方式，承包给村组村民自行种植农作物，玉米、高粱、小米、稻谷等，也可种植经济作物，如薏仁米、茶叶、板栗、烤烟等，这种土地承包方式，农户单干，经济效益低下，不能很好地发挥土地的效益，也影响了农户的增收。因此，黔西南州创新了土地承包经营机制，从而提高了农户的收益和土地的价值。

（一）创新土地承包经营机制

按照"依法、自愿、有偿"原则，黔西南州各园区在建设的过程中，积极探索多种土地承包经营机制，完善农村土地承包经营流转市场，积极引导农民自愿以转包、出租、转让、入股等形式流转土地承包经营权，促进土地向园区规范有序流转。一是积极引导农户把土地出租给公司，促进土地向园区规范有序流转。园区公司对流转的土地进行规范管理、经营，公司按照与农户签订的《土地承包合同书》约定的租金、期限及支付方式等，按时足额支付给农户租金。二是积极引导农户把土地入股公司，公司与农户签订土地入股协议，约定风险收益共享、风险共担的土地流转方式。这种土地流转的方式，主要靠园区的经营情况。一方面分红可能比租金高，可提高农户的积极性；另一方面农户的收入不稳定，或低或高，甚至面临不分红的风险。三是农户直接把土地的使用权转让给公司，公司一次性支付转让费的土地流转方式。这种土地流转方式，一方面，农户可以得到一大笔土地转让费；另一方面，公司可以免除后顾之忧，避免土地流转费用上涨或农户不愿把土地流转出来，导致园区后续发展受到阻碍等。

（二）创新生产经营模式

探索"公司+合作社+基地+农户""龙头企业+合作社+农户""合作社（规模特色产业）"等产业化经营模式，实现"企业+基地+农户"的三位一体利益联结模式。在园区的建设发展中，各园区根据自身特色及当地的土地情况，采取适合自身发展的方式。一是"龙头企业+合作社+农户"组织方式。这种土地流转方式，一方面，减少龙头企业直接跟百户农户谈土地流转的问题，大幅提高效率，因各农户的需求不同，影响效率。另一方面，农户的收入较为稳定，较为均衡，因租金一致，农户不会阻碍园区的管理。二是"公司+合作社+基地+农户"的模式。该模式实行一体化运营，由合作社统一配种、按照统一标准生产、按照统一价格收购、按照统一标准进行加工、按照统一价格进行销售，确保产品种养、加工生产、销售等各环节的质量安全，探索出一条由合作社参与组建龙头企业、企业连基地、基地带农户的利益共享，风险共担新路子。三是"公司+基地+专业合作社+农户+股民"的模式。该模式是在"公司+基地+专业合作社+农户"的模式基础上，创新了股民加入园区建设的模式，人们可通过特惠贷

（一般3万~5万元）的方式向银行贷款参与入股园区，入股园区可分红，充分激发各方的潜能，不断盘活农村集体资源、资产和资金，激活农村各类生产要素参与园区建设。

第三节　黔西南州农业园区建设存在的主要问题

黔西南州部分县（市、区）由于对农业园区建设重视程度不同，导致不能实现预期效果。主要表现在以下几个方面。

一、基础设施建设资金不足

由于黔西南州的各园区建设起步晚、基础设施底子薄，发展相对滞后，如排水与供水系统，防灾排洪设施建设等，路网初步形成主干道，次干道及支路等尚不完善，区内道路及配套设施建设相对滞后，导致水利、道路、气象等基础设施建设跟不上园区产业发展的需要。究其原因，主要是基础设施资金不足。

（一）资金整合力度不足

从全州各县（市、区）来看，均存在资金整合力度不足的问题，由于园区资金点多面广、来源渠道多、资金链条粗而长，因此在使用过程中容易出现各种不规范，影响园区资金投入，进而影响园区的建设进度。

（二）园区经营主体融资难

由于农业产业是投入大、产出小、回报率低的产业，经营主体经营的土地、生长的农作物等不能作为融资的抵押物，导致经营主体在融资中没有抵押物无法融资，进而导致园区基础设施建设、园区的产业建设难以跟上产业发展的需要。同时，全州对金融资金及社会资金投入园区建设和生产经营的引导和服务力度不够，农业园区建设资金缺口大，影响园区整体推进的建设速度。

二、农产品的品牌创新意识不强

当今消费者的品牌意识更强，消费者有足够的时间与精力考虑自身的需求，消费者购买的产品以品牌产品为主，品牌意识已深入人心。因此，抓品牌意识就是抓销售，就是抓消费者。但目前黔西南州部分园区存在企业创新意识不够与品牌意识不强的问题，没有很好地意识到企业的竞争力靠的是品牌，而品牌代表着质量、代表着效益。

（一）创新意识不够

部分园区企业观念模糊，没有认识到科技是第一生产力的重要性。有的企业担心科技创新投入大、风险大，加之缺乏基础研究，不敢不愿实施技术创新。

（二）品牌意识不强

部分园区建设本身缺乏足够的资金支持，在品牌研发投入方面缺少研发投入和支持，品牌创建引领意识不强、不到位。而品牌代表着质量、代表着效益，当今消费者的品牌意识更强，在不考虑经济的情况下，消费者购买的产品倾向于大品牌的产品，品牌意识已深入消费者心中。

三、部分园区的产品不畅销

黔西南州部分园区生产的产品不能与市场很好地对接，销售渠道不畅、没有实行订单生产，这部分园区生产的产品会出现销量过剩，影响园区预期收入。

（一）市场开拓不足

部分园区生产的果蔬，由于产品的特性季节性强，不易保存，没有深加工链条，导致价格等完全由市场调节，下跌甚至卖不出去。如，李子、百香果等精品水果在盛果期时，产品供给时间与市场需求时间存在错位，农产品的上市周期整体呈现供大于求的趋势，这样一来就会导致农产品的价格逐渐下降，影响产业经济及老百姓积极性。由于销售市场开拓不足，农产品出现烂市的问题。

（二）营销策略不对路

很多产品卖不出去的一个重要原因，是市场和需求没有完全对接，产品跑在市场前面，没有被消费者接受。事实上，特别是新产品，如果没有提前培育市场，缺少市场和消费者的认可，都会面临市场的严峻考验，被淘汰的情况就更多。

四、园区科技支撑力度不够

科技是第一生产力，向科技要生产力、向管理要效率、向市场要效益，是园区产业发展的主线。黔西南州虽然出台了《黔西南州大力推进大众创业万众创新实施方案》，但是效果并不理想。

（一）研发经费缺乏

由于企业缺乏充足的资金支持，企业没有成为研发主体，多数企业难以形成核心技术和前瞻性技术的战略研究，只能是一种中低端的研发，使得企业没有研发动力。

（二）科技创新人才缺乏

人才是创新的第一要素，创新离不开人才，科技竞争归根到底也是人才的竞争。由于人才培养不足，缺乏科技型大学，加之经费不足等原因，难以引进高科技创新人才为农业园区的发展提供技术服务，影响了现代高效农业园区的建设和发展壮大，导致全州的一些农产品缺乏竞争力。

（三）产学研开展不足

没有长期合作的科技支撑团队，产业发展中遇到的基础性、应用性问题还未有效解决。如，普安四球古茶资源开发利用缓慢，尽管全县有两万多株四球古茶，但还未选育出适宜全县种植的优质新品种，组培育苗技术在生产上的应用研究缓慢，制约了四球古茶产业化快速推进的步伐。

五、园区招商引资力度不够

建立产业化、标准化的农业示范园区需要在厂房建设、购置生产加工设备、建立销售渠道、市场推广、产品研发及人员培训等方面进行大量的投入，形成较为完整的产业链才能具备较强的竞争力，全州由于自身资金不足，需要通过招商引资来发展壮大，但在招商引资方面，全州效果均不理想。

（一）区位优势不明显

在园区建设过程中，由于黔西南州是典型的丘陵、河谷地带，坡耕地多，地块小、分散而不连片，导致产业集中度不高，难以形成规模化、标准化发展，园区经营规模水平低，招商引资条件非常有限。

（二）农业园区建设规模不够

全州很多园区建设项目规模偏小，集约化程度不够，不能形成规模化、产业化、专业化的发展模式。因园区规模的大小决定单位成本下降的趋势，扩大生产规模可使经济效益得到提升。因此，黔西南州由于地势的特点，园区规模不大，导致在招商引资的过程中，外商看中的是规模化的经济模式，不能很好地吸引外商，难以引进资金。

（三）政策落实力度不够

在招商引资的过程中，都会给予企业一些政策优惠措施，如租金减免，税收优惠，提高补贴等，但在落实的过程中，由于服务意识不强、诚信不够，服务打折，导致黔西南州的园区建设不能吸收更多的社会资金参与，因此出现一些企业引进来、留不住的情况，这也是招商引资难的原因之一。

第四节 推进黔西南州农业园区建设的建议

针对黔西南州农业园区建设存在的问题，立足黔西南州实际，有针对性地提出对策建议，从而加快推进黔西南州农业园区建设的步伐。

一、大力筹措资金

黔西南州大部分农业示范园区的基础设施修建、发展很大程度上都过分依赖政府财政的支持，一旦资金链断裂，农业园区的基础设施建设得不到有效保障。因此，要"多措并举"筹措资金。积极搭建资金筹措平台，盘活资金要素资源，强化资金风险防控，注重资金效益的发挥，合力推进园区基础设施建设。

（一）整合各项资金

一是充分发挥政府投入的引导作用，按照"渠道不乱、用途不变、统筹安排、捆绑使用、各负其责、各记其功"和"区域集中、项目集中、投入集中、效益集中"的原则，整合财政、交通、水利等各类项目资金，如，整合农业综合开发、土地整理、小型农田水利建设、村级一事一议、通村公路和气象、电力、通信等项目资金，投入园区各项基础设施建设。二是争取农业园区奖补资金及高标准项目资金投入农业园区水、电、路等基础设施建设。

（二）完善融资平台

一是吸引社会资金投入。按照"政府政策引导，企业抱团发展"的总体思路，本着"自愿、平等、互利"的原则，加大园区基础设施建设的资金投入力度。"以'企业投资为主、项目资金为辅'的方式筹措建设资金，吸引国内外优强企业入驻园区，吸引更多的社会资金投入园区建设，推动园区发挥更大的示范带动作用，让有限的资金发挥最大的经济效益和社会效益。二是完善农业投融资平台，健全农业企业融资担保体系，强化为畜牧业等农业企业提供的融资担保服务。

二、增强品牌意识

品牌宣传是产品销售的重要保障，好的品牌能够提高整个地区的知名度，扩大农产品的销售市场，获得更多的产品收益。因此，黔西南州发展

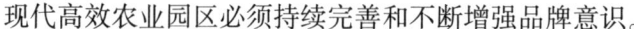

现代高效农业园区必须持续完善和不断增强品牌意识。

（一）提高科技创新能力

高起点、高标准、高水平创建一批省级现代高效农业产业园区，改变只卖原材料的格局，加大农产品高端品牌合作开发力度，把产业链留在农业园区。一是合力开发高附加值产品。农产品的标准化和品牌化就是借助农产品加工，引进先进的设备，采取精深加工，实现标准化生产，延长产业链，在开发农产品高附加值的同时，形成自己独特的品牌和制作工艺，让进入市场的产品更具影响力，从而提升农业园区的收益。二是多向发达地区的企业学习先进技术和先进经验，多派企业技术人员外出培训，提升企业技术人员的素质，努力打造出更多的高科技含量的产品。

（二）打造特色品牌

黔西南州各农业园区应采取延长产业链增加附加值的产业发展模式，推动农业园区转型升级。一是高端定位抓品牌，提高产品的知名度，抢占市场份额。根据黔西南州独特的气候优势和资源优势，制定品牌发展战略，扩大消费者对园区产品价值的认知度，提高园区产品的附加值和影响力，扶持一些地方品牌迅速扩大市场份额，积极打造"高端定位品牌"；二是打造"网红"产品。充分发挥省级示范园区大数据平台、州级"合作社云平台"等电子商务平台和"万峰严选"等各类直播销售平台的作用，加大品牌培育推介力度，打造一批园区区域公共品牌、企业品牌和产品品牌，把园区产品打造成"网红"产品。

三、健全销售体系

鼓励、推介、支持企业利用媒体、展销会等多种形式，加大产品营销力度。

（一）打通销售渠道

一是抓好农产品销售窗口和实体店建设，推介黔西南州农业产业特色产品，借鉴黔西南州特色农产品"宁波直营店"的营运模式，在北京、天津、上海、深圳、广州等一线城市设置黔西南州农特产品销售处或开启更多的农特产品"直营店"。二是在黔西南州各园区建立专业的产品批发市场和交易中心，打造黔西南州农业园区交易的专业市场，把黔西南州的农特产品培育成全国的加工中心、营销中心和优质种植基地。三是在互联网上建立黔西南州农产品销售专区和直播专区。一方面，各农业产业园区可以与阿里巴巴平台、京东平台等合作，建立黔西南州农产品销售专区，从而打开农产品销售渠道。常见的农村电商有五种模式，即："服务商+店铺"零售模式，"淘宝村+农户"集群模式，"平台+网红直播"带货模式，以及"园区+新农企"示范模式。另一方面，各农业园区可以通过淘宝直播以及抖音、快手等短视频平台开展电商直播带货。这样，客户可以更直观地了解产品各项性能，并产生购买需求，具有直观、快速、交互性强、内容丰富等推广优势。

（二）健全物流体系

为了提升园区农产品分级包装、仓储物流、冷链运输、产品追溯等各环节水平，还要有健全的物流体系。一是建立农村邮政电子商务服务体系。发展农产品物流配送，与第三方物流企业合作，采用"专业物流+县域站点+乡镇代理点"的物流运输模式，建成电子商务交易服务中心、乡镇电商体验馆、村级体验店等电商平台，通过电商平台，推出集"农户+合作社+买卖惠+快递包裹"于一体的农村邮政电子商务服务体系。二是启动农产品仓储保鲜冷链物流设施建设工程，加强物流技术创新。针对生鲜保鲜成本高、物流困难大的困境，提高专业保鲜冷冻技术，在园区建设冷链物流设施，配备冷链物流车辆。三是在市区建设配送中心、直营店等，打造快速送达的主食配送体系，从而逐步构建高效顺畅的农产品产销链条。

（三）提前谋划，订单生产、定向供给

对于新产品，要提前谋划销路，打通销售渠道，给农民吃下定心丸。一是利用好东西部扶贫协作的契机，持续打造粤港澳大湾区"菜篮子"基地，稳定原有销售渠道；二是推进农社对接、农超对接、农校对接、农企对接，使农产品的生产、销售由生产导向向需求导向转变，将农业园区建设成黔西南州重要的保供基地。

四、强化科技引领

科技是建设农业园的重要推动力。因此，黔西南州要树立"科技兴农"的观念，以先进农业科技为引领。

（一）加大科技经费投入

为了激励科研人员的工作积极性，黔西南州应加大对科技经费的投入力度，并制定好相应的奖励制度，特别要提高农产品深加工的技术研发经费和新产品开发的资金，同时还应适当降低科技进步奖励门槛，适当提高财政一般性预算的支出比例。

（二）多渠道引进高技能人才

农业的发展靠人才，要调整人才结构，提高人才使用效率，黔西南州农业园区可以通过招聘、签约等方式，引进农业、经济、管理、信息等专业人才，多渠道引进高技能创新型实用人才，并且吸引人才进驻，建立自己的农村"土专家"人才库，化人才为力量，为管理、研发、销售等多渠道提供持续保障，从而以满足黔西南州农业园区科技创新的人才需求。

（三）建立科研成果共享机制

一是寻求科技合作，与科教单位的科研、技术推广和管理等方面的专家建立合作机制，开展技术引进、科技推广、政策制定等方面的指导和咨询服务。二是鼓励企业加大科技研发力度，对科技成果转换率、新产品市场占有率达到相应标准的企业给予适当奖励；对于新技术、发明专利在同行业进行推广使用的采取以奖代补的形式给予适当奖励。

五、加强招商引资

以项目建设为引导，助推园区产业逐步走一二三产业融合发展道路，提升园区示范带动效应和扶贫效益，并且要不断增强经营主体产业建设及市场竞争能力，必须建立清单因策招商。

（一）充分发挥区域优势，科学谋划产业项目

各园区充分发挥自身区域的优势和特色，结合脱贫攻坚、产业扶贫，强化招商合作，整合资源，提升农业产业园区的发展空间，集中力量引进重大项目，认真规划产业建设。以产业链打造，提升产业综合效益为方向，抓好"建链、补链、强链、延链"等系列补短板工作，因地制宜地、高质量地谋划和包装一批"有基础、具特色、可招商、能落地"的农业产业项目。

（二）围绕产业精准招商

通过精准、高效的工作，引进一批具备科学性、示范性、标志性的产业项目落地启动，推动产业向一二三产业融合发展。紧紧围绕生态畜牧业、精品水果、光伏、食用菌等为重点，结合现阶段全州农业产业结构优化调整步伐，以玉米调减工作中的"退一进十""一县一业、一乡一特、一村一品""500亩以上坝区建设""光彩事业·黔西南行"等，筛选和对接一批产业优强目标企业，夯实"走出去，请进来"工作基础，开展精准招商和精准对接，从而实现精准招商。

（三）优化招商政策环境

完善黔西南州农业园区招商的政策措施，进一步扩大开放、优化招商环境、改变作风、强化服务、狠抓落实，集中专项行动，坚持问题导向，健全项目评估评审机制，强化主体责任，建立项目督导机制，强化高层督查，接受社会监督，强化督查追责，营造良好招商环境，从而推进外向型经济发展进程，推动园区经济社会持续健康发展。

总之，黔西南州要继续推进高效农业园区向纵深发展，不断拓展农业园区建设，完善农业园区配套设施，高效整合资金，大力推进管理体制改革，确保园区提质增效，建设一批国家级、省级现代高效农业产业园。突出质量兴农、绿色兴农、品牌强农，高起点、高标准、高水平创建一批示

范性现代农业产业园，促进农业生产、加工、物流、研发、示范、服务等融合发展和全产业链开发，努力把产业园打造成省级现代农业园区的"升级版"、乡村振兴的新引擎、现代农业典范。（基金项目：此文系 2020 年黔西南州人民政府经济发展重大调研课题《黔西南州农业园区建设经验研究》成果，相关数据已更新）

第五章　以扶持"专精特新"
企业推动高质量发展

为推动中小企业创业创新，促进中小企业转型升级，2011年9月，工业和信息化部颁发了《"十二五"中小企业成长规划》，首次提出"专精特新"企业这个概念，并对"专精特新"概念进行了阐释，即"专业、精细管理、特色和创新"。2012年4月26日，国务院发布《国务院关于进一步支持小型微型企业健康发展的意见》，提出"鼓励小型微型企业发展现代服务业、战略性新兴产业、现代农业和文化产业，走'专精特新'和与大企业协作配套发展的道路，加快从要素驱动向创新驱动的转变"，将培育"专精特新"企业作为实施创新驱动发展战略的抓手之一。在2022年全国两会上，"专精特新"被写入《政府工作报告》："要着力培育'专精特新'企业，在资金、人才、孵化平台搭建等方面给予大力支持。"对培育"专精特新"企业进行了安排部署，要求全国各地要切实抓好贯彻落实。目前，全国已经形成了多层次的"专精特新"认定政策，构建了"专精特新"企业的认定体系。许多地方相继采取多种措施，加快推进"专精特新"企业培育。如，吉林省实施"专精特新"中小企业高质量发展梯度培育工程，建立分层次激励培育体系；江西省结合万人助万企及"专精特新万企行"活动，切实解决"2+6+N"产业"卡脖子"问题；北京市培育推动更多"专精特新"企业上市。近年来，贵州"专精特新"企业虽然也在不断发展，但发展速度和发展质量并不理想，尤其是黔西南州"专精特新"企业培育滞后，需要找准问题症结、探索培育路径，切实推进"专精特新"企业培育工程，助推全州经济高质量发展。2022年1月，国务院下发新国发 2 号文件，明确提出"四区一高地"战略定位，其中"一区"就是建设"数字经济发展创新区"。黔西南州应抢抓发展机遇，借助建设"数字经济发展创新区"的契机，将培育"专精特新"企业作为主要抓手和实现路径，结合自身实际，充分发挥本地区的资源优势、生态优势和民族文化优势，重点扶持一批生物与新医药技术、新材料技术、资源与环境技术、高新技术改造传统产业等国家重点支持的高新技术领域的中小企业发展。通过夯实"专精特新"企业产业基础、增强"专精特新"企业创新能力、做优"专精特新"企业平台载体、提升"专精特新"企业品牌质量、强化"专精特新"发展要素保障等方式，走出一条具有黔西南特色的"专精特新"企业发展之路，加快实现产业链补链强链，提升产业链、供应链现代化水平，不断提高企业发展质量和发展水平，努力提升企业核心竞争力，从而有力推动黔西南州经济高质量发展。

第一节　黔西南州培育"专精特新"企业的意义

"十四五"时期，黔西南州面临推动高质量发展和社会主义现代化建设的重大任务，要在 2035 年与全国全省同步基本实现社会主义现代化，必须要在推动经济发展转型升级的同时，继续保持一个相对较快的发展速度，加快壮大经济实力，提升经济总量和人均水平，进一步缩小与全国平均水平的差距。"专精特新"企业是中国经济强大韧性的重要保障，培育"专精特新"企业对促进黔西南州创新发展，增强产业链供应链韧性、稳定经济发展大盘具有重要的战略意义。

一、培育"专精特新"企业是助推经济高质量发展的迫切需要

中小企业是中国经济发展的坚实基础，是推动创新、促进就业、改善民生的重要力量，推动经济高质量发展，必须立足新发展阶段、贯彻新发展理念、融入新发展格局，加快培育"专精特新"企业，夯实经济发展根基。

(一)"专精特新"企业产品附加值高经济效益好

从国内外中小企业的发展实践可以看出，只有做专才能做精，只有做精才能做久做大做长，"专精特新"企业坚持创新发展，是中小企业中的佼佼者；"专精特新"企业专注于细分市场，创新能力强，是民营企业、中小企业发展的必由之路。黔西南州可以结合当地的资源优势，大力培育"专精特新"企业。通过聚焦主业，生产制造专用性强、特点明显、市场专业性强的产品；通过精耕细作，精心设计生产精良的产品，实施精细化管理，把黔西南的资源优势凸显出来；通过注重特色，采用独特的工艺、技术、配方或特殊原料研制生产具有地域特点或具有特殊功能的产品；通过依靠自主创新、转化科技成果、联合创新或引进消化吸收再创新的方式，研制生产具有自主知识产权的高新技术产品，从而提高企业的产品附加值，提升企业的经济效益、社会效益和市场占有率，助推经济高质量发展。

(二)"专精特新"企业抗压力大竞争力强

"十四五"时期，世界经济形势更加复杂多变，国际局势跌宕起伏，世界进入动荡变革期，经济全球化遭遇逆流，世界经济运行风险和不确定性显著上升，新一轮经济危机爆发的风险持续积累，有可能导致长期性的经济停滞，我国发展的外部环境更趋严峻，新一轮的下行影响会直接或间接传导到贵州省、黔西南州，使黔西南州面临的外部环境更为复杂严峻，导致黔西南州外向型经济发展水平较低，进出口贸易依然是经济增长的弱项。实施"专精特新"中小企业培育工程，不仅可以引导民营企业、中小企业心无旁骛地专注实业、做精主业、内强素质、外树形象，使"专精特新"之路越走越宽，"专精特新"企业越来越强，还能在疫情之下显现出更大的抗压力、竞争力。黔西南州要促进民营经济高质量发展，就要大力培育"专精特新"企业，把支持"专精特新"企业发展摆在更加突出的位置，发展壮大一批具有持续创新力和竞争力的"专精特新"中小企业示范群体，打造一批"小而美""小而精""小而优"的"专精特新"企业群

体,从而有效推动地方经济高质量发展。

二、培育"专精特新"企业是有效补短板和强弱项的迫切需要

据工业和信息化部数据,我国"专精特新"小巨人企业超过 60% 属于工业基础领域,超过 70% 深耕细分领域 10 年以上,涌现出一批在核心基础零部件和元器件、先进基础工艺、关键基础材料、工业软件、产业技术基础"五基"领域"补短板""填空白"的企业,纳米微球、石墨设备、海底电缆等部分领域实现国产替代,形成相对安全可控的产业链。[①] 因此,从长期来看,培育"专精特新"中小企业及专精特新"小巨人"企业,对补链强链、解决"卡脖子"难题等具有重要支撑作用,不仅为国内大循环奠定基础,还对于我国形成完善的工业产业以及市场具有重要的支撑作用。

(一)宏观层面:有助于我国突破细分领域的技术短板

从我国创新发展的现状来看,虽然现阶段我国已经迈进创新型国家行列的门槛,但迈向制造强国,关键零部件、基础材料和重要元器件仍是制约我国制造业发展"卡脖子"的短板。而"专精特新"中小企业是产业链的重要支撑,是强链补链的主力军。因为"专精特新"企业主要集中于战略性新兴产业、核心基础零部件(元器件)、关键基础材料、先进基础工艺、产业技术基础以及基础软件等领域。针对单项细分领域进行长期攻坚、技术创新的特点,引导中小企业专注主业、深耕行业、强化创新,有助于对我国产业链中细分领域的短板进行技术突破和填补,形成一批掌握独门绝技的"单打冠军"和"配套专家",不仅填补了技术空白,还能有效提高市场占有率,不断完善我国产业链供应链,提升产业链供应链现代化水平,使之成为产业链供应链的关键环节。如,重庆的国家级专精特新"小巨人"企业,填补国内国际空白的企业占比达 72%,关键领域补短板的企业占比达 77.97%,补链强链效果好。又如,作为国家级"小巨人"

---

① 盛朝迅. 大力培育"专精特新"企业 [N]. 经济日报,2022-05-26:11.

企业的深圳市乾行达科技有限公司，有效填补了我国在空天领域超薄厚度蜂窝芯国产化的空白。

（二）微观层面：有助于黔西南州补齐产业链发展的技术短板

站在新一轮科技革命实现重大突破的历史关口，以5G通信、人工智能、物联网、大数据、区块链为代表的新一轮信息技术正广泛深入地渗透到经济社会各领域，将前所未有地推动生产生活方式发生颠覆性变革。但黔西南州在5G通信、物联网、人工智能、大数据、区块链等新技术方面应用不足。培育"专精特新"企业，可以充分发挥黔西南州的比较优势，在5G通信、物联网、人工智能、大数据、区块链等新技术方面加强同发达地区之间的产业联系，主动参与国内产业链分工，主动承接产业转移，长期在单个细分赛道里进行技术创新、攻坚，推进互联网、大数据、人工智能与战略性新兴产业深度融合，加快补齐短板。同时，研发出独具黔西南特色的"拳头产品"，并努力成为行业内的"单项冠军"或"配套专家"，从而在行业竞争中占据"制高点"。如，深入挖掘布依族、苗族服饰文化，大力推动布依染织、刺绣等民族服饰的开发与产业化发展，补齐民族产业链发展的技术短板，推动黔西南州民族产业向新兴产业方向发展。

三、培育"专精特新"企业是助力企业产业转型升级的迫切需要

经过近几年的发展，"专精特新"企业，特别是专精特新"小巨人"企业的作用不断增强，有效促进了企业产业转型升级。目前，黔西南州处于经济社会发展转型和新旧动能转换爬坡上坎的关键时期，面临优化提升传统动力和培育新的增长动能双重压力，需要通过培育"专精特新"企业，增强新动能支撑作用。

（一）培育"专精特新"企业能够有效推进产业集群式发展

从区域分布来看，我国的专精特新"小巨人"企业主要集中在东部地区，企业数量达2626家，占比55.15%，与终端产品制造商和上游原材料零部件供应商之间形成长期相对稳定的产业链上下游合作关系，有效提升了区域制造业的发展水平，促进了产业集群发展，增强了产业链的完整性。黔西南州通过培育"专精特新"企业，可以充分发挥传统产业优势，做精新兴潜力产业，做优地方特色轻工产业，推进工业产业集群发展、链式发展，形成工业整体竞争优势。如，推动生态载能产业、装备制造产业沿南昆铁路一线和兴仁巴铃—贞丰龙场聚集，新材料产业向义龙新区德卧—新桥片区聚集、生物制药产业向义龙红星医药产业园聚集，大数据产业向义龙大数据产业园聚集，生态特色食品、纺织等轻工业向兴仁陆关、普安江西坡、晴隆沙子、册亨巧马、望谟平洞、兴义敬南等地区聚集，重点培育形成兴义义龙、兴仁贞丰两个千亿级产业集群，从而给黔西南州经济带来新的增长极。

（二）培育"专精特新"企业能够有效带动地方产业转型升级

企业要发展，离不开创新这个法宝，而"专精特新"企业是创新驱动产业升级的重要依托，助推了传统产业向战略性新兴产业转型。比如，上海、深圳、南京等地重点在人工智能、集成电路、生物医药、海洋高端装备、新能源汽车等高科技领域培育出一批高成长性、创新能力强的"专精特新"企业，2021年战略性新兴产业总产值占规模以上工业总产值比重均超过40%。在江苏省专精特新"小巨人"企业中，属于装备制造业、生物医药、电子信息等新兴产业的占比达65.7%。这些数据足以说明"专精特新"企业能够有效带动地方产业转型升级。随着第四次工业革命的到来，制造强国、质量强国、网络强国、数字中国战略的坚定实施，黔西南州可以抓住战略机遇，加快培育"专精特新"企业，推进资源型产业就地就近布局，系统布局新型基础设施建设，新型生产要素日益驱动产业升级，加快黔西南州融入新发展格局；推动产业变革尤其是制造业高质量发展，如推动煤炭开采、洗选向普安楼下、兴仁潘家庄、晴隆大厂等煤炭主产区聚集，石材产业向安龙、贞丰、普安等石材主产区聚集，加快贞丰金矿、晴隆锐钛矿、锑矿、普安铅锌矿等矿产资源开发等。

（三）培育"专精特新"企业推动产业链由低端环节向高端环节跃升

发展"专精特新"企业，能够充分发挥企业在知识产权创造运用方面的积极作用，使企业的产业基础能力和产业链现代化水平不断提升，通过现代化的操作系统与机械的有效整合对接，加强对生产过程的控制，实现生产自动化、智能化、网络化，避免了人为操作给生产带来的不稳定性，极大地降低了操作失误率，提高了工作效率，产品质量得到了保障，实现了从产业链低端环节向高端环节跃升。黔西南州通过聚焦新国发2号文件提出的"实施数字产业强链行动"政策眼，依托工业产业基础，从产业基础高级化、产业链现代化的战略高度出发，聚焦高端装备制造、现代化工、新材料等配套层级多、价值链链路长、产业形态丰富的特点，精准开展产业建链、补链、延链工程，大力培育"专精特新"企业，不仅能够培育一批科技含量高、经济效益好、产业带动强的优质企业，还能培育一批行业龙头企业、高成长性企业和扶持一批具备条件的制造业龙头企业上市，不断提升企业的产业链现代化水平，推进质量品牌提升，从而有效推动产业链由低端环节向高端环节跃升。

第二节　黔西南州培育"专精特新"企业的优势

黔西南州既是黔滇桂三省区结合部少数民族聚居区，又是珠江上游重要生态屏障功能区，特殊的区域在发展定位、政策扶持、资源禀赋等方面都有其特殊性，这为培育"专精特新"企业带来了许多优势。

一、区域发展定位优势

新国发2号文件为贵州明确了建设西部大开发综合改革示范区、巩固拓展脱贫攻坚成果样板区、数字经济发展创新区、生态文明建设先行区、内陆开放型经济新高地"四区一高地"战略定位。黔西南州是贵州省三个自治州之一，又是珠江上游的生态屏障，同时是全省巩固拓展脱贫攻坚成果同乡村振兴有效衔接任务较重的市（州），在全省"四区一高地"战略定位中占有举足轻重的地位，在区域发展定位上，突出三个重点，主动融入全省"四区一高地"建设，即：围绕推进巩固拓展脱贫攻坚成果同乡村振兴有效衔接，推进乡村发展由"输血式"向"造血式"转变，全面推进乡村产业、人才、文化、生态、组织振兴，实现农业农村现代化；发挥黔西南州地处黔滇桂三省区结合部的区位优势，瞄准国内国际两个市场对外开放，用好国际国内两种资源，主动融入共建"一带一路"，推动开放型经济高质量发展；围绕推动数字经济与实体经济融合发展，突出大数据在经济发展中的广泛运用，增强科技创新能力，推动传统产业转型升级，构建现代化经济体系；围绕生态经济高质量发展，科学处理经济发展与生态建设的关系，推进生态产业化与产业生态化有机结合，实现绿水青山就是金山银山。黔西南州的这一区域发展定位，山地农业、数字经济、生态经济将成为全州经济高质量发展的主攻方向，这些产业的培育和发展都离不开"专精特新"企业，这为培育"专精特新"企业提供了广阔的发展空间。

二、区域政策扶持优势

新国发 2 号文件是支持贵州（包括黔西南州）在新时代西部大开发中闯新路的纲领性文件，"政策眼"很多，"含金量"很足，赋予了"专精特新"企业诸多扶持政策。在科技创新扶持上，新国发 2 号文件提出支持重点实验室创新平台建设、喀斯特地区绿色发展、产业核心技术攻关、战略性新兴产业发展、数字产业建链强链等系列扶持政策。在产业升级扶持上，新国发 2 号文件提出支持资源精深加工、产业备份基地建设、特色精深加工产业发展等扶持政策。在生态经济扶持上，新国发 2 号文件提出了支持改善提升自然生态系统质量、深入打好污染防治攻坚战、加快推动煤炭清洁高效利用等系列扶持政策。在改善民生扶持上，新国发 2 号文件提出了支持建设返乡创业园、创业孵化示范基地、健康医疗大数据中心、饮用水安全保障、能源安全保障等系列扶持政策。抢抓这些政策实施的机遇，必将有力地助推"专精特新"企业的培育和发展。

三、区域资源禀赋优势

任何企业的培育和发展都离不开资源支撑，黔西南州"专精特新"企业培育，具有优越的资源禀赋。在工业企业发展优势上，全州有煤、金、铁、铝、铅、锌、汞等矿产 40 多种，其中铊（红铊）为世界储量第一，已探明的煤炭资源保有储量 75.28 亿吨，远景储量在 196 亿吨以上，黄金资源已探明储量约 324.7 吨，远景储量在 1000 吨以上，全州年精锑生产量曾达 7300 多吨，出口量曾占全国出口量的 90%，为"专精特新"企业发展提供了资源保障。在农业企业发展优势上，黔西南州海拔差异大、立体气候条件优越，适宜多种植物生长，低海拔低热河谷地带适宜种植亚热带水果，中海拔地带适宜种植中药材、食用菌、油茶、板栗、油菜等，高海拔地带适宜种植茶叶、畜草等，在贵州出口的林副产品中，黔西南州板栗年产量居全省第一、油茶年产量居全省第三，丰富的农业资源，为发展山地特色"专精特新"企业创造了有利条件。

四、区域产业基础优势

"专精特新"企业的培育需要有一定的产业基础和产业链条作为支撑，黔西南州通过多年来的发展，无论是工业还是农业，产业基础不断夯实。在工业发展上，初步构建了基础能源、新型建材、装备制造、新型材料、特色轻工等新型工业体系，建成了金州电力、聚鑫工贸、兴仁登高、义龙振华、鹏昇纸业等一批重大工业企业，加快了工业转型升级，为工业类"专精特新"企业培育奠定了坚实的产业基础。在农业发展上，初步构建了精品水果、特色粮食、特色香料、中药材、食用菌、油茶、茶叶等十大山地特色产业体系，产业基地突破了 500 万亩，建成了一批省级龙头企业，培育了一批特色农产品品牌，为培育农业类"专精特新"企业创造有利条件。此外，近年来，全州"专精特新"企业培育不断推进，"专精特新"

企业从无到有，逐步实现从有到多，2021 年，黔西南州 4 家企业获得省级认定"专精特新"企业，2022 年，全州 10 家企业获得省级认定"专精特新"企业，目前全州获得省级认定的"专精特新"企业共有 14 家，为全州"专精特新"企业培育进行了有益的探索。

第三节　正确面对培育"专精特新"企业的挑战

黔西南州具有培育"专精特新"企业的优势，也积累了宝贵的经验，为"专精特新"企业下一步的发展奠定了坚实的基础。一是重视全产业链发展。"专精特新"企业发展，产业链条是关键，通过认真分析黔西南州的"专精特新"企业，发现大多数企业都重视全产业链的发展，形成循环的产业链模式。如，贵州指趣网络科技有限公司旗下平台之间就形成了循环的产业链模式，各平台在开展自有业务的同时，宣传带动公司周边产业共同发展，引领用户到其他平台进行注册消费等，以此持续利用资源、合理规划提升效益，引领互联网产业发展的新模式，努力"打造全球数字产业生态圈"。又如，贞丰县吉祥石业有限公司对现有生产基地进行改建，并整合有利资源，实现项目全产业链、资本集约化、管理扁平化、效率最大化、成本最低化以及生产清洁高效的发展模式，不仅自主研发出可批量生产的 1mm 超薄规格天然石材大板，打破了石材产品的常规认知和使用范畴，达到了国内外石材超薄的极限，还积极推动新产品的市场应用，有效填补了高端市场的空白。二是推动传统手工艺产业转型升级。通过深入发掘民族民间艺术，结合民族传统工艺，创新开发民族服饰及民族旅游产品，有效推动传统手工艺产业的转型升级。如，贵州晶晶民族文化旅游产品开发有限公司以继承和发展为理念，以市场为导向，生产销售一系列具有鲜明的黔西南州少数民族特色、设计新颖、制作工艺精湛的民族服装、舞台演出服装、手工刺绣产品、土布床上用品、民族旅游工艺品、饰品挂件等系列商品，很好地推动传统手工艺产业的转型升级。尽管如此，黔西南州"专精特新"企业发展仍然面临着诸多挑战，主要表现在产业基础薄弱、创新能力不强、平台载体不优、品牌质量不高、要素保障不够等短板弱项上。

一、产业基础不牢

（一）全州规上企业数量偏少

规上企业是培育"专精特新"企业的基础，但全州规上企业偏少，导致黔西南州培育"专精特新"企业基础薄弱。据统计，截至2021年底，全州规上工业企业446家，不仅数量偏少，而且停产负增长企业达203家，占比45.5%；全州新增规模以上工业企业40户、培育"专精特新"中小企业13户，全州规上工业增速12.3%，排名全省第3位，但在全州累计亿元以上工业企业的105家中，仅占规上企业的22.7%。2022年1—7月，虽然全州规模以上工业增加值增速达6.5%，全省排名第5位，但新增入库规上工业企业也仅有11户。与全省各市州相比，黔西南州规上企业排位靠后，据贵州省统计局统计数据显示，2021年3—11月，全省新建投产上规入统工业企业334家，比上年同期多20家，同比增长6.4%（见图5-1）。从数量看，新建投产上规入统工业企业数黔西南州仅21家，排全省倒数第二；从占比看，新建投产上规入统工业企业占各市（州）规模以上工业企业数比重黔西南州仅为4.8%，排全省倒数第二。

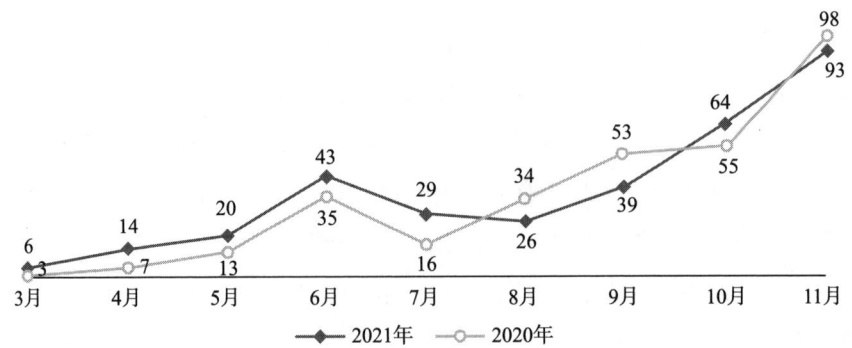

图5-1　2020年和2021年全省新建投产上规入统工业企业数（个）

（二）全州软件企业数量偏少

软件企业是培育"专精特新"企业的技术支撑，但全州软件企业偏少，导致黔西南州培育"专精特新"企业技术支撑不够。截至 2024 年 1月，软件和信息服务业营业收入（全口径）6.63 亿元，同比增长 127.3%，其中工业和信息化部 500 万口径完成收入 2.24 亿元，同比增长 36.58%。但是，根据华经产业研究院数据显示：2021 年 1—10 月贵州省软件和信息技术服务业（下称"软件业"）完成软件业务收入共计 330.44 亿元，同比增长 57%，其中 10 月的软件业务收入为 28.56 亿元（见图 5-2）。这些数据表明，黔西南州的软件产业发展，与全省相比，还存在较大的差距。截至目前，全州大数据企业仅有 30 余家，全州大数据规上企业才 13 家，在全州已认定的 14 家"专精特新"企业中，仅贵州指趣网络科技有限公司为软件企业。

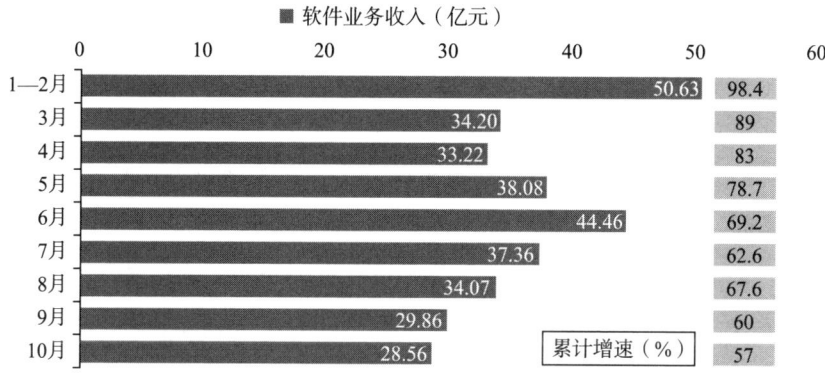

图 5-2 2021 年 1—10 月贵州省软件业务收入及增速统计图

（三）全州高新企业数量偏少

高新技术企业是知识密集、技术密集的经济实体，是推动国家产业转型、科技创新的重要主体之一，是培育"专精特新"企业的重要支撑。截至 2021 年底，全州高新技术企业有效数也仅有 29 家。从工业总产值来看，截至 2021 年底，全州规上工业企业利润总额 16.83 亿元，虽然同比增长 113.3%，但战略性新兴产业仅占规上工业总产值比重的 12% 左右。据科技部火炬中心、国家税务总局前瞻研究院整理的数据显示，2010—2019 年，我国高新技术企业数量不断增长，且年增速基本维持在 15% 以上，特别是在"十三五"期间，数量增速均在 25% 以上。2019 年，全国高新技术企业数量达 21.85 万家，同比增长 26.9%；2020 年，据国家税务总局的相关数据统计，全国高新技术企业预计达 27.5 万家；截至 2024 年，黔西南州共有 44 家高新技术企业 1。此外，黔西南州还培育了 47 家科技型中小企业 1。这些数据表明，黔西南州高新技术企业不仅数量偏少，而且产值也偏低。

（四）企业产业链条短

产业链实质就是不同产业的企业之间的关联，表现为企业之间的供需关系。"全产业链"是从产业链源头做起，集上下游产业于一体，是引领企业跨越发展的有效途径。调研发现，黔西南州的"专精特新"企业产业链不健全，产业链核心竞争力不突出，没有形成集聚效应。通过分析现有产业园区的发展现状，发现虽然园区的产业类别比较多，但没能形成完整的产业链，大多数企业之间没有任何业务或技术上的联系，即使有联系也只是局限在产业链的局部环节或零星产业上。从黔西南州已认定的 14 家"专精特新"企业的产业链来看，企业上下游的研发、原材料和零部件供应、生产、营销、物流、售后服务等都没有形成资源共享模式，存在单打独斗的现象。如，在特色农业发展上，黔西南州的优良品种并不多，农产品精深加工的企业较少，大部分农业产业没有形成集种植—加工—销售于一体的全产业链。

二、创新能力不强

（一）独立研发实力不强

近年来，虽然黔西南州在扶持"专精特新"企业发展方面出台了一些帮扶、梯度培育、资金奖补等措施，但由于黔西南州大部分"专精特新"企业为中小企业，发展仍处于起步阶段，企业发展方向还比较模糊，且大部分依靠传统技术进行生产，缺乏创新研发理念，不仅没有研发出符合国际标准的系列新产品，生产出来的产品在市场竞争上普遍呈现专业性不强、创新能力不足、市场认可度不高等问题。

（二）企业研发人员不足

企业要实现快速成长，人才是关键要素。人才资源匮乏是制约"专精特新"企业快速成长和发展的主要瓶颈。从国内智能制造行业的发展来看，行业人才总量不足。黔西南州也不例外，据调研了解，黔西南州因受地域、薪资待遇、企业发展前景等因素的影响，对高端人才、专业技术人才、技能人才等吸引力不够，导致企业人员文化素质总体偏低，企业科技人才支撑严重不足，主要表现在高端人才比例不大，从事基础研究人员较少，一些基础性试验示范开展少，导致研究生产的能力不够，研发产生的新产品不多。

（三）关键技术攻关不力

调研发现，黔西南州的现代能源、现代化工、新型建材、新型材料、特色轻工等产业均存在产业链不健全的问题，在关键核心技术的攻关方面，因技术力量薄弱，导致关键核心技术久攻不下。黔西南州锂电池产业，就存在"既不大也不强""既不全也不优""关键环节技术缺乏"等问题。如，中游主要为锂电池材料生产环节，虽然正极材料、负极材料生产环节基础相对较好，但仅处于初加工阶段，电解液、隔膜、BMS、PACK等环节还处于空白状态，产业链不长，不仅产业品牌难以形成，更难以形成规模效益和产业集聚效应。

（四）企业数字化发展进度慢

部分中小企业因缺乏对数字技术应用前景的认识，导致这些企业无论是在生产环节还是销售环节都还停留在传统架构上，存在静态、不灵活、信息不对称等问题，不能很好地掌握市场动态。一方面，从生产过程来看，黔西南州的中小企业数字化转型基础薄弱，信息化程度不足，直接迈向数字化存在技术应用和业务适配上的短板。与贵州省其他市（州）

的"专精特新"企业相比，部分"专精特新"企业没有实现智能化生产。

三、平台载体不优

（一）产业园区建设不完善

因能耗、土地等配套指标前期评估不精准，造成配套指标审批的难度大，落地难度也大，导致园区建设进程缓慢。

（二）"专精特新"产业园区构建不充分

虽然全州现有1个省级高新区、1个国家农业科技示范园区和28个省级农业科技示范园区，省级可持续发展试验区1个，州级生产力促进中心1家，县级生产力促进公司3家，省级高新技术产业化示范基地1个，建成州级重点实验室1家，省级工程技术研究中心3家，省级科技企业孵化器3个，院士工作站5家，省级大学科技园1家，"国家火炬——黔西南州民族医药特色产业基地"获批建设，但按照生产聚集、产城融合、土地集约的工业园区建设原则，培育"专精特新"企业产业示范园区建设还有差距。一是产业示范园区规划还不够完善、定位不是很明确，部分园区没有形成自身的发展特色。二是产业规模总体都比较小，部分企业对产业集群的发展目标、特色产品、资源优化配置、创新能力等的规划不明晰，导致地区专业市场发展滞后，综合经营能力较低。

（三）科技服务平台建设滞后

黔西南州"专精特新"企业发展缓慢，与企业科技服务平台建设滞后有必然的联系。调研发现，黔西南州的科技服务平台建设滞后，主要表现在龙头企业、高新技术企业的科技创新主体作用发挥不够，高新技术研发平台建设相对滞后，咨询和专利服务平台建设不能满足黔西南州"专精特新"企业的发展需求，检验检测和技术交易等开放式公共科技服务平台建设不完善，科研人员兼职或全职创办科技企业和中间服务机构的制度还不健全等。

四、品牌质量不高

(一) 企业品牌不响亮

黔西南州"专精特新"企业所生产的产品,大多都是自主品牌,有的甚至没有品牌,导致产品销路不理想,产业规模发展不起来。如,贵州晶晶民族文化旅游产品开发有限公司,虽然经过二十多年的打拼,公司生产的产品已经形成自己的销售网络,已申请获批"金州秀""晶彩绯裳"商标,并且"晶彩绯裳"荣获"贵州省著名商标"称号,公司也获得了品牌培育管理体系有效运行企业认证,但对于整个国内市场乃至国际市场而言,品牌仍不够响亮。又如,贵州兴仁薏仁米产业有限公司,虽然也注册了商标及地理标志,拥有"兴仁薏仁米"地理标志证明商标(驰名商标)、地理标志保护产品专用标志、农产品地理标志及企业商标"夏嘉曼—图型(头像)""早点和你相薏""苡源"等企业品牌,但从国产薏苡仁排行榜显示的品牌来看,仍不见黔西南州薏仁米品牌的踪影。

(二) 产品质量不高

产品的质量水平制约着经济发展的质量,部分"专精特新"企业生产出来的产品质量与国际先进水平相比还存在较大差距,产品的科技含量还不够高,初级产品多,高档次产品少,市场竞争力还不强。

(三) 企业标准偏低

一方面,部分企业对公共品牌的认识不够,制定品牌标准相对滞后,他们认为有个品牌名、设计个标识就是公用品牌了,没有根据本地和企业实际建立一套完整的、科学的品牌策略,更不用说实施公共品牌标准示范工程了,只顾闷头蛮干,没有充分把品牌理念与产品融为一体,品牌效益较低、品牌市场较窄。另一方面,部分"专精特新"企业品牌附加值还不够高、企业产业链条短、产业链核心竞争力还不够突出,难以形成集聚效应,市场竞争力不强。如,在黔西南州的产业化发展过程中,除薏仁米、中药材、食用菌之外,其他产业集中连片的生产基地还没有完全形成,基地建设还不标准、不规范，发展规模产业受限制，难以形成基地，不但具有牵动性、带动性作用的龙头骨干加工企业少，而且产业链条也不完整、不紧密。

五、要素保障不佳

（一）企业融资力度不够

由于黔西南州资本市场体系建设尚未完善，很多资本市场融资金融产品在黔西南州的运行尚处于起步阶段，其筹资功能未能充分发挥，导致直接融资的规模偏小，直接融资与间接融资不均衡。调研的14家"专精特新"企业中，每家企业都有资金需求，但由于"专精特新"企业规模较小，可抵押、质押的资产少，导致企业融资较为困难。部分"专精特新"企业资产负债率较高。如，贵州紫金矿业股份有限公司资产负债率54%，贵州飞龙雨绿色实业有限公司资产负债率57.84%，贵州骏江实业有限公司资产负债率52%。而银行信贷门槛相对较高，一般来说，企业资产负债率超过50%，银行就会慎重考虑是否还要发放贷款，导致企业的投融资需求与供给难以达到平衡，存在金融机构支持力度不够等问题。加之企业开展知识产权质押融资意识薄弱，以及知识产权价值评估难、评估贵、兑现难、价值不稳定等问题，专利质押融资贷款的难度也相对较大。

（二）市场开拓能力不强

从企业发展来看，由于"专精特新"企业所从事的产品和技术开发专业性较强，大多数企业所提供的产品和服务比较单一，供应链关系相对稳定。如，贵州万峰林纺织科技有限公司采取的是"设计研发+生产+销售"的经营模式，虽然公司拥有一支专业化的研发团队，能够及时根据市场反馈出来的信息开发新的产品，但国内外市场开拓能力不足，市场尚未完全打开，一定程度上制约着企业发展空间。又如，贵州省霖生木业有限公司采取"种+管+研+加+销"产业链模式，聚焦林业产业价值的霖生战略目标，实现一二三产融合，发展林业全产业链模式，但都仅限于国内市场甚至是周边区域市场，没有开拓到国际市场。从物流体系建设来看，配套服务功能还不完善，产销对接、冷链物流及相关配套保障不到位，市场主体的利益联结机制没有完全稳定建立起来，产供销一条龙、贸工农一体化尚未真正形成。

（三）基础要素保障不够

基础设施和综合服务配套不足，产业承载力不够。如，义龙新区随着振华三期、宏科新能源等项目的落地，晖阳、东岛、鑫茂等项目相继建成投产，产业园区内供电、供水、供气等基础设施配套短板效应日益凸显，不利于推进重大项目建设。工业项目用地价格较高，很多企业土地款支付困难，部分落地项目推进缓慢。中小企业公共服务平台仍存在创新能力不强、服务方式单一、服务体系不健全等问题。如，部分产业园内的餐饮、物业、商务服务、医疗教育等产业配套也不足，没有系统考虑生活服务配套设施，存在产业园区空心化、阶段性拥堵、假日空城以及资源分散等弊端。

第四节 黔西南州培育"专精特新"企业的对策

"专精特新"企业是调整经济结构、增强区域产品竞争实力、推动高质量发展的重要支撑，针对黔西南州"专精特新"企业培育存在的突出问题，提出如下对策建议。

一、夯实"专精特新"企业产业基础

（一）加快规上企业发展

任何企业的发展都必须具有一定规模，才能形成企业经济效应，"专精特新"企业是规上企业的其中表现之一，黔西南州规上企业偏少，"专精特新"企业更是少之又少。因此，在推进规上企业发展中，应有所为有

所不为。一方面，要加强对工业企业上规入统指导帮扶，重点选择有发展前景、有个性特色、有市场潜力、有科技含量、有带动效能等的企业进行帮扶。另一方面，要建立企业上规入统激励机制，在政策、项目、资金、服务等方面加大扶持力度，着力推动企业做大做强、上规入统，促进"专精特新"企业快速成长、发展壮大。比如，黔西南州的高锶水、薏仁米等产业均具有培育发展"专精特新"企业和规上企业的优势，但至今没有一家企业做大做强。因此，每个产业可以选择1~2家企业作为"专精特新"企业和规上企业重点培育，进行重点扶持，助力企业在产品研发、产品生产、品牌打造、市场开拓等方面取得突破，促进其发展壮大，将其培育成为产业的领军型企业。

（二）加快软件企业发展

大数据软件产业既是"专精特新"企业的重点领域，又是黔西南州产业发展的弱项，同时黔西南州具有大数据产业发展的优势，应抢抓全省数字经济发展创新区的机遇，大力引进大数据软件企业，加快发展以存储采集、加工分析、运营服务、交换交易和人工智能等为重点的大数据核心业态企业，以智能终端制造、芯片与集成电路、电子材料和元器件、呼叫中心和大数据外包、软件开发与信息技术服务等为重点的大数据关联业态企业，以互联网工业、电子商务、智慧农业等为重点的大数据衍生业态企业，促进"专精特新"企业发展。比如，义龙大数据产业园，具有发展软件产业的基础，应加大招商引资力度，引进一批软件企业入驻，引领软件产业集聚发展，为"专精特新"企业提供技术支撑。

（三）加快高新企业发展

从全国"专精特新"企业的发展来看，"专精特新"企业大都是高新企业，而黔西南州高新企业发展滞后，显然"专精特新"企业培育更滞后。应出台支持高新企业发展的扶持政策和培育发展行动计划，依托黔西南州现有的产业基础及优势资源，鼓励扶持农特产品精深加工、民族制药、现代化工、新材料、新能源等领域高新企业发展，加大对产品技术创新、高端技术开发等方面的研发攻关，推动产业加快转型，促进上述产业领域的"专精特新"企业发展。比如，黔西南州煤炭资源丰富，具有发展煤化工领域"专精特新"企业的优势，应着力引进一批研发生产煤化工系列产品的"专精特新"企业，扶持企业发展壮大，将煤化工产业培育成为工业支柱产业。又如，黔西南州蕴藏着丰富的大理石资源，大理石远景储量超过 40 亿立方米，已探明优质大理石储量超过 4 亿立方米，为碳酸钙项目可持续发展提供坚实的原料保障，黔西南州应着力引进一批碳酸钙下游产品生产研发的"专精特新"企业，推进碳酸钙产业发展。

（四）强化产业强链补链

产业链条不长是制约产业发展的重要因素，纵观黔西南州的产业现状，许多产业尚未形成完整的产业链，或有上游无中下游，或有中游无上下游，企业处于独立的环节，受制因素较多，难以形成良性发展。培育"专精特新"企业，应聚焦现有优势产业，精心谋划补链强链项目，缺什么链节就补什么链节，哪个链节薄弱就补强哪个链节，加快促进产业形成完整的产业链。在特色农业发展上，应加快补齐品种选育、精深加工、销售贸易等链节，促进形成种加销全产业链，推进农产品从产地到餐桌的一体化发展。在现代工业发展上，应聚焦基础能源、新型建材、新型材料、现代化工、软件信息等主导产业，逐一谋划各产业全产业链项目，在关键环节培育发展"专精特新"企业。

二、增强"专精特新"企业创新能力

（一）提升企业创新能力

企业的竞争力决定企业的发展，而创新是企业的核心竞争力，"专精特新"企业也是如此，创新能力尤为重要，研发、生产、经营等环节均需要创新。应鼓励扶持"专精特新"企业树立创新理念，引导企业专注于核心业务，聚焦细分产品市场，加大产品研发投入，围绕企业各个生产经营环节，着力提升企业的创新能力。围绕企业发展方向，创新研发理念，研发系列产品，切实提升企业产品研发创新能力，提高产品市场地位和市场份额，提升企业专业化生产、服务和协作配套能力；围绕生产标准效能，推进生产工艺创新，优化产品工艺流程，切实提升企业生产工艺创新能力；围绕企业品牌打造，推进经营理念和营销模式创新，实施企业文化创新工程，切实提升企业经营理念和创新能力。

(二) 加大企业人才培养

人才是科技创新的源泉，"专精特新"企业创新能力的提升离不开人才的支撑，应鼓励支持企业实施各类创新人才的培养工程，夯实企业人才保障。围绕企业发展，优化人才层次结构，建立以适应区域"专精特新"企业发展的人才需求预测机制，动态调整人才结构，合理分配区域内企业人才资源，以企业为主体、市场为导向、产学研一体协同培养本土产业稀缺性人才。推进校企合作，创新企业人才培养模式，推进高校、企业、科研机构建立产学研合作战略联盟，联合组建人才培养基地，高校应根据产业技术创新动态、市场需求动向、产业发展趋势，及时调整和优化专业设置，企业应加大引进高校取得重大科技创新成果的博士、资深教授、经济管理专家到公司任职、挂职、技术参股、联合立项等，推动企业人才培养。完善人才激励，营造企业人才发展环境，建立健全企业高层次人才的科技奖励政策，完善人才创新的激励机制，鼓励企业建立以知识、技能、管理等创新要素参与利益分配，对技术成果、知识产权试行股权期权等激励方式，促进产业人才脱颖而出。

(三) 加强产业链技术攻关

产业链条不长是影响产业发展的关键因素，形不成全产业链的关键是因为产业链关键环节技术攻关不足。党的二十大报告提出，着力提升产业链供应链韧性和安全水平。要实现这一目标，需加速培育更多的"专精特新"企业，以创新链、产业链、供应链、数据链、资金链、服务链、人才链为着力点，加强技术攻关，填补产业链的断链，构建大中小企业相互依存、相互促进的发展生态，把产业链的基础做得更扎实，不仅能促进全产业链的形成,而且"专精特新"企业将在产业链中占据重要位置从而实现长足发展。一是依托黔西南州的现代能源、现代化工、新型建材、新型材料、特色轻工等产业均有构建全产业链的优势和基础,根据"专精特新"企业发展的目标要求,对上述五大产业的全产业链进行研究,画出产业链链节图,逐一标出哪些链节是技术攻关的重点难点,形成产业链技术攻关清单,从而补足产业链关键环节短板、增强产业链创新能力。二是采取现有产业企业领衔攻关和招商引企联合攻关相结合的方式,对进入清单的产业链技术进行攻关,形成成熟的产业链关键链节技术,同步加大技术成果的转化,催生出一批"专精特新"企业。

(四)推进企业数字化转型

企业数字化转型是企业商业模式、产品创新、流程优化、组织架构等系统工程的变革,是企业适应信息化时代发展的迫切需要,也是支持中小企业创新发展、提升核心竞争力、培育"专精特新"企业的重要路径,除了"专精特新"企业本身需要加快数字化转型之外,传统企业也需要通过实现数字化转型,华丽转身成为"专精特新"企业。要切实发挥政府引导作用,建立健全中小企业数字化转型政策、评价、服务三大体系。出台支持企业数字化转型的扶持政策,发挥政府财政杠杆作用,撬动龙头企业、社会资本合力推动中小企业数字化转型。搭建中小企业数字化转型交流合作平台,促进大中小企业协同数字化转型典型模式、解决方案的交流合作。创新推进中小企业数字化转型工作机制,有序高效推动中小企业数字化转型。切实发挥大企业引领作用,带动产业链供应链上下游中小企业"链式"数字化转型。

三、做优"专精特新"企业平台载体

(一)建设技术成果转化平台

科技是生产力,但任何技术成果只有转化成为生产实践,才能变化成推进发展的生产力。应围绕黔西南州的重点产业、主导产业进行科技创新，积极争取国家、省级重大科技项目支持，整合高校、科研院所、科技服务机构以及相关企业等资源，开展产业、产品基础性科技研究，提高"专精特新"企业的科技水平。鼓励支持高成长性"专精特新"企业积极参与创新型领军企业2.0培育计划、省科技厅"黔灵计划"，引领全州"专精特新"企业科技创新。健全科技人才考核评价机制，支持科研人员科技成果转化，使高校和科研机构的科研成果得以转化，并催化一批关键技术、培养一批专业人才、孵化一批科技企业。建设发展面向产学研结合的公共技术平台和中间服务机构，加强科技成果信息开放共享，加大对中小企业特别是中小型科技企业的扶持力度，使其成为推动科技成果转化的重要力量。

（二）建设"专精特新"产业园区

园区是企业聚集发展、形成集群效应的重要载体，应围绕全州产业园区的产业进行优化升级，坚持"一个园区、一个主导产业、一个领军企业、一项科技创新"，建设一批主导产业突出、创新能力强、服务功能完善、承载能力强的"专精特新"产业园区，促进同类企业向园区集聚。支持高等院校、龙头企业、高新企业等市场主体，创建一批众创空间、大学科技园和科技企业等创新创业孵化平台。探索建设众创、众包、众扶、众筹"四众"平台，发展创客空间、创新工厂、创业新媒体等新兴孵化器，使之成为支撑"专精特新"企业发展的重要平台。

（三）建设企业科技服务平台

应充分发挥龙头企业、高新技术企业的科技创新主体作用，推进研发、咨询、专利服务、检验检测、技术交易等开放式公共科技服务平台建设。出台科技服务机构扶持政策，积极培育创业投资公司、生产力促进公司等科技服务机构，促进基础性科技研究的开展。创建技术转让交易、技术产权交易、科技信息交流、科技成果发布等平台，鼓励科研人员兼职或全职创办科技企业和中介服务机构，促进优质中介服务企业脱颖而出。扶持技术中介服务企业开展公益性专业培训，培养造就专业化的技术转移与成果推广人才队伍。实施科技型企业培育计划，组织不同层级、不同体量、不同区域科技型企业申报大学生创业企业、科技型种子企业、小巨人成长企业和小巨人企业，推进全州八个县（市）企业成长梯队建设均衡发展，培育壮大"专精特新"科技企业成为骨干型中小微企业。

四、提升"专精特新"企业品牌质量

（一）实施企业品牌发展战略

品牌是企业增强竞争实力、实现发展壮大的有效抓手，黔西南州"专精特新"企业发展实力不强，其根本原因就是缺乏企业品牌，因此，应大力实施企业品牌发展战略，促进企业品牌化发展。坚持"人无我有，人有我优"品牌价值导向，对全州"专精特新"企业产品进行认真梳理，按照"一企一品或多企一品"的品牌体系构建原则，构建"专精特新"企业品牌体系，并逐一制定各品牌培育标准，用于指导品牌的培育。坚持"政府主导、企业主体"品牌打造原则，政府根据区域产业发展重点及品牌培育体系，制定出台品牌培育扶持政策，激励符合品牌培育体系的企业推进品牌打造。坚持"政府搭台、企业唱戏"的品牌推介机制，政府精心谋划搭建各类论坛会、招商会、博览会、展销会等品牌推介平台，鼓励"专精特新"企业参与品牌宣传推介，不断推出一批有影响力的地域品牌。

（二）支持企业提升产品质量

产品质量是企业发展的生命线，质量不好是"专精特新"企业的致命点，企业要想延长生命线必须守好质量关。坚持监管在前，建立农产品、食品、药品、重点工业品等重要产品质量追溯体系，市场监管部门压实企业产品质量第一责任主体，加强产品质量监管，严禁质量不合格的产品进入市场，同时加强对企业技术帮扶，帮助企业解决技术难题，促进企业产品质量提升。坚持正向激励，鼓励支持企业增强产品质量意识，强化原材料入厂把关、工艺流程设计、过程质量控制、成品出厂检验等环节全流程质量控制，建立健全完善的质量管控体系，不断提高企业产品质量。坚持反向严惩，完善部门协同会商、信息共享、联合执法等工作机制，实施综合监管，加强"双随机、一公开"部门联合抽查，深化开展"打假保名优"专项行动，强化对驰名商标、中华老字号、地理标志保护产品、农产品地理标志等品牌保护，依法严厉打击品牌仿冒、商标侵权等违法行为，为保护企业品牌营造良好的市场环境。

（三）实施品牌标准领跑计划

严格生产标准是提高产品质量、打造产品品牌的关键，但黔西南州在推进品牌建设中，制定品牌标准相对滞后，品牌效应难以显现。"专精特新"企业更应注意品牌打造，企业产品才会有"专精特新"的特点。要加强公共品牌标准的制定，立足全州特色主导产业，围绕获批国家地理标识保护产品，切实制定精品水果、食用菌、中药材、薏仁米、饮用水、花椒、油茶等公共品牌标准，引领"专精特新"企业参与公共品牌的打造。实施公共品牌标准示范工程，在每个产业选择1~2家具有代表性的优强企业，扶持实施公共品牌标准，率先探索可复制、可推广的品牌培育模式，引领全州公共品牌的培育，推进产业品牌化发展。加强公共品牌的宣传推介，精心制作公共品牌的宣传推介文案和推介方案，充分利用各类媒体、各类平台、各种展会对区域公共品牌进行全方位、多角度、多形式的宣传，切实提高公共品牌的认可度、知名度、信任度。

五、强化"专精特新"发展要素保障

（一）加大企业融资支持

融资难、融资贵仍然是"专精特新"企业发展的难题，应切实拓宽企业的融资渠道，为企业发展提供资金保障。认真研究新国发2号文件等有关政策，聚焦黔西南州主导产业，认真谋划编制一批"专精特新"方面的项目，加强向上申报力度，向项目要资金。聚焦全州精心编制包装一批高质量"专精特新"项目，加大招商引资力度，向社会要资金。建立政金企融资服务平台，建立金融机构与企业沟通衔接机制，采取向商业银行申请抵押贷款、向政策性银行申请贴息贷款、向世界银行申请贷款，或采取卖方信贷、发行基金等方式进行融资，向金融要资金，切实解决企业融资难问题。

（二）加大市场开拓力度

"以销定产"是企业生产的基本原则，"专精特新"企业要扩大规模、发展壮大，开拓市场、扩大销量必不可少。黔西南州的"专精特新"企业大都是中小微企业，市场开拓能力较弱，产品要打开市场，离不开政府的支持。加大物流体系建设，围绕区域外销产品运输特点、运输方式、物流流向、物流数量等因素，加强冷链物流、集装箱、物流综合体等现代物流体系建设，畅通公路、铁路、水路、航空等运输通道，切实降低物流成本，解决产品外运问题。加大"专精特新"产品宣传扶持力度，建立区域名特优产品宣传基金，扶持州内有发展前景的名特优产品生产企业，开展对外宣传和营销推介，帮助企业拓展市场。加大线上营销扶持，根据信息时代销售方式的变化，充分用好网络销售、直播带货等线上销售新模式，扶持市场主体打造区域产品线上销售平台，助推"专精特新"企业产品开拓线上市场。

（三）加大基础要素保障

厂房、水、电、路、信等基础设施，是企业建设和生产必不可少的基本要素保障，"专精特新"企业投资规模小，过去"一企一厂"的建设模式使基础设施配套成本高，不利于企业的发展，政府应综合统筹，加大基础要素保障。加大产业园区标准厂房建设，根据"专精特新"企业生产特点，适度建设一批标准厂房，或者根据企业设计标准，实施园区标准厂房定制，实现企业"拎包入驻"，推进"专精特新"企业向园区集群。完善园区基础设施配套，按照绿色化花园式园区标准，完善园区的供电、供气、供水、排水、通信、道路、消防、绿化等基础设施配套，提高基础要素配置效能。强化园区综合服务管理，切实提高园区安全生产、环境卫生、社会秩序等治理水平，营造良好的生产生活环境。

　　总之，培育"专精特新"企业，是推进企业转型升级、助推经济高质量发展的客观要求和有效途径，针对黔西南州"专精特新"产业基础不牢、创新能力不强、平台载体不优、品牌质量不高、要素保障不佳的实际情况，采取夯实企业生产基础、提高企业创新能力、做优企业平台载体、提升企业品牌质量、强化发展要素保障，定能促进全州"专精特新"企业发展。（基金项目：此文系 2022 年州政府经济发展重大调研课题《黔西南州培育"专精特新"企业研究》成果。）

　　注：本文首发于《产业高质量发展观察》（云南人民出版社，2023 年版），第 32-62 页，篇目为《黔西南州培育专精特新企业研究》。

第六章　以提升乡村治理水平
推动高质量发展

党的二十大报告指出，"从现在起，中国共产党的中心任务就是团结带领全国各族人民全面建成社会主义现代化强国、实现第二个百年奋斗目标，以中国式现代化全面推进中华民族伟大复兴。"[①] "全面建设社会主义现代化国家，最艰巨最繁重的任务仍然在农村。""仍然在农村"既是对新时代"三农"形势的清醒认识，也是告诫全党，不管工业化、城镇化进展到哪一步，"三农"的基础地位都不会改变，都要始终坚持把解决好"三农"问题作为全党工作重中之重。

2024年2月3日，中央一号文件公布，《中共中央 国务院关于学习运用"千村示范、万村整治"工程经验有力有效推进乡村全面振兴的意见》指出，推进中国式现代化，必须坚持不懈夯实农业基础，推进乡村全面振兴。"千村示范、万村整治"工程（以下简称"千万工程"），从农村环境整治入手，由点及面、迭代升级，20年持续努力造就了万千美丽乡村，造福了万千农民群众，创造了推进乡村全面振兴的成功经验和实践范例。

要学习运用"千万工程"蕴含的发展理念、工作方法和推进机制，把推进乡村全面振兴作为新时代新征程"三农"工作的总抓手，坚持以人民为中心的发展思想，完整、准确、全面贯彻新发展理念，因地制宜、分类施策、循序渐进、久久为功，集中力量抓好办成一批群众可感可及的实

---

① 高举中国特色社会主义伟大旗帜 为全面建设社会主义现代化国家而团结奋斗——习近平同志代表第十九届中央委员会向大会作的报告摘登［N］. 人民日报，2022-10-17：2.

事，不断取得实质性进展、阶段性成果。

2024 年的中央一号文件，是党的十八大以来第 12 个指导"三农"工作的中央一号文件，提出"提升乡村治理水平"，要求推进抓党建促乡村振兴、繁荣发展乡村文化、持续推进农村移风易俗、建设平安乡村。

第一节　践行新时代"枫桥经验"

基层治理是国家治理的基石，基层治理的水平直接影响着社会治理的整体效果。

一、构建智慧综合治理体系

细化网格化管理，以"以村为网、以组为格"的标准划分网格，"十户联防邻里守望"不断深化拓展，推行"一中心一张网十联户"机制，以计算机技术、通信技术、物联网技术等智能技术为支撑，构建以基层网格一体化管理为基础、以信息化、智能化运用为支撑的体制新型、职能明确、权责一致、便民高效、集管理与服务于一体的智慧综合治理体系，并推进动态感知、人工智能、云计算、大数据等新技术在智慧平安建设领域的广泛应用，实现基层治理智能化。

二、建设信息化基层治理平台

正确处理新形势下人民内部矛盾，建设信息化基层治理平台，夯实基层社会治理信息基础，切实增强基层矛盾纠纷化解能力。畅通网格收集、线上受理、监督举报、居民说事、集中倾听、联户排查等渠道，开通群众诉求表达、利益协调和权益保障等网络通道，及时掌握辖区群众的现实情况，并建立健全矛盾调解机制，及时化解矛盾，避免矛盾冲突激化、事态恶化，最大程度地把矛盾风险防范化解在基层，保障基层社会平安稳定。

三、创建"公安+"多元共治微警务群

在"发展新时代'枫桥经验',不断提高公共安全治理水平"中,贵州省黔西南州公安机关创建的"公安+"多方共治微警务群,成为"协同共治合力实现善治"的典型示范,可以在全国范围内探索推广。该经验聚焦群众急难愁盼问题,按照社区、村组、商铺、学校等分类建立"微警务"群,使警力能够切实触达村组和社区,零距离服务百姓的安危冷暖,实现基层社会治理体系和治理能力现代化。

注:本文首发于《中国社区报》社区论坛(理论版),2023 年 3 月 30 日。

第二节　推动新市民社会融入

习近平总书记在全国各地考察易地移民搬迁工作时多次指出,要总结推广易地扶贫搬迁的典型经验,多多关心易地搬迁后异地生活的群众,帮助移民更好融入当地社会。① 因此,解决好搬迁群众的社会融入问题显得尤为重要。

一、易地扶贫搬迁背景下黔西南州新市民现状

黔西南州地处珠江上游黔、滇、桂三省(区)结合部,辖兴义市、兴仁市、安龙县、贞丰县、普安县、晴隆县、册亨县、望谟县及义龙新区,全州总人口 350 万人,境内居住着汉族、布依族、苗族、侗族、彝族、仡佬族、瑶族、黎族等 35 个民族,少数民族人口占 42.47%。全州国土面积 16804 平方千米,属典型的喀斯特岩溶山区,石漠化面积达 754.4 万亩,占全州国土面积的 29.9%。

---

① 李春根,戴玮.易地扶贫搬迁政策:演进、问题与应对 [J].财政监督,2019 (11):21.

（一）黔西南州易地扶贫搬迁情况

1. 黔西南州易地扶贫搬迁取得的成效。在国家脱贫攻坚战略的指引下，在贵州省委、省政府的统筹安排下，黔西南州狠抓易地扶贫搬迁工作，始终把脱贫攻坚作为头等大事和一号民生工程，把易地扶贫搬迁作为脱贫攻坚战的"当头炮"，结合地方实际，先后以"四方五共"为路径，"四变四化"为方法，"七个搬出"为动力，"五个三"为目标，紧紧围绕"搬得出、稳得住、能发展、生活好"，创造性地开展和推进易地扶贫搬迁工作，取得了有目共睹的实绩。2016 年搬迁入住 69104 人；2017 年实际搬迁入住 11.03 万人；2018 年累计搬迁入住 18.22 万人；截至 2019 年 6 月 20 日，共有 338506 名山区群众成为"新市民"，提前全部完成"十三五"期间易地扶贫搬迁入住任务，共有易地扶贫搬迁安置点 68 个、新市民居住区 36 个。

2. 黔西南州易地扶贫搬迁安置点情况。黔西南州易地扶贫搬迁后，不断加强和完善搬迁后续工作，为了提升黔西南州社区治理法治化、科学化、精细化水平，强化组织管理和公共服务，易地扶贫搬迁安置点以人口规模为依据，在兴义市、兴仁市、义龙新区、安龙县、贞丰县、普安县、晴隆县、册亨县、望谟县易地扶贫搬迁安置点分别设置洒金、城南、木陇、五福、春潭、丰茂、双峰、龙兴、茶源、九峰、三宝、腾龙、高洛、蟠桃等 15 个街道办。

（二）黔西南州新市民的基本情况

为了确保实现"稳得住、快融入、能致富"目标，完善基层党建、文化服务、社区治理等体系。黔西南州坚持改革创新，在 2017 年出台新市民计划的基础上，建立新市民居住证制度、产业就业保障制度、"新市民就业保险制度"等 13 项保障政策、135 项具体措施。医疗保障方面，建立了61 个医疗卫生机构，并且 5.05 万名新市民由"农低保"转为"城低保"，新市民基本医疗保险得到全覆盖；教育保障方面，配套了 174 所新市民学校，5.54 万名新市民子女实现就近入学；就业和居住保障方面，整合各项资金 1.4 亿元，创新实施新市民"就业险"和"安居险"，给新市民在就业和居住方面吃下了"定心丸"；身份转变方面，为新市民办理了新的居住证，截至 2020 年 1 月，共计办理 22.47 万张。

二、推进黔西南州新市民社会融入的对策建议

为确保搬迁群众搬得出、稳得住、快融入、能致富，黔西南州实施"新市民计划"，出台一系列政策措施，为"新市民"融入提供政策保障。

（一）创新就业举措，增加新市民收入

黔西南州委、州政府结合安置点实际，加大项目引进和产业发展，创造就业机会，为新市民提供就业保障，积极开展就业培训，使其掌握相关技能，增强其人力资本，进一步提高新市民融入新环境的经济能力。[①]

1. 增加就业创收入。产业带动创业就业是新市民计划的重点工作，黔西南州应该把发展产业作为带动新市民就业的一项重大举措，按照以产定搬、以岗定搬的要求规划产业，引进劳动密集型企业入驻，就近解决新市民就业，实现"先产后搬"的目的，全面消除有劳动力的家庭"零就业"的局面，确保有劳动力的家庭"一户一人"以上的稳定就业。

2. 激励措施促就业。为了进一步激励新市民创业就业，黔西南州应出台一系列优惠政策。一是采取场租补贴政策和创业奖励政策，给创业的新市民发放场租补贴和创业奖金，从而激发新市民勤劳致富；二是提供创业小额担保贷款，鼓励新市民大胆创业，给创业的新市民发放创业小额担保贷款，激发自力更生的内生动力；三是拓宽就业渠道，解决搬迁新市民就业难的问题。针对 45 岁以上大龄劳动力和妇女劳动力就业难的问题，各安置点应多渠道搭建就业平台，积极引进专业的家政服务公司入驻社区，整合社区 45 岁至 60 岁的闲散劳动力资源，以家政、环卫、护工为主帮助新市民灵活就业。

---

① 郑娜娜，许佳君. 易地搬迁移民社区的空间再造与社会融入——基于陕西省西乡县的田野考察 ［J］. 南京农业大学学报（社会科学版），2019（1）：65.

3. 发挥新市民"就业险"作用。2019 年，黔西南州针对易地扶贫搬迁新市民融入难、生活难等问题，创新设立"易地扶贫搬迁劳动力人口短期失业保险"（以下简称"就业险"），以此用好"就业险"政策，发挥"就业险"促稳定、强保障的作用，不断夯实就业服务，帮助易地扶贫搬迁新市民解决就业"后顾之忧"。新市民"就业险"由中国大地财产保险股份有限公司黔西南中心支公司在风险可控的前提下为新市民量身设计。"就业险"可以根据新市民失业情况进行相应的理赔。针对部分新市民因为不可控因素（如疫情）不能按时返岗，导致没有收入难以维持生计的情况，以 15 天为一个赔付阶段，按照每天 15 元的赔付标准，提供不超过 90 天的失业赔偿，进一步缓解新市民的担忧。

（二）加强宣传教育，注重人性化管理

1. 注重人性化管理。通过整合居委会、业主会（楼栋长）、物业等力量，健全"居委会+楼栋长+物管+网控"的"人防技防"管理体系，注重人性化管理，全面加强社区社会治安综合治理。一是针对部分新市民不满意房屋楼层选择的问题，政府采取更加人性化的措施。将年龄大的、残疾的、行动不便的、患有重大疾病等情况的新市民安排在较低的楼层，方便其日常生活。二是针对部分新市民故土难离、乡愁难解的问题，采取流转小面积土地供其使用的措施。通过流转土地专供搬迁群众使用，一分地一年交纳一定的租金即可，搬迁群众不仅可以步行到菜园拾掇菜地，还可以根据自己的意愿种点小菜，既缓解了乡愁，又降低了生活成本。三是针对部分新市民文化水平低甚至不识字，记不住自己住的地方，找不到家的情况，采用图案标识的措施。在社区每栋单元楼外墙显眼位置，张贴老虎、大熊猫、长颈鹿、马等不同动物图案作为导航，用以区分和辨认，以便于搬迁老人、小孩等部分特殊群体顺利找到自己的家。

2. 加强宣传教育。各级各部门要整合资源，充分利用"道德讲堂""新时代农民（市民）讲习所""新时代文明实践站"等开展新市民思想政治教育。开展"牢记嘱托·感恩奋进""基层群众感恩奋进""不忘初心、牢记使命"主题教育等宣讲活动，开展"推动移风易俗，树立文明乡风"活动，全面推行婚事新办、丧事简办，杜绝乱办酒席、铺张浪费等不文明行为。教育引导规范新市民行为和生活习惯，共同促进社区和谐发展。

3. 发挥党建引领作用。一是选配熟悉脱贫攻坚政策、善于做群众工作、善于抓基层治理的领导干部担任党工委、管委会领导职务，多层次、多渠道选派、聘用机关企事业单位优秀干部充实和加强新市民社区党工委、管委会干部队伍；二是采取单独建、流动建、联合建等方式充分发挥基层党组织战斗堡垒作用，不断完善工作机制，积极实施搬出地、搬入地、上级部门领导干部与新市民结亲等帮扶机制，帮助新市民快发展；三是采取分类设岗、承诺践诺、积分管理等方式引导搬迁党员在自我管理、自我服务、自主创业中发挥先锋模范作用。

（三）加强公共服务，增强融入力和凝聚力

为了解决搬迁后新市民心理融入问题，政府部门应加强公共服务力度，建立相应的社交平台，拓宽新市民的融入渠道，增强搬迁新市民融入凝聚力，进一步构建新市民社会支持系统，扩大新市民的社会关系网络，逐步构建以市民文化为基础的现代社会关系，促进新市民尽快适应新环境。

1. 强化基层民主。为了帮助新市民能够尽快融入新的社区环境，政府部门应畅通新市民参与自治的渠道，健全新市民与户籍居民共同参与基层民主自治的机制，依法推选新市民、小区业委会、楼栋长等代表进入社区居委会、议事会、监委会等自治组织，吸纳新市民参与社区公共事务和公益事业，保障新市民民主权利，增强新市民的主人翁精神。

2. 强化人文关怀。为了帮助新市民能够尽快融入新的社区环境，政府部门应给予他们更多的人文关怀，完善并拓宽政府与新市民之间的沟通渠道。一是政府工作人员在开展新市民工作过程中，要做到有问必答，有疑必解，拉近政府与新市民之间的距离，使其感受到政府对他们关怀备至。二是将无劳动力家庭纳入安置区社会保障范围的同时，把生活困难的新市民纳入社区帮扶对象范围，采取定期慰问、帮助就业、争取政策等方式帮助他们解决生产生活中的实际困难。

3. 强化社区服务。为了使搬迁后的新市民能够尽快走出原有乡土社会以血缘、地缘为基础的社会关系网络，政府相关部门应为其搭建相应的社交平台，拓宽新市民的融入渠道，鼓励他们多开展交往活动，从而扩大新市民的社会关系网络，逐步构建以市民文化为基础的现代社会关系。一是采取活动联办、资源联享、文化联结等方式，发动新市民与户籍居民共同参与社区志愿服务，促进新市民与户籍居民互助友爱、和谐共进。各安置点定期或不定期组织举办具有本地特色的休闲娱乐活动，增加新市民之间沟通交流和近距离相处的机会，结成新的社会关系网络，使其快速融入新环境，从而增强新市民在新居住地的归属感和融入感。二是鼓励有意愿的新市民考取社会专职工作者资质证书、组建公益类社会组织，建立以"趣缘"为基础的人际关系，引导新市民广泛参与，带动更多新市民积极参与社会治理。

总之，易地扶贫搬迁后，新市民社会融入问题是一项长期工程，是易地扶贫搬迁能否成功的关键，是做好易地扶贫搬迁"后半篇文章"的重要抓手。为确保搬得出、稳得住、快融入、能致富，通过创新就业举措、加强宣传教育、加强公共服务来增强新市民社会融入意识，有助于严防搬迁"后遗症"，有利于巩固易地扶贫搬迁成果，有利于做好易地扶贫搬迁后续扶持工作，为黔西南州实施乡村振兴战略打下坚实的基础。

注：本文首发于《贵阳市委党校学报》2020年第6期。

第三节　繁荣发展乡村文化

文化是民族之魂，文化振兴是乡村振兴的重要内容之一，乡村文化要振兴，关键是要让乡村文化真正融入农民的日常生活之中，成为人们日用而不觉的活态文化。黔西南州地处珠江上游黔滇桂三省（区）结合部，是布依族苗族自治州，境内居住着汉族、布依族、苗族、彝族、回族等35个民族，各民族在长期生产生活中，创造出了农耕文化、民俗文化、村寨文化等诸多特色文化。因此，黔西南州要聚焦"康养胜地、人文兴义"的城市定位，充分发挥自身的文化优势，保护农耕文化、传承民族文化、培育乡村公共文化，让乡村文化活起来、传下去，不断推进乡村文化振兴。

一、乡村文化的价值

（一）传承中华优秀传统文化

乡村是中华优秀传统文化起源和壮大的沃土，优秀乡村文化是中华优秀传统文化的根基和血脉。许多乡村文化中拥有着强大的动能和强劲的活力，蕴含着最本真的精神品格和文明基因。具体到黔西南州而言，作为布依族苗族自治州，黔西南州拥有多姿多彩的优秀乡村文化，如农耕文化、民俗文化、民族村寨文化等，这些文化中的部分精华仍潜移默化地丰富着村民的精神生活。然而，随着城镇化、工业化的不断发展，许多重要的乡村文化正逐渐成为落后的代名词，甚至早被人们遗忘和忽视，而优秀乡村文化对乡村振兴具有重要的积极作用。因此，推进黔西南州乡村文化振兴，应紧紧围绕"康养胜地、人文兴义"的城市定位，深入挖掘和全面传承黔西南州的优秀本土文化，不仅能唤醒村民的乡土文化自觉，还能提振村民的精神气质和文化涵养，更能有效传承中华优秀传统文化，重建村民的乡土自信和文化自信。

（二）夯实乡村产业文化基础

乡村振兴的重要任务是推动农业农村现代化发展，持续改善农民群众的生活面貌和生活质量。然而，在实施乡村振兴战略的过程中，通过推进乡村文化建设，将乡村文化和乡村产业结合起来，引入现代化的生产技术和生产机械，充分发挥乡村文化的经济价值，不仅能助推一二三产业与文化产业融合发展，推动农村产业结构调整和升级，更能夯实乡村振兴的文化基础，推动乡村产业及其各环节的全面振兴。黔西南州通过推进乡村文化建设，深挖乡村文化价值，努力将人文优势转化为发展优势，不仅能够传承乡村文化，还能提升乡村产业的附加值，从而将乡村文化优势转化为乡村振兴的发展基础。

（三）满足乡村群众精神文化需求

文化发展是人类社会发展的内在精神需求，乡村文化是农村地区实现长期发展的驱动力和灵魂。当人们的物质生活提高到一定程度以后，对精神方面的需求也日益增长，而乡村文化的繁荣与发展对满足乡村群众的精神需求和改善群众生活质量具有重要的推动作用。因此，我们必须牢牢抓住乡村文化振兴的牛鼻子，大力推进乡村文化发展，不断丰富乡村生活，提升乡村"软实力"，满足乡村群众日益增长的精神需求，让他们在物质层面和精神层面有更多的获得感、满足感、幸福感。

二、繁荣发展乡村文化面临的挑战

（一）农耕文化保护不够

农耕文化是我国乡村社会留存的独特文化，是我国乡村社会几千年赖以存续的精神基础，更是乡村振兴的文化基础。但随着农业现代化的推进，农耕文化正在渐渐消弥。一是传统种植经验（即古老的农耕文化）面临失传的危险。比如古人收割看天气的秘籍，即"上怕初三雨，下怕十六阴"，指的是在割稻时，要看初三和十六这天的天气如何，如果不掌握好天气，收割就会遭到损失。现在很多人都不知道这一"秘诀"。二是随着农业农村现代化的不断推进，传统的农业生产方式，正逐渐被农业现代化所取代。三是缺乏专门的农耕文化保护机制，使农耕文化得不到长效保护，长此以往，传统的农耕文化将会淡出人们的生活圈。

（二）民俗文化传承不够

传承与发展传统民俗文化是乡村文化振兴的重要内容，但随着经济的迅猛发展和城镇化建设的不断推进，一些乡村呈现出渐趋衰退的迹象。具体到黔西南州而言，一是随着乡村青壮年大量流入城市，文化环境和社会环境发生极大改变，一些乡村青壮年人才对文化认同感逐渐下降，导致他们不愿传承民俗文化或对民俗文化传承不感兴趣，民俗文化被边缘化的情况越来越严重。二是原有民间技艺传承人逐渐高龄化，传承脉络有断代的危险趋势，民俗文化传承主体面临后继无人的困境。三是我国古村落数量不断锐减，伴随着古村落的消失，传统民俗文化赖以生存的文化环境和社会环境不复存在，依附于古村落的民俗文化也在逐渐消失。四是民俗文化的传承与创新不够，一些底蕴丰厚的少数民族传统古村落因交通不便、信息滞后，使民俗文化"走出去"较为困难，其文化价值也得不到更好的利用。例如，南龙古寨始建于清朝中期，是迄今为止兴义市境内发现的自然风光优美、民族文化氛围浓郁、保存最为完整的布依族古老村寨之一，但因交通不是很便利而没有得到更好的开发和保护。又如，黔西南州虽然在一些地方因地制宜建起了民俗文化博物馆，用以珍藏、展览物质形态的民俗，一定程度上使民俗文化得以保存，但从根本上来看，脱离民众参与的民俗文化缺少了人文气息和传承的原动力。

（三）本土文化传承不够

受现代文化和"新文化"的冲击，民俗文化依存的基础正在被逐渐侵蚀，一些乡村的本土文化失去载体后逐渐落幕。一是传统美德有被现代文化取代的迹象，原有乡土文化中承载的尊老爱幼、勤俭节约、忠厚传家、邻里和睦等传统美德，因受到现代文化的冲击，正有淡漠的趋势。二是历史文化价值没有很好地体现出来，特别是对一些名镇、名村、传统村落、传统建筑、文物古迹等的历史文化价值挖掘不够，还停留在叙述简单的故事情节上，没有把历史文化应有的价值挖掘出来，对乡村文化振兴的推动作用不强。三是本土文化资源与旅游资源的融合深度不够，没有将当地的本土文化资源与当地的旅游资源充分融合，具有地方特色的本土文化资源的作用没有有效发挥出来，产生的带动作用相对薄弱。

三、乡村文化振兴的对策

（一）大力挖掘农耕文化

在实施乡村振兴战略和推进农业农村现代化的进程中，黔西南州应深入挖掘农耕文化，保护农耕文化的特质，延续农耕文化的理念，传承农耕文化的精髓，连接农耕文化的脉络，守住农业文明的根和魂，让璀璨的农耕文化遗产在现代化进程中焕发鲜活的基因。一是将农耕文明与民族元素结合起来，不仅可以推动黔西南州手工刺绣、创意雕刻、民族演艺等工艺美术品和非遗技艺产业化发展，还能带动蜡染、布艺、中医等传统技艺及相关配套产业发展，既能产生良好的社会效益和经济效益，又能让农耕文化代代相传。二是不定期开展非物质文化遗产普查、认定、申报。建立和完善非物质文化遗产保护名录和传承人制度，成立农耕文化保护工作领导小组，对文化遗存、民居农具、传统习俗等农耕文化资源进行调查、甄别，筛选出保护意义大、留存价值高的对象进行重点保护。三是申报并及时更新黔西南州农耕文化保护名录。围绕特色建筑、农耕器具、手工业织造设备等有形文化遗存，立足生态湿地、古树名木等自然生态资源，整合婚丧嫁娶习俗、祭祀等农村传统习俗，建立农耕文化保护名录，并运用文字录像、多媒体等方式对已审定的农耕文化遗产进行全面记录，形成档案数据库。

（二）大力传承民俗文化

黔西南州拥有独特的民族风情和民间风物，这为我们加强对优秀民俗文化的保护、传承和发展工作提供了丰富的养料。同时，通过大力弘扬中华优秀传统文化，铸牢中华民族共同体意识，让中华优秀传统文化与民俗文化有机融合、相互成就，共同助推黔西南州经济社会高质量发展。一是充分发挥黔西南州少数民族和特色村寨的资源优势，组建民族文艺队伍，依托民族节庆等传统文化活动，加强对芦笙舞、板凳舞、布依族的"八音坐唱"、彝族的"阿妹戚托"舞蹈等节目的培训，打造出符合时代精神的移风易俗活动，增强乡村振兴的内生动力。二是塑造"民族民间"文化品牌，持续打造"民族民间文化艺术之乡"。如，持续打造布依族"铜鼓音乐文化艺术之乡""歌舞文化艺术之乡""布依族勒尤之乡""布依族花灯之乡"以及"布依族八音（小打音乐）之乡"等艺术之乡。三是营造保护和传承民俗文化的良好氛围，推进民族文化进校园活动。大力发展民族特色大课堂，将民族民间优秀传统文化融入课堂教学和社团活动，加强对民族传统和民族文化的宣传和教育，陆续将"布依山龙""布依转场舞""布依竹鼓舞""八音坐唱""勒浪""布依圣鼓"等引进校园。将布依族的"三月三""六月六""查白歌节"，苗族的"八月八"等民族节日活动，特别是布依铜鼓十二则、查白歌节、土法造纸、布依戏以及彝族的"阿妹戚托"等非物质文化遗产根植于学生的头脑，以便更好地保护、传承和发展，让这些文化瑰宝在人们的生产生活中代代相传。四是深化耕读文化的传承与发展。深入挖掘张锳在安龙任知府时"添灯油劝学"的故事，丰富"加油文化"的多重内涵。同时，深入挖掘何应钦、王伯群、刘显世等知名历史人物成长背后的耕读故事和文化内涵，把耕读传家、重教劝学等耕读文化融入"文教兴州"战略。只有把黔西南州优秀民俗文化与乡村振兴结合起来，才能更好地传承文化和推动乡村振兴事业健康有序发展。

（三）大力培育本土文化

大力培育民族村寨的本土文化，开展移风易俗专项行动，是实现民族村寨文化繁荣发展、引领乡村振兴的内生动力，重点可从以下几个方面加强和培育。一是深入挖掘民族村寨典型样态和优秀文化精神，使民族村寨文化焕发崭新气象。例如，在乡村开展孝道文化传承行动。组织群众在每个村开展新时代"二十四孝"评选活动，每个村评选24名孝老敬亲模范；加快乡镇敬老院、村级老人照顾中心建设，夯实孝道文化物质基础；通过举行祭祖、新生儿入族谱、成人仪式等方式，传承孝道文化。二是认真梳理每个村寨的历史演变、重大事件、知名人物、风土人情等，根据实际情况编写村志，讲好村庄发展故事，增强村民的历史荣誉感和文化归属感；鼓励和支持村民通过集资等方式，编修族史和家谱；因地制宜建设一批集乡土建筑和乡村民俗于一体的"村史馆""乡愁馆"，集中展示村史、村情。三是深入挖掘鲁屯古镇、南龙古寨、纳灰村、纳孔村等名镇名村的历史文化底蕴，整合传统村落、传统建筑、文物古迹等文化资源，不断培育和壮大乡村文化的广度和深度。

注：此文首发于《黔西南日报》2023年10月15日（理论版）。

第四节　不断壮大乡村人才队伍

实施乡村振兴战略，必须加强乡村人才队伍建设，充分发挥乡村人才在乡村振兴中的引领和推动作用。加强乡村人才队伍建设，必须在优化政策供给、健全激励机制、加强教育培训上下功夫。

一、加强乡村人才队伍建设的意义

乡村人才是指具有一定的知识或技能，为乡村经济和科技、教育、卫生、文化等各项社会事业发展提供服务、作出贡献，起到示范带动作用的农村新型劳动者①。人才是乡村发展之基、活力之源。人才兴则乡村兴，人气旺则乡村旺。没有人才的乡村，不要说"振兴"，即便是"维持"，也难以持久。实施乡村振兴战略，必须充分发挥乡村人才的作用，从而推动乡村实现更高质量、更有效率、更加公平、更可持续、更为安全的发展。

（一）有利于提升劳动者素质

当前，由于农村产业体系不健全、就业岗位少，大量农村剩余劳动力不得不流向城市，而且这些流向城市的人群中，相较于留守人员他们都是佼佼者，而进入城市后则往往因为受教育程度低、缺少专门技术，只能靠出笨力来维持生计；加之他们所从事的工作缺乏稳定性，工资收入低而且不稳定，不仅造成劳动力资源极大浪费，而且劳动者素质只能是日复一日地在低水平上徘徊。而要改变这种局面，就必须依托那些有一技之长的乡村人才，通过创办、领办企业，把农村剩余劳动力吸纳进来，使之不仅实现在家门口就业，而且在参与生产经营的过程中提升素质、增加收入。同时，还可以围绕产业兴旺，通过加大产业投入，创造更多创业就业的机会

---

① 徐艳霞.关于加快山西农村实用人才建设的思考［J］.科学之友（B版），2009（11）：94-96.

和岗位，吸引人才回流，将农村丰富的劳动力资源转化为乡村振兴的基础支撑和推动力量。

（二）有利于有效利用农村自然资源

长期以来，农村丰富的自然资源由于缺乏相应的技术和人才而得不到有效开发利用。通过加强乡村人才队伍建设，把先进的技术通过乡村人才这一载体与丰富的乡村资源关联起来，不仅可以提高资源利用率，形成既有品牌美誉度又有地域特色的产品，让更多的人了解并接受，从而把闲置资产、资源转化为产品、产业，把资源优势转化为产业优势、竞争优势和发展优势。更为重要的是，通过技术人才与当地群众结合，可以实现资源的深度开发、有效利用，在产业发展中实现强村富民，推动城乡融合，从而一体带动农村劳动者素质提升。

（三）有利于不断促进农民增收致富

乡村人才队伍建设必须围绕农民增收、生活富裕来进行。一方面，通过加强乡村人才队伍建设，培养造就一大批致富能手和乡村振兴的带头人，带领农民群众共谋发展、共同致富；另一方面，依靠自身努力富裕起来的农民会更加注重学习知识、学习技术，更加注重提升自身素质和致富能力，从而实现乡村人才队伍建设与乡村振兴的互促共进，从根本上解决乡村人才不足、乡村发展粗放、乡村振兴乏力的问题。

二、乡村人才队伍建设困境

当前，我国乡村人才队伍总体表现为数量不足，缺乏高素质、专业化、技能型人才。现有乡村人才队伍中，青壮年劳动力单向流失严重，年龄结构趋向老化；知识层次和基础学历偏低，观念、理念落后，对新兴技术、新生事物接受能力差，素质和能力提升难度大。

（一）乡村人口单向流失严重

由于城乡发展不协调，一方面，城市所拥有的众多就业机会和岗位，使得越来越多的农村青壮年劳动力大量涌入城市。另一方面，由于城市拥有较之乡村更为优越的文化、教育、医疗、养老资源和交通、信息条件，使得越来越多的进城务工人员宁愿在城市受苦，也不愿回到乡村受累，致使农村劳动力大量流失。另外，大量年轻人通过升学走出农村，选择到城市就业，并最终将户口迁出农村，成为城市新人，这也在客观上造成了农村劳动力和人才的流失。据国家统计局发布的《2019 年农民工监测调查报告》披露，2019 年农民工总量达到 29077 万人，比上年增加 241 万人，增长 0.8%。其中，本地农民工 11652 万人，比上年增加 82 万人，增长 0.7%；外出农民工 17425 万人，比上年增加 159 万人，增长 0.9%。[①] 从这一数据可以看出，农村劳动力流失严重。据统计，我国目前农村各类实用人才有 1690 多万人，仅占农村劳动力的 3.3%，这在一定程度上反映了农村人才的缺乏。[②] 以黑龙江为例，根据黑龙江省统计年鉴数据显示，黑龙江省 2010 年、2015 年、2017 年城镇与乡村人口占全省人口的比重分别为55.7% 与 44.3%、58.8% 与 41.2%、59.4% 与 40.6%。[③]《2019 年黑龙江省国民经济和社会发展统计公报》显示，截至 2019 年末，黑龙江常住总人口 3751.3 万人，比上年减少 21.8 万人。其中，城镇人口 2284.5 万人，乡村人口 1466.8 万人。城镇与乡村人口占全省人口的比重分别为 60.9% 与39.1%。[④] 以上数据表明，2019 年，黑龙江省的常住人口城镇化率由 2010年的 55.7% 上升为 60.9%，这是导致农村劳动力流失的主要原因。

（二）乡村人才培养机制不够健全

当前，我国一些地方对乡村人才的培养机制不够健全，缺乏系统、科学的体制机制，导致本土优秀的人才留不住，外面优秀的人才不愿来，并且由于一些地方因机构改革而缩减编制，使乡村技术人员增配受到限制，技术力量严重不足。同时，由于经费有限，用于人才培养的投入更是少之

[①]　国家统计局. 2019 年农民工监测调查报告 [J]. 建筑, 2020 (11): 28-31.

[②]　王浩. 农民培训更要接地气 [N]. 人民日报, 2018-01-14 (10).

[③]　岳佳慧, 姜涛. 乡村振兴战略下黑龙江省乡村人才建设的问题及对策 [J]. 商业经济, 2019 (6): 17-18.

[④]　黑龙江省统计局. 2019 年黑龙江省国民经济和社会发展统计公报 [N]. 黑龙江日报, 2020-03-13 (07).

又少，致使他们不能及时接受新知识、新技术、新技能培训，在很大程度上影响着乡村人才的成长。另外，还有一些地方在乡村人才培养上，片面追求数量、忽视质量，满足于办了多少班、培训了多少人，培训内容缺乏针对性，人才培养变成了拔苗助长，使培训工作流于形式，达不到真正的目的。

（三）乡村人才综合素质不高

一方面，随着农村青壮年劳动力大量涌向城市，留在乡村的大都是"一低"（受教育程度偏低）、"一高"（年龄偏高）的弱势群体，对新技术、新知识和各种资讯、信息接受掌握能力差。另一方面，由于乡村生产生活条件差、基础设施和公共服务不配套，对高层次人才缺乏应有的吸引力，而那些通过升学、参军、务工等方式走出去的人，很少有人愿意重新回来务农。这就不可避免地造成了乡村人才队伍的"先天不足"。

三、加强乡村人才队伍建设的对策

实施乡村振兴战略，必须从创新乡村人才工作体制机制入手，通过强化政策支持，健全激励机制，充分激发乡村现有人才活力，把更多各方面人才引向乡村创新创业。

（一）优化政策供给

《中共中央国务院关于实施乡村振兴战略的意见》提出："实施乡村振兴战略，必须破解人才瓶颈制约。要把人力资本开发放在首要位置，畅通智力、技术、管理下乡通道，造就更多乡土人才，聚天下人才而用之。"[①]按照要求，要进一步健全完善大学生村官制度，建立推动高校毕业生到基层工作"下得去、留得住、干得好、流得动"的长效机制，让大学生"愿意来，留得住"[②]，有序推动新时代知识青年"上山下乡"，让他们在乡村这个广阔舞台上经受锻炼和考验，增长见识和本领，展现智慧和才华，在

---

① 中共中央国务院关于实施乡村振兴战略的意见 [N]. 人民日报，2018-02-05（4）．
② 李泉，王玉堂．村和社区开展主题教育的着力点 [J]. 党课参考，2019，（19）：56-67.

推进乡村振兴和城乡融合发展中实现自我发展。要探索建立机关干部到村任职制度，从根本上解决村级组织后继乏人的问题，推动形成机关干部到基层锻炼、领导干部从基层选拔的良好用人导向，从而激励更多的乡村人才扎根基层、服务农民、振兴乡村。要通过政府的"手"，优化资源配置，把一些关系民生福祉的优质资源配置在农村，使人们在乡村同样能享受到城市的信息、技术、教育、医疗和养老服务，引导乡村人口流动从无序走向有序，从野蛮性的"农村包围城市"走向合乎规律的城乡良性互动[①]。

（二）健全激励机制

与城镇相比，在发展机会、收入水平、人居环境、生活质量等方面，乡村都有很大的提升空间。推动乡村人才从外流向内聚转变，必须进一步建立健全激励机制。要实施"能人归巢"计划，积极引导农民工返乡创业，把流出去的人才引回来。河南省通过开展印发一封"慰问信"、组织一次"返乡创业典型事迹报告会"、开展一次"家访"、组织一次"返乡人士看家乡"考察活动、开展一次集中宣传活动等"五个一"专项服务活动，2019 年全省新增返乡创业 25.67 万人，返乡创业累计 149.79 万人，带动就业 902.17 万人[②]。要进一步优化农村营商环境，对乡村人才创新创业及时提供必要的资金、技术、信息服务。要通过完善职称评价机制，制定乡村人才晋升与激励机制，畅通乡村人才的职称评聘通道，让他们拥有更多晋升和发展的机会。对在乡村振兴特别是脱贫攻坚中作出突出贡献的乡村人才，要打破身份限制，打通上升通道，及时予以表扬奖励或破格录用为国家公职人员，使乡村人才有更多梦想成真的追求和人生出彩的机会。

---

① 王玉堂. 振兴乡村先振"人气"[J]. 党政论坛，2018（7）：64.
② 河南省推进农民工返乡创业工作领导小组. 致广大返乡人员的一封信 [N]. 河南日报，2020-01-21（2）.

（三）加强教育培训

农民是农业和农村的主人，是乡村振兴的主体。推进乡村振兴，必须始终坚持把提高农民素质、培养造就一大批乡村人才放在首要位置，切实加强教育培训，使他们更好地与新时代、新生活相适应①。要加强理论武装，坚持不懈推动习近平新时代中国特色社会主义思想在农村走深走实、走心入脑，不断提升乡村人才的政治素养。要加强政策宣讲，采取农民群众喜闻乐见的形式，宣讲党的创新理论和路线方针政策，用新时代中国特色社会主义文化占领农村文化阵地，用社会主义核心价值观成风化人、引领时代。要注重加强技术、技能培训，不断提升包括乡村人才在内的农村劳动者的科学素养、发展能力和生产经营水平，更好地为产业兴旺助力、为乡村振兴赋能。

注：此文首发于《中共南昌市委党校学报》2020年第5期。

第五节　阿妹戚托小镇"景区化"治理

晴隆县阿妹戚托小镇是落实国家易地扶贫搬迁政策，解决该县极贫乡镇三宝彝族乡整乡搬迁安置任务，立足地域资源禀赋和产业基础，按照景区功能建设的易地扶贫搬迁安置区，以素有"东方踢踏舞"之称的彝族舞蹈《阿妹戚托》命名，着力打造"易地扶贫搬迁"主题旅游扶贫示范景区，形成功能聚而合、形态小而美、机制新而活的特色小镇，切实增强了城镇产业特色、文化韵味、生态魅力。2021年11月，阿妹戚托小镇被批准为国家4A级旅游景区。在治理措施上，立足安置区发展实际和搬迁群众需求，实施景区化治理，实行网格化管理、精细化服务，健全安置区治理体系，提升社区治理能力。

---

① 王玉堂.让乡村振兴成为全党全社会的共同行动 [N].领导科学报，2018-07-15 (5).

一、阿妹戚托小镇"景区化"治理的背景

景区化治理，就是将易地扶贫搬迁安置区作为一个旅游景区进行经营、管理、服务和治理的一种社区治理模式。阿妹戚托小镇整乡安置三宝彝族乡1317户6263人，搬迁群众入住后，面临着三大治理难题。

（一）搬迁群众就业增收难

晴隆县地处边远、山高谷深、资源匮乏，制约了县城发展，县城规模较小，阿妹戚托小镇建成前，县城城区面积不到5平方千米，常住人口不到5万人，流动人口较少，城区范围内没有大中型劳动密集型的企业，商贸、物流、文化、旅游、住餐等现代服务业也不繁荣，城镇新增就业岗位受限，"十三五"脱贫攻坚期间，晴隆县依托城镇除了整乡搬迁三宝彝族乡6263人入住县城外，还搬迁了其他乡镇2.4万人入住县城，县城共建设6个安置区，接收易地扶贫搬迁群众近3万人，相当于过去50年甚至100年的自然增长，急需解决1万人以上的就业问题，这对吸纳就业人口能力较弱的晴隆县，是个巨大的挑战。

（二）搬迁群众融入城镇难

文化水平偏低、就业技能偏弱、生活方式粗放是易地扶贫搬迁群众的普遍特点，生产方式、生活习惯、文化认同、处事方式等与城市市民有所不同，难以融入镇城，给社区治理带来了很大的难度。三宝彝族乡的村民因过去祖祖辈辈生活在北盘江麻沙河畔边远闭塞的深山里，村民与外界联系较少，以农业生产为主要生活来源，除了掌握简单的水稻、玉米等种植技术和养猪、养鸡等养殖技术外，几乎没其他生产生存技能，生产劳作之余，男性喜欢聚众喝酒，女性喜欢结群跳舞（阿妹戚托）。整乡搬迁入住阿妹戚托小镇后，无论是在城市就业、生产方式上，还是在生活习惯、城市管理上，都很难融入其中，既影响了搬迁群众的可持续发展，又影响了城市和谐及城市水平的提升。

（三）搬迁群众教育管理难

部分易地扶贫搬迁群众的文化程度不高、思想观念较为落后，吸收新

知识、新观念、新技能不积极不主动，对搬迁群众的教育管理难度较大。调研发现，阿妹戚托小镇的搬迁群众的教育管理主要存在四难：一是改变生活习惯难，大多数搬迁群众依旧沿袭着村里的生活习惯，难以改变垃圾乱扔、衣物乱挂、污水乱倒等不良生活习惯，给安置区的管理带来难度；二是遵守文明规定难，大多数搬迁群众难以遵守城市交通秩序、文明出行、公共秩序、小区环境保护等管理规定，给城市管理带来了难度；三是接受生活知识难，因搬迁群众观念守旧，对其开展疾病防治、安全防范、卫生防疫等知识培训，群众吸收难度较大，培训效果不佳；四是接受就业技能难，因搬迁群众文化程度较低，对其开展工业、服务业等技能培训，群众学习难度较大，吸收新技能的能力较弱，就业技能培训效果不佳。

搬迁群众存在的上述"三难"，给实现"搬得出、稳得住、快融入、能致富"的易地扶贫搬迁目标带来了极大的挑战，必须创新工作思路，采取切实有效的措施加以解决。

二、阿妹戚托小镇"景区化"治理的主要做法

为破解上述三难，阿妹戚托小镇所在的三宝街道按照中央、省、州关于基层治理体系和治理能力现代化建设的部署要求，坚持以"五个体系"建设为统领，以网格化管理和自治法治德治为路径，扎实推进阿妹戚托小镇基层治理体系和治理能力现代化建设。

（一）突出景区功能，强化基础设施

搬迁后，小镇重点加强基础设施建设，不断完善景区功能。一是重视规划设计，小镇规划用地面积1450亩，不仅配套建设游客接待中心、苗寨商业区、苗彝文化广场、三宝塔、小吃街、文化服务中心等旅游设施，还规划建设了集标准篮球场、羽毛球场、拼装式游泳池、生态体育步道等功能齐备、运动休闲舒适的生态体育公园，占地面积9210平方米。[①] 二是积极争取相关部门在资金、审批等方面对旅游项目给予支持，不断改善游客

[①]　晴隆县文体广电旅游局．晴隆"三强化"积极打造阿妹戚托特色小镇．2023-04-24.

中心、停车场、旅游厕所、旅游标识标牌等设施。如，2022 年投入 200 万元对阿妹戚托体育公园进行智能化提质升级，体育健身设施不断完善。

（二）突出景区业态，强化就业保障

围绕旅游发展布置业态，盘活小镇旅游业态促就业。一是通过抓实"全员培训促就业、文旅融合带就业、园区引领拓就业、东西协作稳就业、一产转型增就业、公岗开发保就业"六大举措做强培训就业体系，拓宽搬迁群众就业增收渠道。二是优化小镇门面功能布局、划行规市，依托民族文化优势开发民族产业、餐饮购物、娱乐服务、民宿酒店等文旅产业，开发集吃住行娱购于一体的"夜间文化消费聚焦区"，开发月亮湖游船、篝火晚会、文艺表演及二十四道拐观光车体验等项目。三是举办各类演出活动、文化旅游宣传推介活动、文化交流活动、国际山地旅游暨户外运动大会等大型文旅活动，吸引八方游客，带动地方经济发展。[①] 四是依托 4A 级旅游景区优势，加大旅游资源开发力度，充分挖掘阿妹戚托、芦笙舞、苗族蜡染、刺绣、布依族服饰等民族文化特色资源，促进民族刺绣传统技艺与旅游产业融合发展。

（三）突出景区治理，强化市民融合

立足景区实际和所在社区群众的需求，健全社区治理体系，不断提升社会治理能力。一是推行"一中心一张网十联户"治理机制，全面健全网格管理机制。将街道 6 个社区划分为 29 个网格、276 个"十联户"，配备网格员 58 名，[②] 联户长 276 名，完善物防、人防、技防配套，充分发挥"一中心一张网十联户"作用。建立网格员工作群，并要求各社区专、兼职网格员每天在群里推送当天开展工作的短视频 6 段（上午 3 段，下午 3 段），确保网格员"到位到岗、履职尽责"。搭建"135 平安风险感知平台"，促进社区治理智能化发展。二是强化治安巡逻管控，积极发挥公共服务岗人员作用，组建义务巡逻队 6 支，确保管理全覆盖、常态化。三是

① 肖雄，刘付林. 新塘社区的基层民主"成色"［N］. 黔西南日报. 2022-11-22.
② 晴隆县文体广电旅游局. 晴隆"三强化"积极打造阿妹戚托特色小镇. 2023-04-24.

建立健全矛盾调解机制，设立街道调委会 1 个，社区调委会 6 个，配备人民调解员 48 名，多维度化解矛盾纠纷。四是立足本地实际实施"六六六"工作机制，促进社区"党建+自治"社区治理模式，努力推动民族团结、化解矛盾纠纷、解决困难问题。

（四）突出景区提质，强化文明素养

狠抓乡风文明建设，充分发挥"德治"的牵引作用，引导搬迁群众树立文明新风尚。一是强化教育引导，统筹社区"两委"人员、网格员、帮扶责任人、社工、志愿者等力量，开好周例会、院坝会、研判会、微心愿征集会，加强对搬迁群众的教育引导，转变其思想观念。二是凝聚"宣讲"力量，依托新时代文明实践所（实践站）等平台和载体，通过网格员、联户长、社区广播、宣传栏、院坝会等方式，向群众宣传相关法律法规，让群众从学法、守法转变为懂法、用法的新市民。三是评选"先进"树标杆，通过开展"三比三评""最美系列"等评选活动，选出一批先进典型，为其他群众树立学习标杆，切实改变搬迁群众不良生活习惯。四是强化环境卫生整治，采取集中攻坚、点面结合，开放集市、还路于民、集中曝光等方式，对辖区内杂草泥沙、摆摊设点、乱搭乱建、车辆乱停乱放等进行全面整治，营造文明整洁的景区环境。

（五）突出景区品牌，强化文化培育

一是借助阿妹戚托舞蹈的影响力和阿妹戚托小镇 4A 级旅游景区的优势，成功举办庆祝中华人民共和国成立 70 周年暨"脱贫攻坚"新市民运动会、"中国·晴隆阿妹戚托景区 2019 彝族火把节"、环中国自驾游集结赛（晴隆站）、2019 年国际山地旅游暨户外运动大会（晴隆分会场）等文体旅系列活动，增加景区知名度。二是依托布依族、彝族和苗族节日文化，组建阿妹戚托舞蹈团、芦笙舞蹈队等一批文化团队，传承和发展民族文化，提升阿妹戚托和芦笙舞蹈的知名度。三是充分利用抖音、快手等新型文化传播载体，全方位、多渠道、多形式地开展市场宣传推介，拓展客源市场，打造集民族文化、地域特色、康养旅游于一体的"阿妹戚托"文旅品牌。

三、阿妹戚托小镇"景区化"治理取得的成效

（一）景区基础设施不断完善

一是阿妹戚托小镇在成立新市民服务中心的基础上，配套建设中小学校、医院、老年人日间照料中心、新市民培训中心、社工服务站、社区警务室、农家书屋、道德讲堂等基本公共服务设施，因势利导建成"两园四校"教育园区，并且还在教育园区安装减速坎护栏 131 米、交通安全提示标牌 10 套、振荡线 500 余平方米、太阳能路灯 67 盏、自动测温门 5 道。二是建成文化广场、体育广场、水体建筑、民宿酒店等满足游客日常活动所需的功能场所。此外，还购置了观光车、环湖小火车，基础设施建设日趋完善。三是建成文化服务中心（文化活动室）1 个、文化体育广场 7 个、新市民书屋 1 个、儿童图书馆 1 个，电视广播实现全覆盖。

（二）景区旅游业态全面盘活

通过近几年的努力，景区旅游业态全面盘活，带动搬迁群众就近就业创业增收取得明显成效，截至 2023 年 7 月 5 日，三宝街道有搬迁劳动力 7250 人，已就业 6841 人，就业率高达 95%。其中，脱贫劳动力县内务工 2359 人。其中，县内单位就业约占 23%，公益性岗位（公岗）安置约占 20%，自主创业、园区吸纳约占 10%，其他灵活就业约占 47%；园区帮扶车间及周边企业吸纳三宝街道搬迁群众 160 人。依托 4A 级旅游景区优势，充分挖掘地方特色文化，促进民族传统手工艺产业发展，把"指尖上的技艺"变成"指尖上的经济"，搬迁群众中 14 户 17 人通过刺绣技艺实现居家就业。依托中天智选假日酒店开发的保安、保洁员等岗位，解决搬迁群众就业近 60 人。依托晴隆二十四道拐文化旅游（集团）有限公司开发的群众演员、保安和保洁等岗位，解决近 200 名三宝搬迁群众就业。依托阿妹戚托艺术团每天晚上定时开展的民族文化活动，解决 100 余名搬迁群众就业。通过举办绣娘大赛，86 名绣娘实现就业增收。

（三）景区治理体系基本形成

通过推行"一中心一张网十联户"治理机制，实现了辖区居民管理的

全覆盖。一是警务力量不断配齐配强，配备警务人员15人，辖区范围内实行24小时不间断巡逻制度，景区安全稳定得以保证。二是防范力量显著增强，切实做到了群防群治，从根本上提升防范化解重大风险的能力。如，仅2021年上半年，就出动巡逻警力800余人次，社区义务巡逻300余人次，接处警16起，现场调解纠纷6起，警务救助5人，处理违停4起，辖区内未发生一起刑事案件。三是社区智能化水平得以提升，通过搭建的"135平安风险感知平台"，对景区辖区范围进行实时监控，实现了一屏"查全城"、一网"管全区"，推动社区治理向智慧化、精细化迈进。

（四）景区治理模式独具特色

一是教育管理出实绩，利用"新市民追梦桥"服务中心、益童乐园、青年之家、儿童图书馆、儿童科技体验馆、四点半课堂、老吾老驿站等阵地全面向群众宣传党的政策、传递党的好声音，凝聚和引导群众，增强人民精神力量。并且通过"居民说事"，认真收集群众诉求，用心用情为民办实事，累计征集并兑现微心愿1000余个。二是平台载体搭建日趋完善，成立1个新时代文明实践所、6个新时代文明实践站，组建理论政策宣传志愿服务队，成立以党政主要负责人为双组长的乡村振兴指挥部，社区同步成立指挥所，建立街道主要领导包片、党工委委员包社区，选派指挥所长、驻村工作队长互为AB角的职责明晰、责任到人的指挥体系。三是安置区成立由社区集体运营的彝家亲物业管理公司，以"社区合作社+农户"模式自主开展公共服务、维修以及绿化带管理等业务，收益按比例纳入社区集体经济，既增加了收入，又强化了物业经营，真正实现了从"保姆式"服务向"自治"转变。

（五）景区文化品牌效应凸显

一是组建了一支100余人规模的阿妹戚托舞蹈团、一支20人规模的苗族芦笙舞蹈队和一支广场舞蹈队，通过积极参加各类演出活动，传承和弘扬"阿妹戚托"舞蹈、芦笙舞蹈等民族艺术精品，民族文化品牌逐渐打响。二是文化活动内容丰富，开展了文化科技卫生走进小镇、文化进万家、送戏、送书刊等活动，组织放映公益电影 100 余场次，举办传统民族文化活动、美食节活动、篝火晚会等 100 余场，每日吸引游客 1000 余人次，累计吸引 50 万余人次游客。三是打造了歌曲《阿妹戚托谢党恩》、微电影《咿哟！幸福的你》等一批文化精品，其中《咿哟！幸福的你》获第十六届全国党员教育电视片观摩交流活动二等奖。此外，还开发了民族服饰和刺绣等文化创意产品。

四、阿妹戚托小镇"景区化"治理的经验启示

通过近年来的实践和探索，晴隆县易地扶贫整乡搬迁安置区阿妹戚托小镇"景区化"治理取得了一定的成效，积累了宝贵的经验。

（一）在治理中强化功能完善是推进"景区化"治理的基础

旅游景区是融生活设施和产业发展为一体的综合体，晴隆县建设三宝彝族乡整乡搬迁安置区时，充分发挥三宝彝族乡系国家非物质文化遗产民族歌舞"阿妹戚托"发源地的优势，按 3A 级旅游景区的标准超前规划建设阿妹戚托小镇，作为三宝彝族乡整乡搬迁安置区。搬迁群众入住后，该县在治理中，不断完善小镇功能设施，推进搬迁群众的生活设施与旅游景区服务设施相互配套、民族文化保护传承与景区业态发展相互融合，让搬迁群众搬入新家园获得存在感、认同感、归属感和安全感，同时也丰富了旅游景区的内涵，增强了景区游客的体验感，为推进安置区"景区化"治理打下了坚实基础。

（二）在治理中强化业态发展是推进"景区化"治理的支撑

易地扶贫搬迁安置区的社会治理，应在优先考虑搬迁群众获得感的基础上，依托安置区加快业态培育，为搬迁群众提供更多就业岗位，让搬迁群众在安置区里就业，只有这样搬迁群众才能成为安置区治理的主体。晴隆县紧紧依托阿妹戚托小镇的旅游景区功能，在推进"景区化"治理中，优先培育旅游观光、民宿酒店、民族美食、民族文化、旅游商品等业态，出台多项扶持政策，推进景区业态发展，为搬迁入住群众提供更多就业岗

位，让搬迁群众在景区里、在家门口就业，小镇既成为搬迁群众生活的家园，也成为搬迁群众就业获取收入的平台，极大地调动了搬迁群众参与"景区化"治理的积极性，让搬迁群众共建小镇、爱护小镇成为自觉行动。

（三）在治理中强化文化培育是推进"景区化"治理的关键

文化培育是社会治理的灵魂所在，也是增强群众认同感的关键所在。在易地扶贫搬迁安置区，文化是一片空白，推进社区治理，很有必要培育安置区文化，以此增强搬迁群众的认同感。阿妹戚托小镇在开展社区"景区化"治理时，特别重视小镇文化培育，结合三宝彝族乡民族文化特点，以国家非物质文化遗产"阿妹戚托"为主线，精心挖掘三宝彝族乡民族歌舞、民风民俗、民族节日、民族工艺等优秀传统文化，规划建设"阿妹戚托"文化一条街、民族工艺一条街等，将三宝彝族乡的文化在阿妹戚托小镇进行复原和展现，既丰富了旅游景区的业态，又增强了搬迁群众的文化自信，让搬迁群众找到了归属感，激励搬迁群众共筑幸福的精神家园，这是安置区"景区化"治理取得成效的关键。

（四）在治理中强化教育管理是推进"景区化"治理的保障

社会治理的根本目的是维护社会秩序，促进社会和谐，保障群众安居乐业。易地扶贫搬迁群众无论是经济条件、文化素养，还是文明水准都不具备城镇化条件，这给安置区社会治理带来了很多困难。要将阿妹戚托小镇打造成为国家 4A 级以上旅游景区，对小镇的文明水准提出了更高的要求，需要在"景区化"治理中，强化对搬迁群众的教育管理。为此，晴隆县对阿妹戚托小镇开展社会治理，一方面，强化对搬迁群众的教育，以小镇乡风文明创建为抓手，引导搬迁群众树立文明新风尚、争当文明模范。另一方面，强化对小镇的管理，创新实施"网格员""十联户"等管理制度，全面开展卫生监督、民事代办、法治宣传、矛盾纠纷调解等社区管理，为"景区化"治理提供了强有力的保障。

总之，晴隆县易地扶贫搬迁安置区阿妹戚托小镇"景区化"治理，是推进易地扶贫搬迁后续扶持的重大创新，不仅解决了易地扶贫搬迁安置区诸多社会治理问题，而且解决了易地扶贫搬迁后续扶持"融入难""就业难""稳定难"等现实问题，开创了搬迁安置区与旅游景区融合发展的先河，此创新值得借鉴和推广。（资料来源：此部分资料来源于三宝街道办事处、晴隆县文体广电旅游局等部门。）（基金项目：此节内容系 2023 年贵州省社会科学院"国家治理能力现代化的贵州实践"专项研究课题《易地扶贫整乡搬迁安置区景区化治理的实践经验研究——以晴隆县阿妹戚托小镇为例》（课题编号：GJZL2326）成果。）

注：此文首发于《国家治理现代化贵州实践优秀案例选编（2023）》（经济管理出版社，2023 年版），篇名为《易地扶贫搬迁安置区景区化治理的实践经验研究》。

第六节　乡村治理的坛坪实践

坛坪村是贵州省特色田园乡村·乡村振兴示范试点村，位于贵州省黔西南布依族苗族自治州册亨县冗渡镇西北部，面积 12.4 平方千米，平均海拔为 1150 米，耕地面积 6023 亩，森林覆盖率达 72%。下辖 9 个村民组，总人口 543 户 2554 人，其中布依族占 75%。从地理和文化角度来看，坛坪村具有独特的自然和文化资源，这些资源为乡村治理提供了良好的基础和条件。近年来，坛坪村结合当地特色文化资源，充分发挥红色（红军文化）、绿色（生态文化）、蓝色（民族文化）、橙色（平安文化）在乡村治理中的作用，创新探索出"红绿蓝橙"四色工作法的乡村治理新路子，[①]有效地解决了乡村治理中的突出问题，促进乡村振兴。坛坪村于 2021 年7 月荣获"全省先进基层党组织"的荣誉称号，2022 年 12 月被贵州省林业局命名为 2022 年贵州省森林村寨，2023 年 7 月被列入第五批贵州省乡村旅游重点村名录。

---

① 郑芳芳. 强组织融产业 创文明护平安［N］. 黔西南日报，2022-08-06.

一、坛坪村推进乡村治理的背景

乡村治理是国家治理的关键组成部分，坛坪村在推进乡村振兴的过程中，积极寻求新的治理方式，以"红绿蓝橙"四色工作方法为核心，致力于提升乡村治理的现代化水平和效率。虽然在一定程度上取得了积极的成果，但仍存在一些问题，如治理力量不足、自治意识淡薄、德治力量薄弱、产业结构不合理等，需要尽快解决。

（一）村民自治意识淡薄

乡村治理是乡村振兴的重要内容，加强和改进乡村治理，必须建立健全党委领导、政府负责、社会协同、公众参与、法治保障的现代乡村社会治理体制。而坛坪村在乡村治理的过程中，存在着短板和弱项。主要表现为：一是村民参与意识不强，一些党员和村干部思想观念较为陈旧，对政策的理解能力也有限，在工作上缺乏创新意识，做群众工作时就显得能力较弱，在引导群众实施乡村振兴战略上能力有所欠缺。二是坛坪村的村民75%都是布依族，他们受教育程度大都不高，对于自治的概念、意义和重要性了解不够，导致他们对乡村治理的参与热情不高。三是激励措施不够，村民在参与自治过程中如果得不到足够的激励，他们就可能缺乏参与自治的动力。四是社会认知不足，一些村民对自治的重要性缺乏认识，认为自治与他们的生活关系不大，认为乡村治理是政府部门的事情，因此缺乏参与自治的积极性和主动性，一定程度上影响了乡村治理的推进。

（二）乡村治理力量不足

推进乡村治理，人才队伍建设是关键。但随着城市化进程的加速，农村社会结构发生了深刻变化，大量农民外出务工或经商，农村空心化现象严重。虽然坛坪村现有农村党员创业致富带头人5名，乡贤37名，石匠9名，木匠5名，农村技能带动型人才2名，农机操作能手6名，养殖能手21名，种植能手34名。但从总体来看，农村实用人才数量不足，技术技能型人才占比较低，复合型人才占比更低，由此可见，坛坪村对经济能手、合作社经验管理等人才的培育与挖掘是不够的，不仅不能满足乡村振兴产业发展的需求，还给坛坪村的乡村治理带来了极大的挑战。加之该村现有的 36 名党员中，外出务工党员就占了 15 名，在村党员年岁偏高，60 周岁以上党员就有 11 名，综合素质和能力相对来说不够高，难以满足当前乡村治理的需要。这些原因表明坛坪村的乡村治理力量较为薄弱，影响了乡村治理的进程。

（三）乡村产业结构不合理

推进乡村治理，产业发展是基础。随着乡村振兴战略的深入实施，坛坪村等地区逐步迈向乡村产业振兴的发展道路，但一些地方在产业发展的过程中，仍然面临着产业结构单调、基础设施建设滞后等问题。例如，坛坪村虽然已经构建了"一种二养"的绿色循环产业格局，但全村仍有 600 余亩土地因土层较薄、土质不佳，无法纳入坝区蔬菜产业的实施范围，在一定程度上影响了土地的有效利用和农民的增收。因此，坛坪村在推进乡村治理的过程中，需要通过优化产业结构，调整产业布局，促进产业发展，增加农民收入，推动农村经济社会发展，从而提高乡村治理水平。

综上所述，加强基层治理，我们需要增强村民自治意识，强化乡村治理力量，加快乡村产业结构调整，不断提高基层治理水平，为推进国家治理体系和治理能力现代化奠定坚实的基础。

二、坛坪村推进乡村治理的主要做法

近年来，坛坪村全村较为薄弱的乡村治理工作上下足功夫，通过用好红色文化、布依文化和良好的生态资源优势，充分发挥"一中心一张网十联户"机制作用，创新探索出"红绿蓝橙"四色工作法的乡村治理新路子，着力构建共建共治共享的治理体制，不断激发基层治理新活力、新效能。

（一）"红色"引领组织共建

推进乡村治理，基层党组织建设是关键。近年来，坛坪村坚持"红色"引领组织共建，进一步加强了基层党组织建设。一是按要求开展"不忘初心、牢记使命"等主题教育活动，不断强化基层党组织建设，持续提高党组织的凝聚力和战斗力。同时，积极发挥党员的先锋模范作用，引导群众感党恩、听党话、跟党走。二是注重红色文化的传承和弘扬，坛坪村深入挖掘红色文化，充分利用红色资源，建设党史学习教育基地，发挥爱国主义教育文化长廊作用。[①] 开展弘扬红色文化助力乡村振兴等活动，教育引导群众传承好红色基因。三是积极创建省级党支部标准化规范化建设示范点，选优配强"两委"班子，发挥"火车头"作用。四是实施"筑坛引匠"人才回引工程，引导 16 名在外乡贤和新村民通过开展创新创业、发展就业、援建项目等方式贡献自身力量。

（二）"绿色"引领产业共融

推进乡村治理，产业发展是基础。坛坪村在推进乡村治理的过程中，结合自身实际，通过多元化的手段推进产业转型升级，促进乡村经济蓬勃发展。一是注重生态保护，以绿色循环产业和特色农业为引擎，构建坝区蔬菜种植与矛香猪、小母牛养殖的良性生态循环，带动农业经济持续增长。二是创新农业经营模式，积极探索并实施"返租倒包"模式，建成贵州省粤港澳大湾区"菜篮子"蔬菜基地，不仅带动了当地 190 余人就业，人均增收也高达 4 万余元，为乡村经济发展注入了新的活力。三是敞开大门，引进外资和企业。成功引进香港小母牛公益慈善机构，127 户村民参与西门塔尔能繁母牛养殖项目，每户均可获得 1.3 万元项目资金作为购牛费用，参与此项目不仅为村民提供了更多的收入来源，还推动了绿色产业的循环发展。四是通过产权改革，壮大集体经济。通过确权颁证、股份合作制等方式，盘活农村资产和资源，增加集体经济的积累，从而提高农民的收入水平。

（三）"蓝色"引领文明共创

在推进乡村治理的过程中，坛坪村注重乡村的德治教化，以优秀传统

---

① 匡奇燃. 册亨县坛坪村"红绿蓝橙"四色工作法推进乡村治理［N］. 贵州民族报，2022-04-27.

文化为精神纽带，推动乡村治理。采取多种方式，弘扬社会主义核心价值观，提高农民的文化素质和道德水平。一是致力于保护和传承民族文化，深入挖掘布依族优秀传统文化资源，并通过文艺载体激活乡村资源，传承非遗文化，坚定文化自信，夯实精神根基，汇聚发展共识。二是深入践行"以文兴业、以文赋美、以文铸魂、以文治村"的理念，通过多渠道培育文明乡风、良好家风和淳朴民风。完善细化村规民约，设立"红黑榜"，评选文明卫生户、孝老爱亲示范户等先进典型，推进乡风文明建设，重塑乡风文明新风尚。三是创新社会治理方式，通过建立"以舍"积分超市，激发群众参与基层治理的内生动力，群众主动参与环境整治、矛盾纠纷排查化解、"三小园"建设等，树立"以舍为得、以舍为有"的文明新风尚，群众逐步实现自我管理、自我约束、自我发展。

（四）"橙色"引领平安共护

在推进乡村治理的过程中，坛坪村探索新型基层治理模式，为乡村振兴营造和谐有序的良好环境。一是坚持和发展新时代"枫桥经验"，不断深化"一中心一张网十联户"机制，充分运用"党小组+网格员+联户长"模式，发挥网格员和联户长积极作用，让网格员和联户长轮流开展群众说事制度的宣传。二是积极探索建立"点上说""定期说""现场说""上门说"四本台账，运用法治思维、法治方式来化解矛盾纠纷，从而实现"小事不出联户、大事不出网格、难事不出中心、矛盾不上交、服务不缺位、平安不出事"的治理格局。三是建立清单制，清单化、具体化地推进安全稳定工作落细落实，构建平安建设新格局。四是智治赋能，治理方式更加创新。借助中国联通帮扶机遇，实施数字乡村建设，建设智慧农业示范点、群众自治服务平台、智能垃圾分类投放站、数字养老系统，提升农业现代化、基层治理现代化、养老服务现代化水平。

三、坛坪村推进乡村治理取得的成效

经过近年来的努力，坛坪村创新以"红绿蓝橙"四色工作法推进乡村治理，形成独特的"坛坪模式"，描绘出一幅"组织强、产业兴、管理精、乡风好"的美丽乡村振兴画卷。

（一）组织引领成效显著

在推动乡村良好治理的过程中，坛坪村持续推进党支部标准化规范化建设，组织开展各项活动，如，组织党员开展志愿服务、党员联系农户、党员先锋评选活动等，这些活动的开展，使基层党员进一步践行好全心全意为人民服务的宗旨，使基层党组织真正成为引领群众实现乡村振兴的"领头羊"，党员先锋模范作用和基层党组织战斗堡垒作用得到很好地发挥。一是坛坪村抓住了被选为省级党支部标准化规范化建设示范点的契机，结合实际，积极沟通协调，创建了乡村振兴实践教学基地和红军长征爱国主义教育文化长廊，并开展教学培训，共计培训人数上万人次。二是坛坪村采取"党支部+合作社+公司+农户"的组织方式，由合作社统一管理并维护基础设施、集体土地处置等项目，促进村民增收。近年来，该村因此项目累计收入46万余元，村集体经济积累更是达到了56万元，为村级组织阵地建设提供了坚实的组织和经费保障。

（二）人才队伍得以用活

在推进乡村治理的过程中，坛坪村重视人才开发和利用，深入实施"筑坛引匠"人才回引工程，通过开展各种培训和学习活动，提高党员和群众的素质和技能水平，为坛坪村的可持续发展打下了坚实的发展基础。一是加强村两委干部的选拔、培养、管理、激励等关键环节，采取综合措施，不断加强队伍建设和人才培养，为乡村治理注入了新生力量，吸纳了2名优秀返乡大学毕业生加入村常务干部队伍，同时，注重培养后备力量，共培养了4名村级后备干部，打造了一支"永不走"的基层治理工作队伍。二是充分利用新兴媒体和发挥现有资源优势，不断鼓励村民就业创业和发展产业。如，通过抖音平台网红"打卡"和直播带货等方式，引导帮助3名人才成功就业创业。三是鼓励和引导村民积极参与乡村振兴建设，承揽坛坪村广告设计、河道治理、小母牛养殖等项目建设，带动5名技能人才就业增收。四是加大人才宣传力度，新村民墙画师尚勤杰被中央电视台播报点赞。

（三）治理机制更加出彩

在推进乡村治理的过程中，坛坪村建立了文明实践积分制、"红黑榜"等，乡村治理的质量和水平得到进一步提高。一是通过"小积分"撬动"大治理"，通过建立的积分超市和量化评价体系，进一步激发村民参与乡村振兴建设、公益事业和志愿服务的激情和热情。二是充分利用"红黑榜"管理制度，进一步细化激励举措，一月一张榜，将表现优秀的村民列入红榜，违反村规民约的村民列入黑榜，以此激励村民树文明新风。三是因人而异制作乡村振兴一户一册"二维码"，通过扫码就可以了解农户的基本情况，对家庭人口、文化程度、收入情况等进行晾晒，从而激发群众参与乡村振兴的内生动力。截至发稿前，坛坪村共开展了22次积分兑换活动和4次文明评比活动，共有153名群众参与积分兑换并获得了各种物质奖励，兑换物资金额达2.5万元；还表扬了98人次红榜优秀表现，颁发乡村振兴建设"最佳参与者"荣誉称号4户，"最美贡献者"荣誉称号2户。同时，也通报了11人次的黑榜行为。

（四）示范打造有声有色

在推动乡村良好治理的过程中，坛坪村坚持生态优先，积极培育"册亨菜心""矛香猪"等特色品牌，"一种二养"绿色循环产业发展格局不断构建完成。一是采取"公司+合作社（党支部）+农户"灵活实用的组织方式，积极推行"代养"模式，即由公司提供仔猪、饲料及养殖技术，合作社参与日常管理，并组织农户在公司的指导下进行圈舍改造后启动代养，生猪出栏后，可获得每头700元的代养费。目前，已经成功养殖了400头零污染、零排放的生态矛香猪，总产值达到了240万元。二是因地制宜地规划了"小季种蔬菜，大季种粮食"的发展模式，建设了1070亩贵州省粤港澳大湾区"菜篮子"蔬菜基地，每年采收"册亨菜心"630万斤销往粤港澳市场，创造产值2500万余元，带动群众就业130人，人均年增收 3 万余元，确保粮食安全的同时，坝区蔬菜也得到了大力发展。三是小母牛养殖初具规模，165 户群众养殖小母牛 300 余头，人均增收 3.5 万元。

四、坛坪村推进乡村治理的经验启示

坛坪村的乡村治理在过去几年的实践与探索中取得了引人注目的成果。其特色文化——红色党建文化、绿色生态文化、蓝色民族文化和橙色平安文化，为乡村治理提供了宝贵的经验和启示。这些独特的文化以其强大的生命力和广泛的影响力，为其他地区的乡村治理提供了一个可复制、易推广的优秀样板。

（一）组织共建是实现乡村治理的必然选择

组织共建是实现乡村治理的必然选择，坛坪村基层党组织紧紧围绕党支部标准化规范化建设，积极组织党员开展各类活动，使其成为引领群众实现乡村振兴的核心力量，从而夯实了乡村治理的基础。农民是农村的主人，也是乡村振兴最大的受益者和主力军。坛坪村在推进乡村治理的过程中，深入实施"筑坛引匠"人才回引工程，为乡村治理增添了新动能，凝聚了新力量。坛坪村的实践表明，唯有充分挖掘农民在乡村振兴中的主导作用，确保农民成为乡村振兴的施工主体、治理主体以及受益主体，才能确保乡村振兴战略得以全面贯彻实施。因此，在推进乡村治理的过程中，通过坚持规划引导、政策指导、典型示范等方式，不断激发农民的自主意识、权利意识和责任意识，不断激活农民立足乡村、治理乡村、发展乡村的动力和热情，从而为乡村振兴贡献力量。

（二）产业共融是促进乡村发展的关键基础

产业共融是促进乡村发展的关键基础，这一点在册亨县冗渡镇坛坪村的乡村治理实践中得到了充分体现。坛坪村通过"红色"引领组织共建，推动了群众主动参与乡村建设。在村级党组织的引领下，发动群众参与乡村建设，积极发展乡村产业，逐步形成了"绿色"引领产业共融的良好局面。在产业发展方面，坛坪村积极践行"绿水青山就是金山银山"的理念，结合村情实际，积极探索"一种二养"绿色循环产业，即坝区蔬菜种植和矛香猪、小母牛养殖的良性循环的绿色产业。从绿色循环产业发展的情况来看，蔬菜种植和矛香猪养殖尤为突出。蔬菜种植方面，坛坪村采用"返租倒包"模式，建设粤港澳大湾区"菜篮子"蔬菜基地1070亩，不仅带动了群众就业，还创造了较高的产值。矛香猪养殖方面，坛坪村采取"公司+合作社（党支部）+农户"的组织方式推行"代养"模式，矛香猪养殖取得实效。现如今，"册亨菜心""矛香猪"已成为当地的特色品牌，厚植了乡村产业发展根基，不仅促进了农民增收致富，还带动了地方经济的快速发展。

（三）文明共创是构建和美乡村的有效路径

文明共创是构建和美乡村的有效途径，为乡村振兴战略的实施提供了强大支撑。坛坪村通过加强宣传教育，提高村民的文明意识和素质。鼓励村民积极参与村庄事务管理，制定村规民约，引导村民养成良好的生活习惯。同时，设立"红黑榜"管理制度，表彰表现优秀的家庭和个人，树立榜样，激发更多村民踊跃投身文明创建。村民文明素质得到提高、村容村貌持续改善、社会风气不断好转。坛坪村的成功实践表明，推动乡村治理需要重视以下四个方面：一是要充分发挥基层党组织和党员干部的引领作用，提高文明创建工作的组织力和执行力。二是要加强宣传教育，让村民真正理解和认同文明创建的意义和价值。三是要注重发挥村民的主体作用，通过制定村规民约等自治方式，引导村民养成文明习惯。四是要注重建立评选表彰机制，激励村民积极参与文明创建工作，树立榜样作用。由此可见，坛坪村文明共创的实践经验可以为其他地区的乡村治理提供有益参考，有助于推动全国乡风文明建设取得更大成果。

（四）平安共护是推进乡村治理的重要保障

在乡村治理中，加强基层党组织建设是提高治理水平、促进乡村和谐稳定的重要途径。其中，平安共护是实现这一目标的重要手段之一。坛坪村"橙色"平安共护的实践经验表明，乡村治理是平安建设的基础，通过加强对乡村社会的管理和服务，提高村民的安全意识和防范能力，从而形成良好的乡村秩序和安全环境。在乡村治理过程中，多方参与是关键，坛坪村通过引导村民积极参与平安建设，充分发挥各自的优势和作用，实现了自我管理和自我服务，有效提高了治理效果，形成共建共治的治理新局面。综合治理是保障，平安建设需要综合运用法律、行政、经济、社会、文化等多种手段，坛坪村通过综合运用多种手段，加强对违法犯罪行为的打击和预防，形成有效的社会治理体系，实现了对治安问题的有效管控，提高了居民的安全感和幸福感。持续推进是目标，平安建设需要持续推进，不断加强管理和服务，坛坪村通过持续推进平安建设，实现了乡村社会的和谐稳定，极大地提升了村民的安全感。可见，坛坪村平安共护的发展模式为我们提供了一种新的思路和方法。通过多方参与、综合治理、持续推进等方式，不仅可以提高村民的安全感，还可以提高乡村治理水平，促进乡村社会和谐稳定，实现乡村治理的目标。

总之，册亨县坛坪村通过创新"红绿蓝橙"四色工作法，成功推进了乡村治理，形成了独特的"坛坪模式"。该模式不仅有效地解决了乡村治理中的突出问题，更成为乡村振兴的新路径。其创新性的治理方式，可复制且易于推广，为其他地区的乡村治理提供了鲜活的样板，此举值得借鉴和推广。（基金项目：此文系 2023 年贵州社会科学院第二次"国家治理现代化的贵州实践"专项研究课题成果）

第七章　以融入西部陆海新通道
为契机推动高质量发展

西部陆海新通道位于我国西部地区腹地，北接丝绸之路经济带，南连21世纪海上丝绸之路，协同衔接长江经济带，在区域协调发展格局中具有重要战略地位，是推进西部大开发形成新格局的战略通道，是连接"一带一路"的陆海联动通道，是支撑西部地区参与国际经济合作的陆海贸易通道，是促进交通物流经济深度融合的综合运输通道。黔西南州地处"西部陆海新通道"由重庆向南经贵州通往广西北部湾等沿海沿边口岸的重要枢纽地带，向南可沟通广西、云南，向北经由贵阳可联通四川、重庆，在"西部陆海新通道"诸省份所属地州市中位于西线（成都—内江—宜宾—昭通—六盘水—黔西南—百色—南宁）中段，区位优势明显。因此，黔西南州融入西部陆海新通道，不仅有助于突破铁路海运港口制约瓶颈，有助于促进黔西南州区域经济协调发展，有助于黔西南州畅通国内国际双循环，还将重构滇黔桂地区间区域联系与经济发展格局，将加强黔西南州与成渝等西南经济增长极的联系，将提升黔西南州面向东南亚的对外开放格局水平。通过深入调研，发现当前黔西南州融入西部陆海新通道面临区域协调机制尚不健全、基础设施建设不完善、通道物流体系尚不完善和对外开放程度不高等困境，融入西部陆海新通道也还处在探索阶段，没有成熟的经验，需要借鉴国内融入西部陆海新通道成熟的经验，如"通道+物流+经贸+产业"的西永模式、"江铁海联运"的万州港模式以及"甘肃资源+外部资金+外部市场"的甘肃模式。探索提出黔西南州融入西部陆海新通道的对策建议。即通过加强顶层设计、强化政策保障、完善基础设施、提升开放能级和优化产业布局，逐步形成纵横协调联动工作机制，增强企业投资融资吸引力，提升通道能力和枢纽功能，扩大通道对外开放和国际合作，形成具有竞争力的产业体系，从而助推黔西南州经济社会高质量发展。

第一节　黔西南州融入西部陆海新通道的意义

"西部陆海新通道"是中新（重庆）战略性互联互通示范项目的重要组成部分，通道位于我国西部腹地，北接丝绸之路经济带、南连21世纪海上丝绸之路、协同衔接长江经济带，在区域协调发展格局中具有重要战略地位。[①]《2022年度西部陆海新通道发展指数报告》显示，2020年、2021年、2022年西部陆海新通道发展指数分别为102.0、122.6、135.2点，西部陆海新通道发展成效显著，正在成为西部地区扩大对外开放、融入国内国际双循环新发展格局的重要通道。而黔西南州地处"西部陆海新通道"由重庆向南经贵州通往广西北部湾等沿海沿边口岸的重要枢纽地带，向南可沟通广西、云南，向北经由贵阳可联通四川、重庆，在"西部陆海新通道"诸省份所属地州市中位于西线（成都—内江—宜宾—昭通—六盘水—黔西南—百色—南宁）中段，区位优势明显。因此，黔西南州可抢抓融入西部陆海新通道的重大历史机遇，借助其独特的区位优势融入西部陆海新通道，发挥优势、补齐短板，加快推动产业发展融入西部陆海新通道，实现区域协调发展，从而推动黔西南州经济社会发展冲出"低洼地带"，打造经济社会发展新高地。

党的二十大报告提出，"促进区域协调发展""加快建设西部陆海新通道"。当前，贵州正在着力加快北上长江、南下珠江水运通道建设，全力推进内外开放，为全省经济发展融入"一带一路"建设、长江经济带发

---

① 陈玉卿.贵州加快融入西部陆海新通道的基础、形势和策略研究［J］.贵州社会主义学院学报，2021（4）：80.

展、粤港澳大湾区建设提供强有力的港口水运支撑。① 而黔西南州位于贵州省西南部，地处黔、滇、桂三省（区）交界处，拥有得天独厚的地理位置和丰富的自然资源，如果能够抓住当前贵州发展的机遇，积极融入西部陆海新通道建设，必将促进区域经济一体化发展、推动资源优势转化为经济优势、提升对外开放水平和推动交通物流体系创新。在未来几年的发展过程中，黔西南州如果能够继续加大政策支持力度，不断优化营商环境，进一步加强人才培养和引进，推动黔西南州更好地融入西部陆海新通道建设，直接高效地参与共建"一带一路"及东盟各国乃至亚太地区的贸易体系之中。

一、有助于突破铁路海运港口制约瓶颈

党的二十大报告提出，加快构建新发展格局，着力推动高质量发展。贵州地处长江、珠江上游，是西部水运较为发达的地区，畅通北上长江、南下珠江的水运大通道，积极融入区域发展，既是国家战略要求，也是助推贵州高质量发展的必然需要。② 而黔西南州拥有较为优越的地理位置和交通运输条件，是贵州省南下出海的重要通道之一。但因黔西南州至今仍是贵州省唯一一个州府所在地不通高铁的市（州），重要的水运通道望谟港也还处在建设阶段，缺乏直接通向海洋的港口，使黔西南州在发展外向型经济和扩大对外贸易方面受到较大制约，融入西部陆海新通道能够突破铁路海运港口制约瓶颈，补齐短板，提升效率。

（一）补齐通道短板

从西部陆海新通道项目规划的路线来看，西部陆海新通道的构建补齐了西部地区南向通道的短板。如，2023 年 7 月，黄桶至百色铁路初步设计已获得中国国家铁路集团有限公司、贵州省和广西壮族自治区联合批复。这意味着黄百铁路前期审批手续全部办结。该项目起于贵州省安顺市普定

---

①② 彭美玉. 人畅其行 货优其流——贵州航道通航里程达 3957 公里，北上南下水运大动脉加速形成 [N]. 贵州日报，2022-11-26（2）.

县，经过镇宁县、紫云县和黔西南州望谟县，广西壮族自治区百色市乐业县、凌云县，终于广西壮族自治区百色市，北端衔接隆黄铁路可达成都平原地区，南端衔接南昆铁路可达北部湾地区，是完善区域铁路网布局、增强区域路网灵活性，构建西南与北部湾地区间南北向货物交流的便捷通道。根据批复内容，黄百铁路全长 312.62 千米，设计时速 160 千米。建成后，将为黔西南州提供一条便捷的出海通道。不仅优化了城市空间布局，衔接南昆、南防铁路，还能依托北部湾港区位优势，形成便捷高效的国际铁水联运网络，提升中国与东南亚等地区的互联互通水平，对拓展对外经济发展空间、增加经济发展韧性具有重要的意义。

（二）提升物流效率

黔西南州融入西部陆海新通道，能够极大地提升物流效率与降低物流成本，西部陆海新通道的建设将优化海运港口布局，增强设施能力，提高港口基础设施水平和通关便利化程度，缩短物流运输时间和降低运输成本。黔西南州融入西部陆海新通道，可以利用广西北部湾等港口资源，打通出海通道，有效解决海运港口瓶颈问题，全力发展开放型经济，拓展黔西南州的特色产业（如茶叶、箱包、服装、苗药、汽车轮毂、新能源电池材料等优势产品）出口渠道。同时，通过融入西部陆海新通道建设，可以进一步优化区域交通运输结构，提升物流效率，降低企业物流成本，增强企业的竞争力和市场适应性，从而加强黔西南州与西部陆海新通道沿线地区的合作。

二、有助于促进黔西南州区域经济协调发展

黔西南州地处喀斯特地区，经济社会发展相对滞后，区域发展不平衡不充分问题较为突出。西部陆海新通道是推进西部大开发形成新格局的战略通道，黔西南州融入西部陆海新通道，可以充分发挥通道的战略意义，加强与西部陆海新通道沿线地区的经济联系和区域合作，促进生产要素的合理流动和优化配置，推动区域经济协调发展，从而促进黔西南州的经济社会发展。

（一）有助于加强区域合作

黔西南州融入西部陆海新通道，通过加强与西部陆海新通道沿线地区的合作，将为黔西南州带来新的产业机遇，能够推动黔西南州产业结构调整和转型升级，促进特色优势产业发展，提高经济发展的质量和效益。如，黔西南州可以充分利用其丰富的矿产资源发展矿业加工业，将特色农业和加工业有机结合，提高产业附加值和市场竞争力。又如，近年来，黔西南州注重品牌建设和产品创新，充分发挥得天独厚的旅游资源优势，坚定不移地推进"康养胜地、人文兴义"建设，持续擦亮"中国四季康养之都"品牌，努力打造"黔滇桂三省（区）结合部康养产品供给区""粤港澳大湾区生态康养后花园""国际一流山地旅游、度假康养目的地"，已形成一定的品牌优势。融入西部陆海新通道，不仅交通条件将得到极大改善，开放空间也会不断拓展，内外循环将更为畅通，将会给黔西南州的康养旅游产业带来更加广阔的市场和发展空间。融入西部陆海新通道建设，黔西南州的康养旅游产业可以与周边省市以及通道沿线地区的旅游资源实现更加紧密的合作，形成跨区域的旅游合作模式，将会吸引更多的游客前来旅游观光，从而促进黔西南州的经济高质量发展。

（二）促进区域经济一体化发展

融入西部陆海新通道，有助于加强黔西南州与周边地区的经济联系，促进区域经济一体化发展，从而提升黔西南州在区域经济中的地位和影响力，为实现更高水平的发展奠定基础。一是黔西南州通过融入西部陆海新通道建设，可以与周边省市加强产业合作和经济联动，实现资源的优化配置和产业的互补发展，从而促进区域经济的协同发展。二是通过融入西部陆海新通道建设，黔西南州将积极引进外部投资和优秀人才，推动经济的转型升级和可持续发展。三是融入西部陆海新通道建设，黔西南州的交通基础设施将会不断完善，区域经济也将快速发展，城市和农村之间的差距将逐步缩小，城乡统筹发展将得到进一步促进，同时也为黔西南州提供更多就业机会，吸引人才和投资流入，为城市和农村发展注入新的活力，有助于推动黔西南州新型城镇化建设。

三、有助于黔西南州畅通国内国际双循环

随着中国—东盟自由贸易区建设的不断深化和西部陆海新通道的加快建设，西部陆海新通道已与中欧班列和长江黄金水道实现联通，初步实现了丝绸之路经济带和 21 世纪海上丝绸之路的有机衔接。黔西南州作为中国西南地区与东盟国家之间的重要节点，具有得天独厚的区位优势和地缘优势。因此，黔西南州可以利用好贵州建设内陆开放型经济试验区的政策，抢抓西部陆海新通道建设的机遇，积极融入国家重大战略，主动参与新时代西部大开发，不仅可以拓展开放空间，更为畅通内外循环，还能充分发挥国际山地旅游暨户外运动大会、中国美丽乡村·万峰林峰会、户外运动装备产业博览会等活动平台的作用，加强与东盟国家的经贸合作和人文交流，促进人员、物资和信息的流通，拓展经济发展的空间和机遇。

（一）促进国内国际市场双向开放

西部陆海新通道是中新（重庆）战略性互联互通示范项目的重要组成部分，利用铁路、公路、水运、航空等多种运输方式，由重庆向南经贵州等省份，通过广西北部湾等沿海沿边口岸，通达新加坡及东盟主要物流节点，[①] 这对于黔西南州加强与东盟国家的联系，促进对外开放和经济发展具有重要意义。通过与西部陆海新通道沿线地区的合作，可以促进黔西南州与"一带一路"共建国家和地区的互联互通，为参与国际合作和竞争创造有利条件。从畅通国内国际双循环的角度来看，融入西部陆海新通道将促进黔西南州国内国际市场双向开放。一方面，黔西南州可以借助陆海新通道的便利交通和通关条件，将本地区的特色产品销往国际市场。另一方面，黔西南州也可以引进国外先进的生产技术和管理经验，推动本地企业的创新发展和产业转型升级。因此，黔西南州融入陆海新通道有助于实现

---

① 胡江云 . 陆海新通道与中国—东盟经贸合作相互促进［J］. 中国外资，2023（13）：10-12.

国内国际市场的双向开放和互动发展，促进黔西南州的经济发展和社会进步。

（二）有助于将特色产品纳入全球供应链

西部陆海新通道的建设，物流网络将得到快速发展，通关便利化也将不断提高，为黔西南州的企业拓展国际市场奠定了基础。黔西南州通过与陆海新通道沿线国家和地区开展经贸合作，将本地区特色优势产品纳入全球供应链，促进出口和贸易的增长，从而提高特色优势产品的品牌影响力和市场竞争力，推动经济高质量发展。

综上所述，黔西南州融入西部陆海新通道具有重要的战略意义，通过融入新通道，黔西南州可以突破铁路海运港口制约瓶颈、促进区域经济协调发展和畅通国内国际双循环，为地方经济带来新的增长动力和发展机遇。

第二节　黔西南州融入西部陆海新通道的发展机遇

在浩瀚的中国大地上，黔西南州犹如一颗璀璨的明珠，镶嵌在西南腹地，以其独特的地理位置、丰富的自然资源和深厚的文化底蕴，成为了区域发展的重要支点。西部陆海新通道是中国西部地区连接东南亚和欧洲的重要国际物流通道，它以重庆为运营中心，以广西、贵州、甘肃、青海、新疆等省区市为关键节点，通过铁路、公路、水运、航空等多种运输方式，实现中国与东盟国家以及欧亚地区之间的互联互通。随着国家共建"一带一路"倡议的深入实施和西部陆海新通道建设的加速推进，不仅为中国西部地区打开了通往世界的窗口，更为沿线地区带来了前所未有的发展机遇，也为黔西南州带来了前所未有的发展机遇。

一、将重构黔滇桂地区间区域联系与经济发展格局

黔西南州位于贵州省西南部，地处黔、滇、桂三省（区）交界处，地

理位置优越。然而，受制于山区地形和经济发展水平较低等因素，该地区长期存在交通不是很便利、信息不是很畅通、资源共享不足等问题。但随着国家西部陆海新通道的建设，黔西南州迎来了新的发展机遇。该通道的建设将连接西部各省区市和东盟国家，通过铁路、水运等多种运输方式，形成全方位开放的新格局。这将为黔西南州带来更多的物流、人流、资金流和信息流，将重构区域联系与经济发展格局，促进当地经济发展。一是西部陆海新通道的建设，将会加大交通基础设施投入，提升区域交通网络连通性。通过建设高速铁路、高速公路、提升港口能级等，缩短与周边地区的时空距离，提高物流效率。二是融入西部陆海新通道，黔西南州可以充分发挥当地资源优势，培育特色产业。利用当地丰富的矿产、能源、生态等资源，发展相关产业，形成具有区域竞争力的特色产业集群。三是通过融入西部陆海新通道，推动黔滇桂三省（区）各地州市建立政府间全面协调合作机制，促进跨省区市的资源整合和产业协同，实现优势互补、互利共赢，打造全新的黔滇桂三省（区）"珠江上游协同发展经济圈"。

二、将加强黔西南州与成渝等西南经济增长极的联系

成渝地区作为我国西部重要的经济增长极，具有强大的经济实力和发展潜力。黔西南州位于西南地区经济增长极的核心地带，加强与其的联系将有助于促进当地经济发展。一是黔西南州融入西部陆海新通道，可以构建便捷的物流通道，提高与成渝地区的物流效率。通过建设高速公路、铁路等交通基础设施，形成与成渝地区的紧密联系，黔西南州物流行业结构也将得到极大优化。根据相关数据，黔西南州物流行业的业务量年增长率超过20%，远高于全国物流行业的平均增长速度。随着新通道建设的全面推进和国内国际市场需求的增长，黔西南州物流行业的增长速度有望进一步提升。二是黔西南州融入西部陆海新通道，不仅可以与成渝地区建立合作机制，还能加强与成渝地区的政府间合作，共同推动产业转移和升级，实现黔西南州与成渝地区的产业对接和互补。三是黔西南州融入西部陆海新通道，通过与成渝地区的高校、科研机构等开展合作，既可以把人才引

进来，利用他山之石攻玉，又可以通过广泛的产业合作，在推动产业发展中培养培训人才，提升当地人才素质，从而不断提升黔西南州的人才队伍规模和素质。

三、将提升黔西南州面向东南亚的对外开放格局和水平

黔西南州位于我国西部陆海新通道的重要节点，具有面向东南亚的区位优势。然而，受制于发展水平较低、开放意识不强等因素，其对外开放水平还有待进一步提升。黔西南州融入西部陆海新通道，能够提升面向东南亚的对外开放格局和水平。一是可以加强对外贸易合作，促进贸易便利化。融入西部陆海新通道，黔西南州可以通过参与国际贸易博览会、搭建贸易合作平台等方式，加强与东南亚国家的贸易合作，提高贸易便利化水平。二是能够推动投资合作，促进双向投资。融入西部陆海新通道，黔西南州可以通过吸引东南亚国家的投资和引导本地企业走出去，推动双向投资，实现互利共赢。三是能够加强国际旅游合作，推动旅游产业国际化发展。黔西南州拥有丰富的自然景观和人文资源，已形成一定的旅游文化品牌，如果通过融入西部陆海新通道，加强与东南亚国家的旅游合作，以品牌化、高品质的旅游业与周边省市的旅游资源进行深度合作，推动形成跨区域的旅游业发展新模式，更能提高旅游产业的国际知名度。

第三节　各地融入西部陆海新通道的成功经验

近年来，西部陆海新通道的建设进展迅速，为促进国内外贸易往来、加强区域合作发挥了积极作用，积累了一定的成功经验，值得黔西南州借鉴和推广。

一、"通道+物流+经贸+产业"的西永模式

西永模式是指重庆市南岸区西永镇在推动"通道+物流+经贸+产业"

发展的开放新路径。这一模式旨在稳定重庆经由西部陆海新通道运输的进出口额占比达到70%以上，从而凸显了重庆作为西部陆海新通道的重要节点地位，以及西永综保区在通道建设中的关键作用。"西永模式"通过强化通道建设和物流发展，形成了以促进经贸活动和产业发展的区域经济发展模式。

（一）侧重通道建设

"西永模式"以通道建设为核心，通过优化物流运作、创新监管模式和提升信息化服务，实现了高效率的货物通关和风险管理。一是打通"空中走廊"。西永综保区以航空物流为主打特色，积极推进航空前置货站的建设，完善口岸服务功能，进一步打通与西部陆海新通道的"空中走廊"，为贸易通关提供新的"快车道"。二是创新监管模式。西永综保区通过创新监管模式，实行"精细化"通道管理。如细化通道分类，采用"通道共享+智能验放"模式，为不同类型的车辆设置专用通道等，有效缓解了卡口拥堵问题。三是提升信息化服务。通过应用物联网技术，升级专用卡口地磅设备和系统采集算法，实现超长车辆、普通货运车辆过卡识别模式自动切换、准确放行，提升整体过卡效率。

（二）注重物流发展

西永模式注重物流发展，通过优化仓库管理、海关监管、物流配送和贸易服务等环节，以提高物流效率和降低物流成本，为企业提供优质的贸易服务。一是优化保税仓库管理。为了提高物流效率和降低物流成本，西永保税区采用了先进的仓储管理系统，以提高仓库的运营效率和货物的安全性。二是创新海关监管。为了加快通关速度和提高通关效率，西永保税区积极推行无纸化通关和智能通关等创新措施，以减少企业的通关成本和时间。三是智能化的物流配送。为了提高物流效率，西永保税区采用了先进的物流技术和设备，如自动化分拣系统、机器人配送等。四是全方位的贸易服务。西永保税区提供的贸易服务包括：贸易咨询、融资服务、税务服务等，这些服务可以帮助企业更好地了解进出口贸易政策和法规，以帮助企业更好地开展进出口贸易，提高贸易安全性，减少贸易风险。

（三）强调经贸活动

西永模式经贸活动在 2022 年以全市万分之五不到的土地面积，贡献了全市超 40% 的外贸进出口值。在国际产能合作方面，加快提升国际产能合作共赢，通过举办各类商贸展览和交易会议等活动，促进企业之间的合作与交流，并吸引更多外资投资和国内企业参与。如，西永综保区邀请多家外贸企业、陆海新通道公司、渝新欧公司等企业负责人进行沟通交流，当面解疑答惑，以促进国际产能合作共赢。

（四）关注产业发展

"西永模式"关注产业发展，以创新和便利化为核心，推动园区内产业升级和转型。西永微电子产业园区作为中国（重庆）自贸试验区的"优秀代表"，以不到 15 平方千米的面积，贡献着全市四成外贸总额。目前，西永以加快建设主导产业、功能要素、制度创新聚合的开放新路径，积极赋能西部陆海新通道。一是西永园区聚焦制度创新，不断提升贸易便利化程度，打造自贸一流营商环境。例如，在全国首推"3C 免办"监管模式，为加工贸易企业开发新产品提供便利；全面推行 195 类涉税事项"全程网上办"，网上办税率达 95.5%，位居全市第一。以此吸引更多企业入驻，推动产业发展。二是通过引进优质产业项目和科技创新企业，并提供优惠政策和扶持措施，推动当地产业升级和转型。

二、"江铁海联运"的万州港模式

"江铁海联运"的万州港模式是重庆市万州区在推动江铁海多式联运发展方面的一种模式。该模式注重整合水运、铁路、公路等多种交通方式，通过优化运输组织方案和加强与各方的紧密配合，以万州港为核心节点，发挥万州水水中转、铁水联运的优势，实现铁水联运和江铁海联运，为西部内陆地区的物资流通提供了更为便捷和高效的运输通道。

（一）注重水运航道发展

万州港作为长江上游最大的内河港口，该地区通过加强码头和航道等基础设施的建设，提高港口的吞吐能力和服务水平，实现了与长江主干线和国际航道的无缝连接。

（二）注重铁路运输发展

万州港位于长江沿岸，是连接长江黄金水道和成都—达州—万州铁路的重要交通枢纽。近年来，为了充分发挥万州港的区位优势，通过投资修建进港专用铁路支线，该支线从万州火车站东端引出，连接至万州港红溪沟货运港区前铁路，全长 2.976 千米，耗资 6500 万元。实现了铁路与港口的直接对接，为进出口货物提供了更为便捷和优质的运输通道，成为西部内陆地区直通江海的重要交通枢纽。

（三）注重多式联运相结合

通过建设物流园区、仓储中心和配送中心等设施，提供全方位的物流服务，实现了不同交通方式之间的无缝衔接和协调。例如，在陆海新通道重庆联运发展有限公司的委托下，民生轮船股份有限公司的"民展轮"承运了 23 个标箱的氯化铵产品，从万州港解缆启航，经由重庆果园港集并后，通过铁路由广西钦州出海运至马来西亚的民都鲁港。这种多式联运不仅为货主提供了全方位的物流解决方案，还促进了区域经济的发展，提高了物流效率，推动了产业升级和转型。

三、"甘肃资源+外部资金+外部市场"的甘肃模式

"甘肃资源+外部资金+外部市场"的外向型产业发展新模式是指中国甘肃省在推动产业发展方面，以本地丰富的资源为基础，引入外部资金和开拓外部市场，实现产业转型升级和经济增长的一种新模式。

（一）充分利用资源优势

甘肃拥有丰富的自然资源，如土地、能源、矿产等，这些资源为外向型产业提供了有利条件。在 RCEP 的框架下，甘肃的特色农产品如蔬菜种

子、脱水蔬菜、苹果等产品，可以享受零关税等优惠政策进入其他成员国的市场。

（二）注重引入外部资金

一方面，RCEP 的开放投资政策为甘肃吸引外资提供了机会，甘肃积极利用这一机会，优化投资环境，提高投资政策的透明度，通过政策扶持和优惠条件等方式，以吸引更多的外部资金进入，这些资金可以用于技术改造、设备更新、人才培养等方面，推动产业升级和创新发展。另一方面，甘肃充分利用自身的资源优势和劳动力成本优势，承接我国东部地区的产业转移。

（三）注重开拓外部市场

RCEP 的成员国承诺开放高水平投资，分阶段开放服务贸易，这为甘肃扩大双向投资与服务贸易合作创造了有利条件，甘肃充分抓住这一发展机遇，积极开拓国内外市场，通过参加国内外展会、开展国际贸易和投资合作等方式，推广本地优质产品和服务，不断扩大市场份额，提高了产品或服务的知名度和美誉度。

第四节 黔西南州融入西部陆海新通道面临的困境

黔西南州融入西部陆海新通道，与区域经济社会发展和扩大对外开放要求相比，存在交通运输瓶颈制约、物流成本偏高、竞争能力不强、缺乏有效产业支撑、通关便利化有待提升等突出问题，制约了黔西南州融入西部陆海新通道的进程。

一、区域协调机制尚不健全

虽然黔西南州人民政府在《黔西南州加快建立健全绿色低碳循环发展经济体系实施方案》（黔西南府发〔2023〕7 号）中指出，建立绿色贸易体系。积极融入"一带一路"、长江经济带、西部陆海新通道、粤港澳大湾区、成渝地区双城经济圈建设，拓宽节能环保、清洁能源等领域技术装备和服务合作。积极扩大苗绣、布依刺绣、箱包等绿色低碳产品和薏仁米、茶叶、花卉、精品水果等特色农产品的出口。全力推动"黔货出山"，建设绿色农产品供应基地和出省重要枢纽农产品集散中心，持续打响"贵州绿色农产品·吃出健康好味道"品牌。加速打通南下珠江出省水运通道，引导运输企业公转水多式联运。支持黄百铁路货场、望谟蔗香港等建设多式联运示范工程。[1] 但调研发现，目前，黔西南州融入西部陆海新通道还没有成熟的区域协调机制。

二、基础设施建设不够完善

黔西南州距离西部陆海新通道的主体部分较远，不仅与通道的主要物流节点城市（如重庆、成都等城市）距离较远，还与海港之间的距离相对较远，货物需要通过多个中转站点才能到达目的地，增加了运输时间成本和货物贸易的交通运输成本，也增加了黔西南州融入西部陆海新通道的难度。近年来，虽然黔西南州在交通、能源、水利等基础设施建设方面取得了一些进展，但相对于通道沿线其他地区而言，其基础设施仍然存在一定的差距。

（一）交通路网有待完善

基础设施不完善是黔西南州融入西部陆海新通道最为突出的问题，尤其是一些被称为"卡脖子"的线路和路段，严重制约了通道的融入进程。虽然黔西南州已经建成了几条高速公路和铁路，但与相邻的南宁、昆明等城市相比，黔西南州在铁路、港口等基础设施建设方面存在短板，交通不够便利，一定程度上制约了通道的运行。例如，新通道西线的隆黄铁路和黄百铁路是建设的重点，但至今仍未全线贯通，而且已建成的线路存在等

---

① 黔西南州人民政府. 黔西南州加快建立健全绿色低碳循环发展经济体系实施方案 [J]. 2023-05-19.

级偏低、运输能力有限的问题。又如，截至 2022 年末，黔西南州内河航道里程 1017. 32 千米，其中，四级航道 386. 05 千米，五级航道 146. 14 千米，六级航道 356. 53 千米，七级航道 65. 60 千米，等外级航道 63. 00 千米。高级航道里程偏少，水运货物运输能力有限。

（二）资金和技术支持不够

目前，虽然黔西南州在积极融入西部陆海新通道的基础设施建设中已经投入了大量的资金和技术支持，但基础设施建设是一个系统工程，需要更多的资金和技术支持，资金和技术方面的不足会严重制约基础设施建设的进度。因此，黔西南州在融入西部陆海新通道的建设过程中，需要各个层面给予资金支持和帮助，特别是在一些重大项目的建设上，需要中央和省级财政的大力支持，才能更好地推动项目的实施。

（三）交通体系有待优化

调研发现，目前，黔西南州综合交通发展面临与城市空间结构不协调、难以支撑黔西南州"拓空间"的目标，区际通道建设相对滞后，连接滇中城市经济圈的运输通道能力明显不足，城市对外交通与城市交通体系融合不够，导致货物在运输过程中需要绕行或转运，不仅增加了时间成本，交通运输成本也相对较高，给企业的生产经营带来了一定的压力，不仅降低了其竞争力，也制约了黔西南州融入西部陆海新通道的进程。

三、通道物流体系尚不完善

黔西南州融入西部陆海新通道的物流体系尚不完善，通道与产业、贸易等融合发展亟须加强。

（一）物流运行效率低成本高

黔西南州的水运基础设施建设取得突破性进展，建成 135. 2 千米四级航道、8 个停靠点、16 座城乡便民码头及 1 座渡改桥。初步形成以沪昆客运专线为主，南昆铁路、威红铁路为辅的对外铁路网络。民航、邮政及管道设施建设取得长足发展，兴义机场客运量、货邮吞吐量增长较快，建成长127.8千米的黔西南州支线管道一期工程，全州1008个建制村实现100%直接通邮。但物流体系建设短板和弱项仍然存在：一是水运基础设施投入不足，水运运力大、运价低的优势难以发挥，南下珠江出海水运通道（龙滩水电站等）通航设施尚未打通，与粤港澳大湾区、北部湾经济区沟通不畅，港口尚未实现与物流园区、腹地内重要城镇、重要产业基地以及后方交通干线或运输站场的无缝衔接，缺少航道养护的人才及资金支持。二是铁路建设滞后，不能满足经济社会发展需要。三是航空运输网络不够完善，货物物流运行效率偏低，运输成本、仓储成本、配送成本等偏高，影响企业的竞争力。

（二）"多式联运"模式有待推广

虽然黔西南州拥有陆路、铁路、水运和空运的基础条件，如，盘州至兴义高速铁路全面开工建设，万峰林机场是按4C级规划，3C级建设，先后开通20余条航线，通达28个城市。但从货物物流运输业来看，不同运输方式之间的衔接不够顺畅，甩挂运输、多式联运等运输组织方式发展滞后，运行组织的集约化程度不高，多式联运物流园区的一体化建设、运营的机制不畅，适应现代物流发展的全链条、一体化货运服务能力不强，导致不同运输方式增加转运时间和成本，限制了物流效率的提升。因此，多式联运的"一单制"模式有待推广。

（三）数字化绿色化程度不高

虽然黔西南州的绿色交通、平安交通建设不断加快，管理水平达到新高度，但数字化绿色化推进程度仍然不够理想。主要表现在：一是交通信息化发展支撑能力不足，交通运输行业管理人才、技术人才与行业发展不相适应等问题仍然存在。二是信息化建设投融资压力大，融资渠道单一。信息化建设主要依靠政府的投资体制，融资渠道狭窄，缺乏上级部门信息化建设资金支持，信息化建设投资尚未完全纳入地方各级交通运输部门的年度预算，无专项资金安排，导致信息化程度不高。三是技术水平相对落后，物流企业缺乏对大数据、物联网、人工智能等方面的技术应用，难以提升物流运营的智能化和精细化水平。

（四）产业融合度相对较低

调研发现，黔西南州融入西部陆海新通道，通道与产业、贸易等融合度不高，主要表现为物流业与制造业、农业等产业的协同不够紧密，影响产业链的优化和升级。产业配套不完善，黔西南州的产业主要以农业和旅游业为主，与其他地区的产业联系不够紧密，因缺乏完善的产业配套体系，导致企业在寻找合作伙伴和供应商时，需要到其他地区寻找，增加了企业的成本。因此，产业融合发展亟待加强。

四、对外开放程度仍然不够

通过对黔西南州的对外开放程度进行深度调研，并对调研资料进行深入分析，发现黔西南州对外开放程度不高主要体现在以下几个方面。

（一）经济开放度相对较低

虽然 2022 年全州进出口总额 4.38 亿元，比上年增长 52.9%。其中，进口总额 0.17 亿元，增长 10.8 倍；出口总额 4.21 亿元，增长 47.7%。实际利用外资金额 488 万美元，比上年增加 4.4 倍（见表 7-1 2022 年进出口总额及其增长速度）。① 但根据相关综合评分，黔西南州的经济开放度综合评分为 41.8 分，在全国地级以上城市中排名第 298 位，仅超越了 14.9% 的城市，远低于发达地区。在构成经济开放度的 6 个指标中，黔西南州相对得分最高的指标是进出口总值、外贸依存度和外商及港澳台工业企业数比例三个指标。但黔西南州经济开放度在贵州省地级以上城市中，排名第 9 位，处于第三梯队位置，经济开放度相对较低。

---

① 数据来源于《2022 年贵州省黔西南州国民经济和社会发展统计公报》.

表 7-1　2022 年进出口总额及其增长速度

指标名称	绝对数（亿元）	比上年增长（%）
进出口总额	4.38	52.9
进口总额	0.17	10.8
出口总额	4.21	47.7

（二）成熟的外向型产业不多

近年来，随着州委、州政府的重视和大力支持，黔西南州的对外贸易和外向型产业发展取得了一些进展。例如，黔西南州重点培育的外向型企业——贵州习普生物科技有限公司，自 2017 年成立以来便将目光投向了以俄罗斯为核心的东欧市场，并已在俄罗斯 16 个百万人口城市和白俄罗斯设立区域代理，在当地多个主流电商平台上线销售，初步搭建了一个线上线下相融合、渠道终端协同发展的境外立体营销网络，成为贵州茶叶进军国际市场的代表企业。① 此外，黔西南州的新材料、电子信息等新兴产业也发展迅速，正在逐渐成为该地区对外贸易和外向型产业发展的新动力。但从总体来看，由于受地理位置的限制，加之交通不是很便利，成熟的外向型产业不多，具有国际竞争力的产业集群和产业链较少，导致黔西南州的外向型产业发展相对较弱。

（三）创新驱动发展动力不足

与经济发达地区相比，黔西南州在科技创新、人才引进等方面相对薄弱，从黔西南州"十四五"科技创新规划里获悉，黔西南州在科技创新工作方面还存在薄弱环节，主要表现在：综合科技进步水平不高，区域之间的科技进步水平差异较大；"十三五"期间虽然全社会 R&D 投入强度呈现上升趋势，但各级财政的科研投入却出现下滑，全州总体科研投入不足，企业创新动力不够，科技创新人才基础薄弱，特别是领军人才、高层次创

---

① 方林. 强链补链延链筑集群——黔西南狠抓项目落实加快通道建设. 当代贵州，2023（9）：3.

新人才和学科带头人等更为缺乏。① 导致黔西南州的创新驱动发展动力不足，如产业协同发展、科技创新等还存在较大空白，缺少具有地域特色和优势的创新产品，在国际合作中缺乏核心竞争力，无法吸引外资和外商投资。同时，与国际先进技术、管理经验和优质资源相比，黔西南州因创新驱动不力而缺乏深度的国际合作项目和国际人才交流。

第五节　黔西南州融入西部陆海新通道的路径

推动西部陆海新通道建设是一项复杂的系统工程，国家发展改革委表示，亟须加强通道建设顶层设计，研究完善总体方案，明确各阶段发展目标，协调推进国际合作，推动形成区域协调发展和对外开放新格局。因此，黔西南州应充分结合自身的发展优势，并借鉴其他地区融入通道建设的成功经验，如"通道+物流+经贸+产业"的西永模式、"江铁海联运"的万州港模式和"甘肃资源+外部资金+外部市场"的甘肃模式等，强化顶层设计、优化政策供给、完善基础设施、提升开放能级，确保黔西南州融入西部陆海新通道在加速推进中实现高质量发展。

一、加强顶层设计，形成纵横协调联动工作机制

黔西南州融入陆海新通道需要加强顶层设计，形成纵向和横向协调联动的工作机制。只有与通道沿线地区共下一盘棋，形成统一规划、统一政策、统一标准、统一规范和统一利益联结，才能推动各方形成合力，实现共同发展。

（一）成立跨区域的协调机构

成立一个跨区域的协调机构是推动黔西南州及通道沿线地区融入陆海新通道的关键。建议由州政府牵头，联合通道西线沿线各地政府、企

---

① 黔西南州发展和改革委员会.黔西南州"十四五"科技创新规划.

业、行业协会、专家学者等各方力量，共同组建一个跨地区的组织协调机构或者协调委员会。专门负责统筹协调黔西南州及通道沿线地区的规划和建设工作，确保各项工程项目的顺利推进和实施。并以此促进各方之间的沟通和协作，协调解决各方之间出现的争议和问题，推动各方共同落实相关工作计划和任务。加强对陆海新通道相关政策和法规的研究和解读，为各方提供政策支持和咨询服务，促进各方更好地了解和把握政策机遇。

（二）制定统一的发展规划

由组织协调机构牵头，制定西部陆海新通道建设的统一发展规划，明确各地区、各领域的发展目标、重点任务和时间节点等，确保资源得到有效整合，形成合力。一方面，黔西南州应积极与国家、贵州省相关部门沟通协调，争取获得政策支持和资金扶持。另一方面，制定黔西南州融入陆海新通道的发展规划，明确发展目标和重点任务，并制定相应的实施方案和政策措施，为全州融入陆海新通道提供指导和支持。如，制定整体规划，成立由政府主导的顶层设计团队，制定黔西南州融入陆海新通道的整体规划。该规划应包括物流基础设施建设、产业布局、政策支持等方面，确保各项工作有序进行。

（三）建立有效的利益协调机制

要有效推动黔西南州与周边地区的区域合作，一方面，需由组织协调机构牵头，建立利益协调机制，明确利益分配原则和标准，鼓励各方积极参与合作。并且引入市场竞争机制，激发各方的合作动力和积极性。另一方面，建立多层次合作机制和沟通渠道，通过设立多层次、多领域的合作平台，促进信息共享、政策对接、项目对接等工作。建立沟通协助机制，建立与其他相关地区和部门之间的沟通渠道，加强信息共享和合作交流。与贵阳市、昆明市等周边城市及相关省份建立定期沟通会议机制，推动各方在物流发展中形成联动效应。建立信息共享机制、信息共享平台，实现信息互通，有利于提高物流效率和降低成本。黔西南州政府还可以引导和支持企业、行业协会等与陆海新通道沿线地区共同建立信息共享机制，促进陆海新通道沿线地区的信息交流与合作。

二、强化政策保障，增强企业投融资吸引力

黔西南州融入西部陆海新通道建设，应借鉴"甘肃模式"，强化政策保障，通过加大力度引入外部资金，帮助和支持基础设施建设，从而畅通对外开放渠道，不断开拓外部市场，实现产业转型升级和经济增长。

（一）制定优惠政策

针对黔西南州融入陆海新通道的企业和项目，制定相关优惠政策。一是制定有利于西部陆海新通道建设的政策，如税收优惠、土地出让优惠、财政补贴等方面的支持措施，提高投资吸引力，吸引更多的企业和资本投入。二是加强政策的稳定性和连续性，以确保企业和投资者能够获得长期的利益保障。

（二）提升投融资吸引力

一是设立专门的金融机构或平台，为参与西部陆海新通道建设的企业提供贷款、融资和风险管理等服务。同时，吸引国内外金融机构进驻黔西南州，提供多元化的金融产品和服务。二是政府引导金融机构为陆海新通道建设提供融资支持，如设立专项贷款、提供担保等。引导和支持企业加大对陆海新通道的投资，包括建设物流设施、购置运输设备等。政府也可以提供资金支持，帮助企业解决资金短缺问题。三是建立专门的基金和信用担保制度，为黔西南州融入陆海新通道的企业提供投融资支持。如，通过设立风险补偿基金、信用担保机制等方式，解决企业在投资和运营过程中的融资难题。

（三）鼓励社会资本参与

鼓励社会资本参与黔西南州融入陆海新通道项目的投资建设。一是通过政策性银行、政府基金等途径，引导社会资本投入，解决企业融资难的问题。二是通过引导民间投资、合作开发模式等方式，吸引更多社会资本

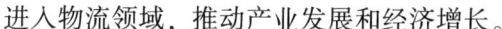

进入物流领域，推动产业发展和经济增长。

三、完善基础设施，提升通道能力和枢纽功能

西部陆海新通道的战略定位之一是促进交通物流与经济深度融合的综合运输通道。发挥交通支撑引领作用，以"全链条、大平台、新业态"为指引，打造通道化、枢纽化物流网络，大力发展多式联运，汇聚物流、商流、信息流、资金流等，创新"物流+贸易+产业"运行模式，使西部陆海新通道成为交通、物流与经济深度融合的重要平台。为了确保黔西南州能够顺利融入陆海新通道，需要综合考虑交通基础设施建设现状、地理条件、经济发展需求等多个因素，结合黔西南州的现状，应着力完善港口、机场、公路和铁路等交通基础设施，加强物流配套设施建设，推广多式联运的万州港模式，提升通道能力和枢纽功能，提高货物运输效率，以便黔西南州能够更好地连接西部陆海新通道。

（一）推进物流配套设施建设

一是进一步完善交通运输发展协调机制，继续利用好高速公路等重大建设项目前期工作联合审查机制，在用地、环境评价等方面简化程序，高效解决交通建设发展中的关键问题。在州政府领导下，协调有关部门和各级政府，建立市（州）、县各级政府的联动机制，明确权责及分工，在土地、环保、城市规划、水利等方面落实好项目前期工作，确保重点工程、重大项目建设的有序推进。二是加大交通、物流、信息等基础设施建设的力度，在黔西南州与周边地区之间建设高速公路、铁路等连接线路，构建起连接内陆和沿海的现代化综合交通运输体系，从而加强与通道沿线地区的互联互通，推动区域协调发展。

（二）推广"江铁海联运"的万州港模式

黔西南州应优化交通布局，提升各种运输方式衔接转化效率、加快运输服务一体化进程，不断提升货运物流服务水平，为其融入陆海新通道提供良好的基础设施支持。一是借鉴"江铁海联运"的万州港模式的发展经验，强化物流枢纽建设，整合航空、水运、铁路、公路等多种交通方式，通过优化运输组织方案和加强与各方的紧密配合，推广多式联运的万州港模式，推动物流一体化发展。二是积极寻求与周边地区合作，共同整合各类资源，优化运输路径和模式，以期建立一个高效且成本效益较高的物流运输网络，从而降低货物运输成本，提高运输效率，推动黔西南州的经济发展。三是在其重点城市或地区建设物流枢纽，打造集货运、仓储、配送等多种功能于一体的综合性物流中心，提高黔西南州自身物流效率的同时，对周边地区的物流业也会产生积极影响，从而进一步推动区域经济的发展。

（三）加快望谟港口建设

望谟港是贵州省对外开放的重要通道，也是我国西南地区主要水运出海通道，更是贵州南下珠江联通珠三角及东盟、融入粤港澳大湾区的重要通道，对贵州发展外向型经济起到关键作用。新国发2号文件指出，推进望谟港港口建设，对南北盘江—红水河航道提等升级，打通北上长江、南下珠江的水运通道，巩固提升贵州在西部陆海新通道中的地位。因此，黔西南州融入西部陆海新通道，应加快建设望谟港口。一是持续加大政策支持力度，政府应持续给予望谟港更多的政策支持，包括资金投入、用地保障、税收优惠等，以促进港口的快速发展。二是加快望谟港基础设施建设，包括航道、码头、仓储、物流等设施的规划和建设，以提高港口的吞吐能力和服务水平。三是提升港口物流水平，通过引进先进的物流管理理念和技术手段，不断提升望谟港的物流水平，从而实现货物的高效流通。

（四）推进物流信息化绿色化发展

黔西南州融入西部陆海新通道，推进物流信息化、绿色化发展是关键。《国家公路网规划》提出，到2035年，基本建成覆盖广泛、功能完备、集约高效、绿色智能、安全可靠的现代化高质量国家公路网，形成多中心网络化路网格局，实现国际省际互联互通、城市群间多路连通、城市群城际便捷畅通、地级城市高速畅达、县级节点全面覆盖。推动物流信息化建设，是提高物流运输的智能化水平的关键。因此，黔西南州推进物流信息化绿色化发展需要借鉴其他地区的成功经验，着重从以下几个方面进行考虑：一是加强技术引进与推广应用，密切关注新型载运工具、智慧交通基础设施等新技术研发动态，深度对接交通大数据发展最新成果，积极推动大数据、云计算、人工智能、物联网、车路协同和智能感知等技术综合应用，以信息化手段改造提升黔西南州交通基础设施。二是通过信息技术的应用，建立统一的物流信息平台，优化货物运输流程，实现订单跟踪、货物追踪和仓储管理等功能，从而提高运输效率。例如，利用物联网技术实现货物追踪和监控，减少损失和延误。三是推广使用电子运单、电子签收等技术手段，提高物流效率和服务质量。四是建立健全物流监管体系，加强对物流运输环节的监管和管理，加强对货物质量、安全等方面的监督，确保物流运输过程的安全可靠。

四、提升开放能级，扩大通道对外开放和国际合作

西部陆海新通道是推进西部大开发形成新格局的战略通道。发挥毗邻东南亚的区位优势，统筹国际国内两个市场两种资源，协同衔接长江经济带，以全方位开放引领西部内陆、沿海、沿江、沿边高质量开发开放。通过通道建立密切西北与西南地区的联系，促进产业合理布局和转型升级，使西部陆海新通道成为推动西部地区高质量发展的重要动力。因此，黔西南州融入西部陆海新通道，应着力提升开放能级，不断扩大通道对外开放和国际合作，以提升对外开放水平，吸引更多投资、技术和人才，从而推动经济社会快速发展。

（一）加大政策支持力度

2023年黔西南州政府工作报告中提出："实施外贸总量倍增计划。强力推进外贸进出口恢复、扩大和倍增目标任务，围绕重大项目、重点领域、重点产业、重点市场、重点企业精准施策，千方百计拓市场、抓订单、稳份额，推动进出口总额实现新突破。"因此，黔西南州应制定更加开放的政策措施，吸引国内外投资者和企业到黔西南州参与经济建设。一

是加强系统谋划。深度聚焦"一二三四"工作思路和围绕"四新"主攻"四化"部署，深入实施"产业强州""文教兴州""和谐稳州"战略，聚焦"康养胜地、人文兴义"的城市定位，坚持以高质量发展为统揽，加强对外贸易和开放型经济发展的系统谋划，从顶层设计上提出一系列支持政策。二是扩大市场准入机制。黔西南州应积极推动市场准入负面清单制度的落实，以此为依据，对外商投资实施更加开放的政策，特别是在康养旅游业和制造业等领域。同时，还需进一步简化外商投资项目审批程序，优化外商投资服务体系。三是强化人才支持政策。人才是推动黔西南州融入西部陆海新通道的战略支撑和可靠保证。一方面，要建立专业化的物流人才培训机构，提供相关课程和培训项目。同时吸引优秀的物流企业和专业人才到黔西南州发展，促进产业升级和创新发展。另一方面，要积极培养和引进高端人才，特别是与产业发展相关的专业技术人才和管理人才，并制定相应的人才政策，为各类人才提供良好的发展环境和政策支持，以便吸引国内外优秀人才到黔西南州工作、创业或投资。完善人才交流与合作机制，积极推动教育、文化等领域的人才交流与合作，提升全州软实力和竞争力。优化人才培养制度，加大对科研机构、高校和企业的支持力度。健全培育国际化人才支撑政策，鼓励本地学生赴国外留学深造，并吸引国际化人才到黔西南州工作、创业或投资。建立国际交流合作平台，促进人员流动和文化交流。

（二）全面提升开放水平

一是强化问题导向，立足资源优势，突出项目抓手，扣紧责任链条，持续在挖潜、改造、创新上下功夫，打造高水平的开放平台，发展高水平的开放产业，培育高水平的外贸外经，营造高水平的开放环境。如，在黔西南州设立开放型产业园区，吸引国内外高新技术企业入驻。为企业提供完善的基础设施和优惠政策，提供良好的创新环境和发展平台。二是拓宽国际交流渠道。借鉴注重开拓外部市场的甘肃模式，实施"走出去"和"引进来"战略，加强与沿线国家和地区的交流与合作。抢抓国际市场机遇，发挥比较优势，积极融入国内国际双循环，以融入西部陆海新通道为突破口，主动对接海南自由贸易港、成渝地区双城经济圈和广西北部湾，用好用活各类开放平台，千方百计引外资、引央企、引龙头。举办各类经贸交流活动、展览会等，促进企业之间的合作和信息交流。同时，加强国际营销推广，积极参加国内外重要展会和交流活动，向全球市场推广黔西南州的特色产品和服务。加强品牌建设和市场推广，提高产品知名度和市场份额。加强与国际组织和机构的合作，吸引更多外资和技术引进。三是深化区域合作。与周边地区加强合作，共同推动西部陆海新通道的发展。与沿线国家和地区签署合作协议，促进贸易往来和人员流动。开展联合项目和投资合作，实现互利共赢。通过拓展合作领域、寻找共同利益点，推动具体项目的合作落地。在项目实施过程中，加强沟通协调，解决问题，确保项目顺利推进。并且与沿线国家和地区建立合作联盟，共同推进西部陆海新通道的发展。通过合作联盟，实现资源共享、优势互补，促进区域一体化和经济合作。

（三）优化营商环境

优化营商环境，提高政府服务质量，为企业提供更加便捷、高效、优质的公共服务。"西永模式"打造了自贸区一流的营商环境，在全国首推"3C免办"监管模式，为加工贸易企业开发新产品提供了便利。黔西南州可以借鉴这一模式，不断优化营商环境，提高服务质量。一是持续深化改革扩大开放，简化行政审批程序，为融入西部陆海新通道创造良好环境。如，黔西南州正在大力推行的"一窗通办'2+2'"改革，州级32家进驻部门"六类事项"在法定时限基础上再压缩70%。[①] 可以考虑进一步优化。二是提升通关便利化水平。黔西南州应积极参与自由贸易协定的谈判和签署，推动通关流程简化和电子化，减少贸易壁垒，提高办事效率，从而促进与沿线国家和地区的经贸合作。三是建立健全国际合作机制。黔西南州应探索建立与东盟国家在贸易投资、海关通关、金融服务等方面的合作机

---

① 黄兴文. 政府工作报告——2023 年 1 月 31 日在黔西南州第九届人民代表大会第三次会议上［N］. 黔西南日报，2023-02-09（001）.

制，为全州融入陆海新通道提供更加便捷高效的营商环境。四是加强知识产权保护和法治建设，加大力度保证企业的合法权益，包括知识产权保护、公平竞争等方面的政策落实，维护市场秩序和公平竞争环境。同时，政府应提供一揽子解决方案，帮助企业解决发展中的问题和困难，为通道建设提供有力支持。

五、优化产业布局，形成具有竞争力的产业体系

黔西南州融入陆海新通道，需要优化产业布局，推动产业链升级，形成具有竞争力的产业体系。一是根据黔西南州的资源禀赋和产业基础，明确产业发展方向，重点发展优势产业，打造特色产业集群。二是通过技术创新和产业升级，提高产业链的附加值，推动产业转型升级。

（一）明确产业发展方向

根据自身的资源条件和产业基础，明确产业发展方向，形成特色产业体系。在通道建设中，黔西南州可以重点发展现代物流、现代农业、国际贸易、加工制造等产业，打造具有竞争力的产业集群。同时，还应进一步强化产业链协同发展，推动各产业之间的深度融合和互动。以现代物流、现代农业、国际贸易、加工制造等产业为重点，加强与其他产业的联系，形成完整的产业链条，提高产业整体竞争力。如，现代物流业方面，积极发展多式联运，推动黔西南州与周边地区的物流合作，提高物流效率，降低物流成本。现代农业方面，通过陆海新通道，加强与国内外市场的对接，提高农产品附加值，促进农民增收。加工制造业方面，通过陆海新通道，引进先进技术和资本，推动产业升级，提高产品竞争力。新能源产业方面，通过陆海新通道，实现清洁能源的外送，满足周边地区的能源需求。

（二）创新驱动产业转型升级

黔西南州在融入西部陆海新通道过程中，应借鉴"西永模式"，以创新和便利化为核心，并结合黔西南州自身特色产业和资源禀赋，推动园区

内产业升级和转型，从而推进其与周边地区的产业合作。一是通过技术创新、品牌建设等方式提升产品附加值和市场竞争力，发展高附加值的制造业、现代农业、现代物流服务等产业，驱动产业转型升级，提高经济发展的质量和效益。二是创新产业合作方式，发展"交通+产业"融合新业态，通过建立产业园区、组建联合体等方式，积极与沿海城市和东盟国家开展产业合作，并且不断优化特色产业链条，推动制造业、特色农业、康养旅游业等优势产业向通道沿线地区布局和发展，从而实现区域经济的协同发展。三是持续推动产业转型升级。应根据黔西南州的优势产业和需求，培育特色产业，发掘黔西南州的特色资源和优势产业，推动产业结构调整和转型升级，打造具有竞争力的特色产业集群。

　　总之，黔西南州融入西部陆海新通道具有重要的意义和广阔的前景，不仅可以突破海运港口制约瓶颈、促进区域经济协调发展、畅通国内国际双循环，还能为地方经济带来新的增长动力和发展机遇。黔西南州应充分把握这些机遇并实现经济发展和社会进步，积极加强与通道沿线地区的合作和沟通，共同推动西部陆海新通道的建设和发展。同时，也须进一步完善交通基础设施、优化产业结构和提高通关便利化程度，以便黔西南州能够更好地融入新通道并实现经济社会的可持续发展。未来，黔西南州更应该积极加强与周边地区的经贸合作，加快完善交通基础设施建设，推动产业转型升级和区域经济快速发展。同时，还应聚焦"康养胜地、人文兴义"的城市定位，加强文化交流和旅游合作，为融入新通道做出更大的贡献。

　　注：本文首发于《贵阳市委党校学报》2023年第5期。

后　记

　　《探索黔西南高质量发展之路》一书即将付梓，我的心情既激动又感慨。回望整个调研和写作过程，我们仿佛与黔西南一同经历了风雨兼程的奋斗历程，见证了它从默默无闻到熠熠生辉的华丽蜕变。同时，我也深刻认识到，高质量发展是一个永无止境的过程，需要不断地探索与实践。黔西南虽然取得了一定的成就，但未来的路还很长，挑战依然艰巨。期待通过本书的出版，能够引起更多人对黔西南的关注与思考，共同为黔西南乃至全国的高质量发展贡献智慧和力量。我相信，本书不仅是对过去的一种回顾与总结，更是对未来的一种期许与展望。让我们携手并进，共同书写更加辉煌的明天！

　　在撰写本书的过程中，我得到了来自黔西南各界人士的鼎力支持与无私帮助，他们中有深耕一线的基层干部，有锐意进取的企业家，有博学多才的专家学者，还有纯朴善良的普通百姓。是他们用自己的亲身经历和深刻见解，为我提供了宝贵的素材和灵感，让本书得以更加真实、全面地反映黔西南高质量发展的全貌。最后，我要真诚感谢所有为本书付出辛勤努力的人，包括编辑以及所有在背后默默支持我的同事、朋友和家人，特别要感谢中共黔西南州委党校校领导的高度重视和全方位支持。在此，一并表示诚挚的谢意。

　　由于时间紧迫，加之编者水平有限，书中错漏之处在所难免，欢迎批评指正。

笔者

2024 年 11 月